国家“十二五”规划重点图书
清代戍边将军（黑龙江卷）

黑龙江将军

孙文政◎主编

黑龙江教育出版社

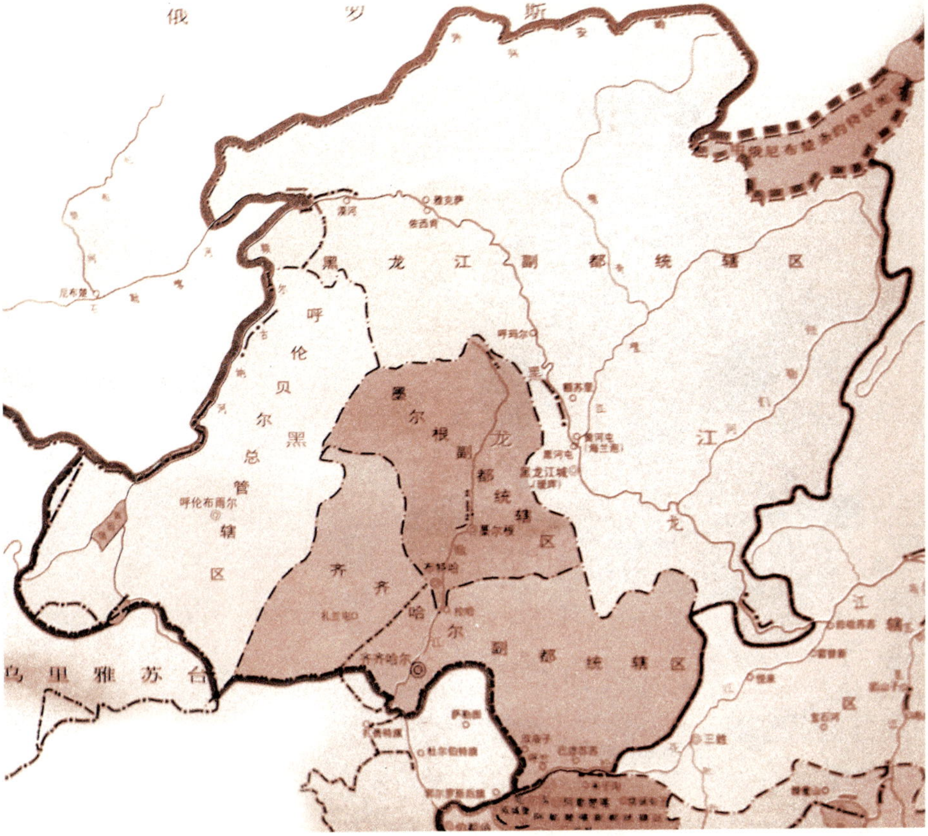

清代黑龙江行政区划图（转引自张向凌主编《黑龙江省志·大事记》）

康熙帝画像（转引自《清代帝后像》）

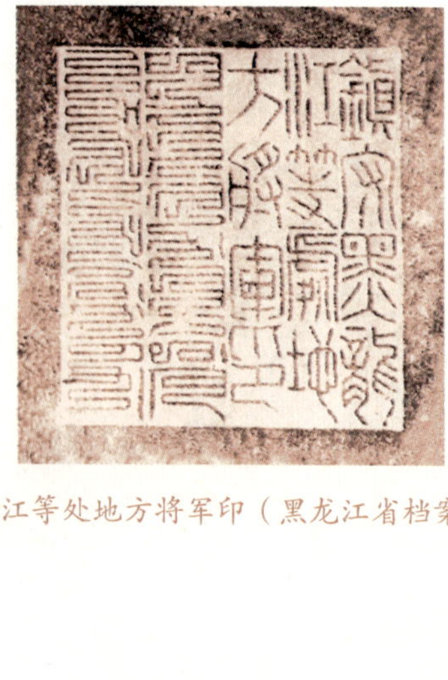

镇守黑龙江等处地方将军印（黑龙江省档案馆供稿）

雅克萨之战（转引自乐志德主编《达斡尔资料集·第一集》）

署理黑龙江将军增祺（转引自[俄]科罗斯托维茨著《俄国在远东》）

黑龙江将军延茂（转引自皮福生编著《吉林碑刻考录》）

坐落在齐齐哈尔城内的清代黑龙江将军府（郭永齐拍摄）

坐落在齐齐哈尔明月岛风景区内的黑龙江将军府陈列馆（郭永齐拍摄）

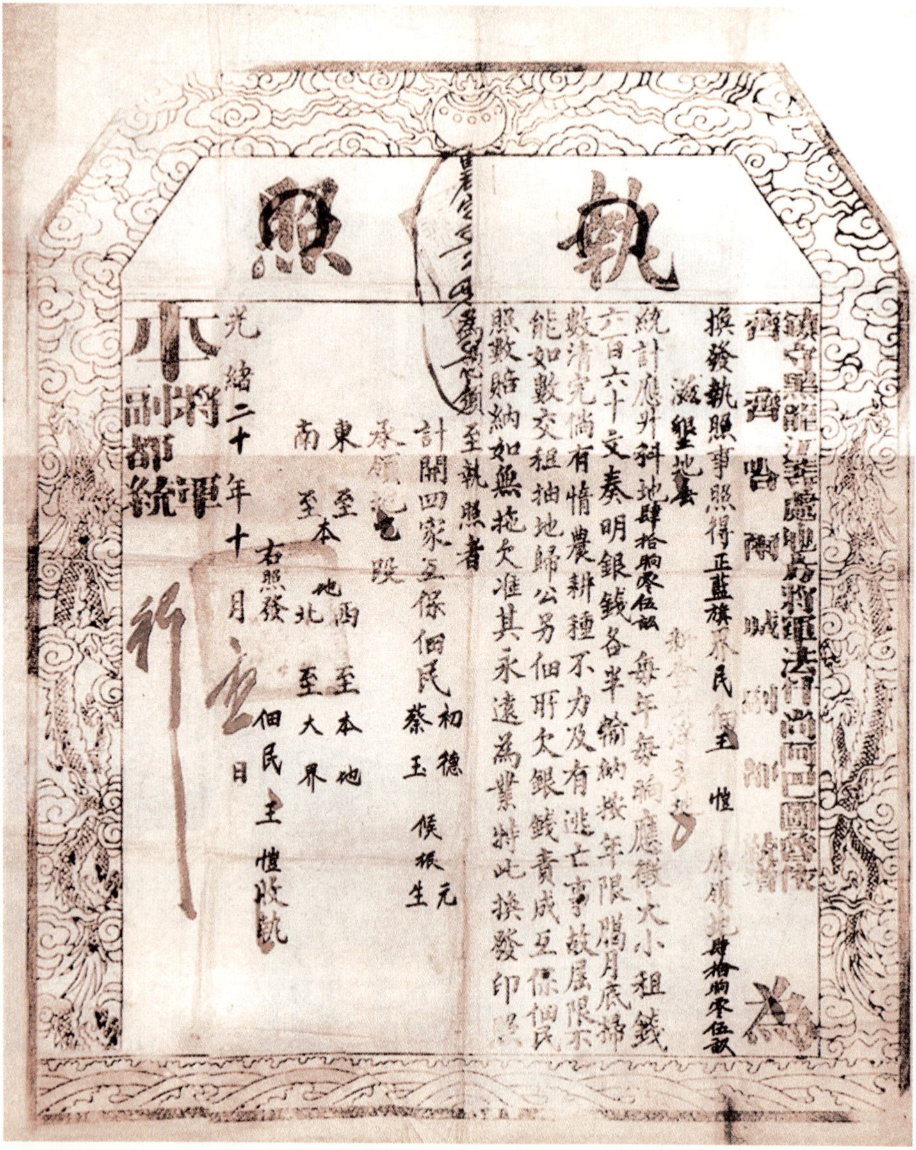
執照
鎮守黑龍江等處地方將軍
齊齊哈爾副都統
換發執照事照得正藍旗界民佃王愷承領地肆拾晌零伍畝
滋墾地畝
統計應升科地肆拾晌零伍畝每年每晌應繳大小租錢
六百六十文奏明銀錢各半輸納按年限臘月底掃
數清完倘有情農耕種不力及有逃亡事故屆限不
能如數交租抽地歸公另佃所欠銀錢責成互保佃民
照數賠納如無拖欠准其永遠為業特此換發印照
須至執照者
計開四家互保佃民蔡玉 侯根生 初德元
承領地 段
東至 西至本地
南至本 北至大界
右照發 佃民王愷收執
光緒二十年十月 日
將軍
副都統
行

光绪二十年（1894年）黑龙江将军衙门颁发的升科地执照（黑龙江省档案馆供稿）

序

东北是我国重要的边疆地区之一。它所处地理位置独特，与中原相距最近；地域辽阔，南北贯通，无门庭之限；生态资源丰富，可耕可牧可渔可猎。这里，自古以来就是游牧、渔猎及农耕诸民族世代生息的家园，相互角逐的舞台。

东北地区的肥土沃野，培育出一代代强族，不断崛起，雄飞中原，如鲜卑、契丹、女真、蒙古、满洲等，先后占有北方半壁，或一统天下。在中国漫长的历史进程中，东北长久处于战略地位，不断给中原王朝以强大影响，甚至决定其盛衰或兴亡。

东北之重要，朝鲜李氏王朝中有识之士作出这样的评论："天下安危常系辽野：辽野安，则海内风尘不动；辽野一扰，则天下金鼓互鸣……此所以为中国必争之地，而殚天下之力守之，然后天下可安也"（《辽东大野记》）。

中国人感同身受，也作出了同样的判断。明朝镇守辽东的巡抚王之浩说："辽……中国得之，则足以制胡；胡得之，亦足以抗中国。故其离合实关乎中国之盛衰"（《全辽志·序》）。

所谓"辽""辽野"，确指辽东，相当今之辽宁省境。在清以前，东北还没有一个整体性的统一名称，只有辽东为历代所通用，或指为行政区划，或用为地区名称。在辽东以外，即今吉林、黑龙江两省，除少数民族建立政权，有过短暂的行政区划名称，并无一个与辽东并列的通用名称。故上述引文中的"辽"，亦泛指东北。古人洞察东北的战略价值，其识见当不在今人之下。

至清，尤重东北，更远胜历代。东北为清朝的发祥地，还是满洲及其先世的古老故乡。清朝视东北为其"根本之地"，而盛京则是"重中之重"。清入关后，设盛京为陪都，并开始在东北区划设治。先于盛京设将军衙门，几度更名，最终定为镇守盛京等处将军衙门；顺治十年（1653年），再设宁古塔昂帮章京康熙元年（1662年）改称镇守宁古塔等处将军。十五年（1676年）将军徙驻吉林乌拉（今吉林市），不久改为吉林等处将军衙门。吉林之名，沿用至今。黑龙江地区尚未设治，归于吉林将军衙门管辖。30余年后，迟至康熙二十二年（1683年）为反击沙俄入侵，正式设黑龙江等处将军衙门，标志清在东北基本完成行政设治。一改历代在此两个地区所行的羁縻之策，正式派将军、设首府，驻八旗，收赋税，纳入到国家行政管理体制，在中国编年史上，第一次真正实现了中央王朝对盛京、吉林、黑龙江地区即东北的完全统一。直至光绪三十三年（1907年）四月，东北三将军衙门改设行省，比同内地，以东三省总督统辖。从而完成了管理体制与内地“一体化”的历史变革。

比较历代统治东北，唯清代统治最长久，以其完善的管理体制，实行一系列治边措施，推动并加速了东北社会的变迁。特别是近代以来，东北经济发展突飞猛进，领先于诸边疆，成为最富庶的边疆地区。不言而喻，清代东北二百多年中所发生的变化，无不与一代代东北三将军的有效管理及其实践息息相关。这就提出了一个有价值的研究课题，即以东北三将军为研究对象，展开系统而深入的研究，用以阐述有清一代东北历史与文化演变的历史进程，有助于揭示东北地区的历史真相。

东北地方史学者对东北史的研究已经作出了显著的成绩，取得了长足的进展，但对东北三将军的研究尚未启动。在东北三将军衙门存续的二百二十多年中（最早建将军衙门的盛京将军已达二百五十多年），任此职位的将军几近400人。除个案研究，尚缺乏“群体性”研究。例如，将这些将军们的生平事迹写成传记，即是其中之一。黑龙江省齐齐哈尔的学者们捷足先登，率先包揽有清一代120多位黑龙江将军，编纂《清代黑龙江将军丛书》，打开此项研究的新局面，开了一个好头，足以起到示范作用。

在东北三将军中，黑龙江将军居于特殊地位。首先，黑龙江将军所辖之地，与中央王朝政治中心相距遥远。无论是远古，还是清以前，无论是清代与沙俄划界前，还是划界后，黑龙江流域都被称为我国东北的“极边”之地。

古代交通不便，鞭长莫及，一旦发生不测之事，难以迅速得到中央王朝的指令，如需支援，也难以迅速到达。这使黑龙江将军之处事，较之盛京、吉林两将军更难。其次，这里自然条件虽说资源丰富，但气候更严酷，冬季漫长而寒冷，生存条件远不如盛京与吉林两地区优越。以致地广人稀，除游牧、渔猎等少数民族外，长期以来，汉人少见。这又使黑龙江将军为政之难，又难于盛京与吉林两将军。第三，更难更具危险性的是与沙俄为界，直面野蛮、贪婪，也更具侵略性的沙俄，其处境远比盛京与吉林两将军更严峻。与沙俄分界，是在沙俄入侵我国东北黑龙江地区之后，清军首度激战雅克萨，才迫使沙俄于康熙二十八年（1689 年）与清朝签订《尼布楚条约》，是为中国历史上首次与毗邻的国家划分边界。自此，黑龙江遂成为名副其实的边防重地，在此任职的一代代将军们也置身于边防最前线，负有守土之责，亦比盛京、吉林两地区的将军更重；办理外交、解决与俄的各种边务问题，又多了一份重要职责。

显而易见，研究黑龙江历任将军们的实践活动，其内容尤为丰富，特别是在抗击沙俄一次次入侵的斗争中，更见英雄本色。如，首任黑龙江将军萨布素，率军反击沙俄侵占我国的雅克萨，建树功勋；至近代，光绪二十六年（1900年），当沙俄大举进攻，寿山将军组织军民奋起抵抗。在兵败之后，愤然自卧棺材，吞金自杀殉国，死得十分惨烈。他们中，还有一些将军为治边、开发边疆作出了显著的业绩，因而推动黑龙江地区的经济向前发展。当然，并非个个将军皆英雄，实际上，也有庸懦之人，亦有不廉不清之辈。如同其他群体一样，黑龙江将军群体，也是形形色色，不一而足。他们的将军生涯，各种实践活动，都在《丛书》的各个将军的传记中得到了充分的评述。认真总结他们治理边疆的正反两个方面经验教训，充分认识他们的品质作风，对于当代人，确有参考与借鉴的重要价值。

这部《丛书》，较为翔实地展示了各个将军在黑龙江的历史活动，如把他们各自在黑龙江的历史相互衔接起来，就组成了一部清代黑龙江地区的全史。若想了解该地区的历史，或想了解每位将军的生平事迹，这部丛书值得一读。同时，它也为史学工作者研究清代黑龙江地区史提供了新思路。

黑龙江齐齐哈尔地方历史学者首次编纂这部大型人物传系列，颇具创新的学术意义。但这仅仅是开始，有待于展开深层次的学术研究，给予每位将军以准确的历史定位，给予他们以中肯的评价。若想达到这一目标，进一步深入挖掘史料是必不可少的。例如，将军们在黑龙江任职，他们向朝廷的奏疏必然不少。除了《清实录》略有记录，大都保存在黑龙江省档案馆与北京第一历史档案馆。无疑，这些难以计数的档案，是研究黑龙江将军的重要的史料来源。在这方面，还有许多工作要做。我期待齐齐哈尔地方史学者继续努力，为地方文化的发展作出多方面的贡献。

从书编纂成功，可喜可贺。是为序。

戴逸
2011.6.1

凡 例

一、以历史唯物主义史学观为指导，充分利用历史文献资料，对每位将军人物进行认真研究，实事求是，不赞美、不隐恶，不夸张附会。

二、对所写将军以言行为主，观点寓于史实材料之中，不是评传，也不是年谱。

三、传记中所写史实，力求翔实可靠。凡对目前学术界有争议的问题，可以有自己的看法，也可采取一说，也可采取诸说存疑待考。

四、介绍将军一生的生平简历，突出重点，着重写在黑龙江将军任上的事迹和贡献，力求反映将军的思想。如果其活动是多方面的，分清主次写清楚，力求简练准确。

五、引文注明出处，对反映思想本质和立场的言论适当引用，不做大段摘引。

六、对每位将军在黑龙江将军任上的言行事迹，在文末做概括性的评价。

七、跨越明或民国的将军，明与民国的言行事迹不选。

八、每位黑龙江将军，不论在黑龙江将军任上的言行事迹多少，都单独立传。能写传的写传，不能写传的介绍生平简介。

九、入选将军分为四种，即实授将军（包括未到任的）、署理将军、护理将军、实质性将军。

目录

第一章　清代黑龙江将军概述

第二章　清代黑龙江将军传略

目录

目录

目录

第一章 清代黑龙江将军概述

清康熙二十二年（1683 年），清政府平定“三藩”之后，为防止沙俄的入侵，加强黑龙江地区的治理，设黑龙江将军，统治黑龙江地区。到光绪三十三年（1907 年），清政府推行“新政”，裁撤黑龙江将军，设黑龙江巡抚。在这二百二十五年的时间里，清政府先后实授、署理、护理 107 任、90 位黑龙江将军。他们曾对黑龙江地区产生了重要的历史影响。由于专门记述清代统治机构和职官制度的《大清会典》以及赵尔巽等撰的《清史稿》等书，对黑龙江将军的记述过于简略，使研究者都莫得其详，更不用谈一般的读者了。我们的目的是试图对清代封疆大吏的黑龙江将军，在黑龙江执政期间的历史事实，进行全景式地展现，揭示其活动的缘由及历史功绩，试图勾勒出清政府对黑龙江地区经略的历史轨迹。

一、清代黑龙江将军的设置

满族入关统一全国后，为了巩固其统治，在水陆险要以及一些省份的中心城市及少数民族地区，设有驻防满洲、蒙古、汉军的八旗官兵，置将军、都统、副都统、城守尉各官员统辖。清初就对边疆和少数民族聚居地区等各重要行省多设将军驻守，乾隆中叶后，始定为十四将军：以盛京、吉林、黑龙江将军控制东三省；西安、宁夏、绥远城、伊犁、乌里雅苏台的将军控制西北边疆；江宁、福州、荆州、成都、广州将军辖濒江临海要地。将军下辖副都统、城守尉分驻各地。将军为八旗驻防各地的军政最高长官，“权势重，地位高，初制正一品，乾隆三十三年（1768 年）改为从一品”[①]。分驻各地将军的职衔前都冠以所驻各地之名，黑龙江将军的全称为镇守黑龙江等处地方将军，是清代设置的十四个将军之一。

（一）设置原因

明末清初之际，沙俄趁清军入关取代明朝统治的时机，沙俄雅库次克当局戈洛文派其文书官瓦西里、波雅科夫率 132 人，于明崇祯十六年（1643 年）即清崇德八年十月底，翻越外兴安岭，侵入中国精奇里江（今属俄罗斯结雅河）流域。清顺治元年（1644 年），沙俄政府训令雅库次克行政长官确定了“如果不可能用文雅手段将‘新土地’居民置于俄国统治之下，就用武力加以镇压，使其地变成废墟”[②]的武装侵略中国的策略。由于清军忙于进关统一中国，没有对沙俄的入侵进行有效的防御，致使沙俄哈巴罗夫率领俄国远征军翻越外兴安岭，侵入黑龙江沿岸的达斡尔首领拉夫凯的管辖区，随后，又侵入达斡尔头人阿尔巴西的故地雅克萨。沙俄侵略军烧杀抢夺的野蛮行径，遭到当地达斡尔族人的顽强抵抗。[③]当地各族人民派代表到宁古塔控诉沙俄匪徒的暴行，要求官军出兵进剿和予以保护。宁古塔梅勒章京（梅勒章京为官名，由梅勒额真改称，汉名为副都统）海色率领 600 多名清军，在当地 1 000 余名各族居民的联合抗击下，给沙俄一定的打击，但由于清军没有足够兵力和有效的措施抗击俄军，使“沙俄侵略者轮番洗劫，黑龙江沿岸地区社会经济遭到严重破坏”，沿边各族居民被俄国人的索贡和收粮弄得一贫如洗；清政府鉴于一部分居民四散奔逃，始被迫下令内迁，黑龙江沿岸村落变成一片废墟。俄国人从顺治八年（1651 年）占领属于达斡尔人的城池雅克萨之后，继续窜扰，并在占领地采取筑城以守的政策，九年（1652 年）在今俄罗斯哈巴罗夫斯克附近筑阿枪城，十一年（1654 年）秋天，斯捷潘诺夫在呼玛尔河口修筑城堡，取名“库马拉堡”[④]，十四年（1657 年），斯捷潘诺夫等溯松花江而上，到尚坚乌黑（今佳木斯市大赉乡）抢粮食，十五年（1658 年），沙俄涅尔琴斯克边区都督帕什科夫，强占尼布楚（明末清初为茂明安诸部游牧之地，即今俄罗

① 张羽新：《清代前期西部边政史论》，202 页，哈尔滨，黑龙江教育出版社，1995。
②③④ 张向凌：《黑龙江历史编年》，哈尔滨，黑龙江人民出版社，1989。

斯涅尔琴斯克），屯兵筑城，作为其黑龙江上游的侵略据点。①由于沙俄对我国黑龙江流域不断入侵，“宁古塔将军反击侵略者的任务日益繁重”②。可驻守宁古塔地的军队数量有限，且远离黑龙江沿岸地区，特别是对抗击沙俄在黑龙江中上游一带的渗透和蚕食，因路途遥远，鞭长莫及。清军从宁古塔出发大约得几个月时间，待到达该地区时已经精力耗尽，同时军事供给也成问题，对征剿俄军极为不利。康熙帝执政后，为了防止沙俄的不断入侵，驱逐沙俄的侵略势力，收复失地，于康熙二十一年（1682 年），派副都统郎坦等以捕鹿为名，到达斡尔、索伦地方侦察敌情。康熙帝在命令郎坦等侦察雅克萨“罗刹情形”所颁布的上谕中说：“尔等还时，需详视自黑龙江至额苏哩航行水路，对于额苏哩至宁古塔的路程也要派人往视之。”③郎坦等人经过三个月的侦查，于康熙二十二年（1683 年）回到北京，汇报了所了解到的情况，并奏请发兵 3 000 名以攻取罗刹。康熙帝经过分析敌情，主张“暂停攻取，同时决定调乌拉（今吉林市）、宁古塔 1 500 名士兵，并制造兵船、发红衣大炮、鸟枪，在额苏哩、呼玛尔地方建木城，令巴海、萨布素统兵前往，提出备足军粮，永戍黑龙江的要求”④。九月初九（10 月 29 日），康熙帝明确谕令：“我兵既命永戍额苏哩，应派乌拉、宁古塔兵五六百人，打虎儿兵四五百人，于秋间家口发往，设将军、副都统、协领管辖镇守，深为有济。”⑤这是康熙帝为抗击沙俄入侵的一大政治举措，从中可以看出黑龙江将军的设置是与清朝为抗击沙俄入侵、永驻边疆的政策分不开的。

（二）黑龙江将军驻地的移置

康熙二十一年（1682 年）三月，在刚刚平定“三藩”之乱后，康熙帝即把注意力转移到抗击沙俄上，着手筹划剪除“罗刹”的方略，在“躬诣盛京告祭三陵”之际，省观乌拉地方。⑥在八月派郎坦到雅克萨侦察敌情时，特意嘱托郎坦要注意查看额苏哩地形，让其“还时须详视黑龙江至额苏哩舟行水路，对于额苏哩至宁古塔的路程，也要派人往视之”⑦。康熙帝让郎坦等人视察额

①③④ 张向凌：《黑龙江历史编年》，哈尔滨，黑龙江人民出版社，1989。
② 王培乐：《黑龙江建置述略》，44 ～ 45 页，北京，海洋出版社，1993。
⑤《清实录・圣祖实录》卷 112，147 ～ 149 页，北京，中华书局，1985。
⑥《清实录・圣祖实录》卷 101，21 页，北京，中华书局，1985。
⑦《清实录・圣祖实录》卷 109，109 页，北京，中华书局，1985。

苏哩的目的是准备在额苏哩建城设置驻守，在二十二年四月初七（1683 年 5 月 3 日）的议政王大臣会议上，康熙帝提出在额苏哩建城驻兵，额苏哩雄踞黑龙江与呼玛尔之间，可以兼顾上下首尾，便于攻取退守；可以藏船，有利于退兵、屯兵；“且有田垄旧迹可以屯田取食”。①对此我国著名历史学家夏家骏先生认为，“康熙帝谕令巴海筹建黑龙江、呼玛尔二城之前，早已注意到额苏哩的重要性”②。额苏哩比黑龙江（旧瑷珲）的优越处在于它距“罗刹”盘踞的雅克萨城近。这样，在额苏哩设治屯兵，对攻取盘踞雅克萨的敌人有利得多。③于是，康熙帝在九月初九（10 月 28 日）谕令“大兵建立木城，于此驻扎，永戍额苏哩，设将军、副都统、协领管辖镇守”④。可见，朝廷命令将军衙门最初设在额苏哩。⑤由于萨布素与康熙帝在将军衙门驻地选址的观点不一致，才使后来设置黑龙江将军驻地发生了变化，《清实录》中记载了萨布素的几次汇报情况。萨布素第一次汇报提出冬季进征困难多，要求改在来年春天进行，萨布素奏称：“冬时进征，炮具军粮输运维艰，倘遇大雪，亦未便用兵。今冬可暂驻额苏哩，俟来年四月冰解，既往攻雅克萨。”⑥康熙帝接到奏报后，命议政王大臣会议研究，议政王大臣议复：“前奉暂停攻取，相机举行之旨，萨布素请于来年四月进征，毋庸更议。”⑦康熙帝谕曰：“我兵即命永戍额苏哩，应派乌拉、宁古塔兵五六百人，打虎儿兵四五百人，于来秋月家口发往，设将军、副都统、统领、协领管辖镇守，深为有济。至来年，运席北（锡伯）诸地粮米于额苏哩，若只用猎户，必须稍迟。萨布素等业已支取半年六月前兵食裳行，今又停止进征，应量发萨布素等军水手，俟来年冰解，与猎户协运。”⑧派郎坦驰驿速往萨布素处商量确定。萨布素第二次向康熙帝汇奏时提出额苏哩地七月就有霜雪，要求先派兵进行耕种，将宁古塔三千兵丁分三批轮流驻守额苏哩，奏称：“以乌拉、宁古塔三千余兵，分为三班，将军、副都统等更番统领驻防。”⑨

强调“若今年秋迁移，恐地寒霜早，诸谷不获、难以糊口”⑩等困难，议政王大臣等议如所奏。“果如萨布素等所奏，兵丁频事更番，必致困苦，非久

①②③④⑤ 夏家骏：《黑龙江将军衙门南迁原因辨析》，载《瑷珲历史论文集》，1994（1），29～30 页。
⑥⑦⑧⑨⑩《清实录·圣祖实录》卷 112，147～149 页，北京，中华书局，1985。

长之策。”①黑龙江将军衙门驻地由额苏哩迁移到黑龙江城，虽然与萨布素强调在额苏哩地方的种种困难有直接关系，但也不是决定性因素，而在于郎坦和彭春调查的结果，即：“从瑷珲到雅克萨，舟楫可通，无险阻之患，两岸均可迁揽而行，从瑷珲至黑龙江和松阿里江（今松花江）汇合处，马行可半月程。从两岸河口至雅克萨城，马行可一月程，舟行逆流可三月程。舟行虽稍迟时日，凡军饷、重器皆可至于雅克萨城下。”②康熙帝才改变了将军驻地选址，决定在黑龙江左岸，筑城永戍，并决定到来年春发盛京兵筑黑龙江城（今俄罗斯维谢雪村），仍设将军、副都统领之；③康熙帝对在黑龙江地方建城的具体事项进行了“一一区画”④，然后派遣理藩院郎中额尔塞到额苏哩与萨布素“确议以闻”⑤。萨布素接到康熙帝的谕旨后，于二十二年（1683 年）再次进奏称：“永戍黑龙江诸务，上谕周详，悉宜遵奉。但来年迁移，兼以筑城屯田，力不支。请发乌拉、宁古塔兵五百人协力筑城，工竣即回”。⑥康熙帝接到萨布素奏折后，即颁上谕：“乌拉、宁古塔兵别有调遣，毋得发往，令副都统穆秦率京兵 600 人于来年三月抵彼处。筑城器具，悉备以行，余俱如前议。”⑦康熙帝确定了在瑷珲建城永戍的决策之后，很快就于十月二十五日（12 月 12 日）任命萨布素为首任黑龙江将军，也称驻守瑷珲等处地方将军。夏家骏先生认为：“黑龙江将军驻地‘最早设在额苏哩，康熙二十三年（1684 年）春才迁去黑龙江城（旧瑷珲）’。”⑧此谓黑龙江将军驻地第一次迁移。

瑷珲地处黑龙江北，位于精奇里江以下四五十里地方（原瑷珲村旧址，明时忽里平寨）。康熙十三年（1674 年）曾在这里筑过木城，⑨从瑷珲骑马 8 天可到达雅克萨城，这里土质肥沃，盛产粮食，康熙帝所派 600 名盛京筑城之兵和 600 名专事耕种的兵丁，均于康熙二十三年（1684 年）三月到达瑷珲。所建瑷珲城周长 940 步，设 5 个城门，内城墙是用草垡子垒砌，城墙 2 米多高，在每个城门上安放两门带车轮的大炮，城的外郭是挖有 2 米多深的环城壕沟。城墙外围又围以 1 米多高、2 米多厚的木桩，⑩连同城内居民所住的房屋，

①③④⑤⑥⑦《清实录·圣祖实录》卷 112，147 ～ 149 页，北京，中华书局，1985。
② 鄂尔泰等：《八旗通志》卷 153，3883 页，长春，东北师范大学出版社，1985。
⑧ 夏家骏：《黑龙江将军衙门南迁原因辨析》，载《瑷珲历史论文集》，1994（1），29 ～ 30 页。
⑨ 杨宾：《柳边纪略》，载《黑水丛书》之五《渤海国志长编》（外九种），826 页，黑龙江人民出版社，1995。
⑩ 西清：《黑龙江外记》，哈尔滨，黑龙江人民出版社，1984。

亦已于八月建成。①随后，萨布素将军驻进瑷珲城。但萨布素并没有利用有利时机和地势，对盘踞在雅克萨的俄国发动攻势，而于七月初二（8 月 12 日）向康熙帝奏请“暂停进剿，俟来年四月进兵”的同时，分兵“在江南距瑷珲城 12 里的下游托尔加城旧址兴建一座城池”。②（后称江北瑷珲城为旧瑷珲城，在江南修建之城为新瑷珲城）康熙帝对萨布素坐失攻取盘踞雅克萨侵略军良军，擅建新瑷珲城的错误给予了斥责，“谕令议政王大臣，严议申饬”。③九月十一日（10 月 19 日）议政王大臣会议：“萨布素应即严加议处。但现领大兵，临罗刹之境，姑俟事峻再议。”④朝廷对萨布素的处分随着第一次雅克萨之战的胜利而取消。雅克萨战争胜利后，康熙帝特别高兴:“四十年盘踞之众，数日即行击破，收复雅克萨城，今既告成功，萨布素等前此缓兵不进等罪概行赦免。”⑤萨布素擅建新瑷珲城一事，因“概行赦免”而“不了了之”。

康熙二十四年（1685 年）春，雅克萨之战前，专事耕种的兵丁，由于长期不能与家人团聚，情绪受到影响，他们对战争有恐惧感，害怕战争伤及他们的生命，不愿在旧瑷珲城从事耕种，故意损坏农器，屠杀耕牛。康熙二十四年正月二十一日（1685 年 3 月 1 日），户部在给康熙帝题折中称“黑龙江佐领鄂色等咨称，耕牛尽毙农器损坏。今时已耕作，应遣理藩院官一员，同马喇如数购买耕牛送往。农器令萨布素等营造预备”⑥。对这件事，康熙帝指出：“萨布素等故毁农具，尽毙耕牛，其意在多方迟延，冀撤离黑龙江耳。凡受事者，宜即严治，念现同大兵进剿，故暂停处分。俟回自雅克萨日再议。”⑦对这些人的处分也随着雅克萨之战的胜利，免予处分。这一事件的发生也促使了黑龙江将军衙门从旧瑷珲城迁到新瑷珲城。雅克萨之战胜利后，萨布素乘康熙帝沉浸在胜利的喜悦之时，以旧瑷珲城“僻处江东，与内地往来不便”⑧为由，奏请黑龙江将军衙门驻地迁到新瑷珲城（今黑河市爱辉镇），康熙帝也因轻而易举地攻克雅克萨而认为罗刹不堪一击，没有重视沙俄侵略我国领土的基本国策，遂放松了对沙俄的警惕，同意萨布素所请，黑龙江将

① 《清实录・圣祖实录》卷 115，195 页、197 页，北京，中华书局，1985。
② 夏家骏：《黑龙江将军衙门南迁原因辨析》，载《瑷珲历史论文集》，1994（1），29 ～ 30 页。
③ 《清实录・圣祖实录》卷 115，195 页、197 页，北京，中华书局，1985 年。
④ 《清实录・圣祖实录》卷 116，205 页，北京，中华书局，1985。
⑤ 何秋涛：《朔方备乘》，载《平定罗刹方略》，民国石印本，6 页。
⑥⑦ 《清实录・圣祖实录》卷 119，249 页，北京，中华书局，1985。
⑧ 顾丽华：《清代黑龙江将军衙门的迁移及其政治功能的变化》，载《东北史地》，2007（3），61 页。

军衙门驻地由旧瑷珲城迁移到新瑷珲城，此谓黑龙江将军驻地第二次迁移。

第一次雅克萨之战得胜之后，清政府以为罗刹“数日即行击破”，遂放松对俄国侵略军的警惕，康熙帝认为在雅克萨战争中的“进征官兵劳苦，让其退回乌拉吉林”休整，只拨少部分“盛京达斡尔等处官兵暂为镇守”。[①]当时康熙帝还不知道清朝军队撤离雅克萨后，沙俄托乌布津于康熙二十四年六月十六日（1685年7月27日）卷土重来，筑城挖壕，以图长期据守。在这种情况下，康熙帝认为“雅克萨城，虽已克取，防御决不可疏”[②]。六月初四（7月15日）“康熙帝谕令大学士勒德洪、学士麻尔图、图纳，同郎坦、关保及议政王大臣，共同研究具奏，应于何地永驻官兵弹压”[③]，经过三个多月的“详加丈量”，九月二十七日（10月24日）议政王大臣遵旨议覆:“查墨尔根地方，最为紧要，应筑城设兵，令将军萨布素及副都统一员，驻扎于此。上允行。”[④]于是“命副都统博定筑城”[⑤]。议政王大臣会议不久，博定就率领兵丁开始筑城。康熙二十五年二月十三日（1686年3月6日），从黑龙江将军萨布素奏报中得知“罗刹复来雅克萨，筑城盘踞”[⑥]，康熙帝才令将军萨布素等，“姑停迁移家口于墨尔根城，如前所请，速修船舰，统领乌拉、宁古塔官兵驰赴黑龙江城”[⑦]。之后不久，八月二十五日（10月12日），第二次雅克萨之战期间，清廷令“博定精选筑墨尔根城及种地的官兵二百人，速赴萨布素军前”[⑧]。由是，墨尔根城也就停建了。第二次雅克萨之战结束后，康熙帝还曾批评过萨布素等从黑龙江撤回的想法，坚持在黑龙江城“多储粮食，永戍官兵，以防俄人再次侵入”[⑨]，待到《尼布楚条约》签订后，表面上看中俄黑龙江段边界相对平静，然而沙俄却把侵略的目标指向我国西北，利用噶尔丹的政治野心，肢解中国。噶尔丹在沙俄的勾引和声援下，于康熙二十九年（1690年）“借俄罗斯兵器至，以追喀尔喀为名，选锐东犯”[⑩]。这使得康熙帝的国防观点发生了变化，原以为中俄既已签订《尼布楚条约》，双方应信守条约，俄罗斯就不会再来侵犯，而把主要精力用来防范噶尔丹。康熙帝为防噶尔丹东侵，决定继

①②③《清实录·圣祖实录》卷121，274页、278页，北京，中华书局，1985。
④⑤《清实录·圣祖实录》卷122，292页，北京，中华书局，1985。
⑥⑦《清实录·圣祖实录》卷124，318页，北京，中华书局，1985。
⑧《清实录·圣祖实录》卷127，357页，北京，中华书局，1985。
⑨ 张向凌：《黑龙江历史编年》，哈尔滨，黑龙江人民出版社，1989。
⑩ 魏源：《圣武记》，116页，北京，中华书局，1984。

续建筑墨尔根城。墨尔根城西距蒙古较近，北又有驿道直通雅克萨，这样既可防御噶尔丹东扰，又可防御俄军南侵，遂命黑龙江将军移驻墨尔根城。至于黑龙江将军驻地于康熙二十九年何时迁移的，史料没有明确记载，《黑龙江历史编年》“本年黑龙江将军自瑷珲城移驻墨尔根城”[①]。不过根据《清实录》还是能推测大致时间的，五月二十三日（6 月 29 日）上问噶尔丹将借兵俄罗斯，康熙此时刚知道噶尔丹叛乱，说明此时黑龙江将军还没有正式移驻墨尔根，或许萨布素此时已在墨尔根，因为早在二十八年（1689 年）萨布素就奏请“在黑龙江、墨尔根设兵、筑城、浚隍，造庐舍，开屯田，皆躬身执其役”[②]。十月初五（11 月 5 日），兵部议覆：“黑龙江将军萨布素疏言，墨尔根居住总管索伦安珠护等，每年耕种官田 2 000 余垧，令官兵移驻墨尔根，请即以此项成熟之田分给耕种，应如所请。从之”[③]。说明此时黑龙江将军驻地已正式移驻墨尔根城。此谓黑龙江将军驻地第三次迁移。

中俄两国签订《尼布楚条约》后，从表面上看，中俄边疆的紧张关系得到了缓解，然而沙俄政府却利用噶尔丹的政治野心，唆使、怂恿噶尔丹叛乱，分裂中国，以达到乱中渔利，侵略中国的目的。噶尔丹在沙俄的支持下，先后吞并了辉特、杜尔伯特、和硕特三部。康熙二十七年（1688 年）噶尔丹向东进兵击败喀尔喀蒙古。康熙二十九年（1690 年）六月，噶尔丹在沙俄的支持下，率兵两万余人，以追喀尔喀为名，进袭漠南乌珠穆沁一带。噶尔丹的东侵和南下，威胁着清朝的统治，迫使清朝政府采取了先安内后攘外的防御政策。噶尔丹的东侵，致使“喀尔喀蒙古诸部蒙受空前浩劫，举部内迁”[④]，大量的喀尔喀蒙古族人涌入岭东，给漠南科尔沁部的生活带来了冲击，同时噶尔丹还煽动内蒙古科尔沁等部作乱，并“杀害清政府官员，不断骚扰边地安宁”[⑤]。在这种情况下，摆在清朝政府面前所要解决的问题有两个：一个是如何安置这些大量涌入这一地区的新居民；另一个是如何防范噶尔丹及科尔沁、巴尔虎等诸部蒙古叛乱。康熙三十年正月二十三日

① 张向凌：《黑龙江历史编年》，哈尔滨，黑龙江人民出版社，1989。
② 钱仪吉：《碑传集》3321 页，北京，中华书局，1993。
③《清实录 • 圣祖实录》卷 149，645 页，北京，中华书局，1985。
④⑤ 准噶尔史略编写组：《准噶尔史略》，103 页、112 页，北京，人民出版社，1985。

（1691 年 3 月 22 日），黑龙江将军萨布素进京向康熙帝面奏喀尔喀、巴尔虎等肇事时索伦、达斡尔情形及应筑城缘由时说："臣详察东北地方形势，墨尔根城越蒙古、锡伯、索伦、达斡尔与外藩人等共居杂处，墨尔根城远离乌拉吉林一千四百里，与之隔绝，万一有调遣之事，不能践约及时来到。松花江由南北流、嫩江由北南流，两江于图西吞地方汇合，经东省诸部所居之地，流入东北海。自乌拉吉林至嫩江口约五百里，嫩江至齐齐哈尔约五百里，齐齐哈尔至墨尔根约五百里。其中有齐齐哈尔最为紧要形势之地，蒙古、锡伯、索伦、达斡尔等所居之地总汇于此，且距通达兴安岭北呼伦等地及尼布楚之道甚近，应于齐齐哈尔一带驻兵一队。"①另外，"松花江、嫩江汇合之处，系水陆通衢，大渡所在，亦应驻兵一支。如此则齐齐哈尔、嫩江口皆以江为屏障，得其地利，兵马可赖腴田青草而强盛膘壮，驻守则极其坚固，出征则颇为英武，虽有紧急事宜，自墨尔根至此，相续彼此调遣，不致有误"②。萨布素特别提到"去岁喀尔喀、巴尔呼（虎）等来齐齐哈尔地方之际，索伦、达斡尔等经逃散，嗣后，倘有此等事宜，则齐齐哈尔周围无城郭，绵延而居者相隔遥远，将难以收聚保护……若齐齐哈尔等诸村达翰尔内，酌情选丁一千名，整编牛录，令其披甲……仍给钱粮，照省城之例，将家道殷实之人安置于城内，穷困人等安置于村，则不难耕种，有事可收至于城内"③。关于达斡尔族披甲事宜，萨布素说："我等不可擅自议定。作何办理，请部定议具奏。"④后来，萨布素在向朝廷具奏建齐齐哈尔城时说："为建齐齐哈尔城事宜，索伦总管玛布岱此前已向理藩院提呈过，玛布岱在给理藩院的提呈称：'我等祖、父等自黑龙江来嫩江归顺圣主以来，四十余载，逢遇太平，散居六百余里，随意逸乐，今闻厄鲁特、喀尔喀，相互征伐，若众巴尔呼等穷寇得知我等诸村散居而肆意侵扰，则欲保妻孥，亦非一时之所能收，且皇上之事，亦将难以适量采获。据此，我等情愿披甲，于我等住地附近，择一形势之地，筑城聚居。如有行动，则豁命致死效力，以报皇上恤养之恩'等情。"⑤萨布素所以提到索伦总管玛布岱提出要在齐

①②③④⑤ 中国第一历史档案馆：《锡伯族档案史料》，27 ～ 40 页，沈阳，辽宁民族出版社，1989。

齐哈尔地方筑城，是说明在齐齐哈尔地区居住的达斡尔等各族也有建城的要求和愿望。此后，萨布素为了推进朝廷早日研究齐齐哈尔筑城事宜，于康熙三十年六月十三日（1691 年 7 月 8 日）上疏朝廷，称:“臣独守一、二城池，系乎四城，遇事仅有满洲甲兵，委实太单，如遇事故，守御二城，则出队人少，战守均难兼顾。”①于是康熙三十年七月初一（1691 年 7 月 25 日），经议政王大臣具奏，康熙帝表示可以在齐齐哈尔筑城。奉旨“著不误农时，乘闲筑城。钦此。钦遵。传旨于总管等，一同详察地方，于嫩江东岸卜奎驿站地方丈量筑城处所，以达斡尔等人力动工修筑，至种田季节后，俟来年竣工，将力夫遣回各该村”②。具体建城事宜由索伦总管玛布岱负责，关于具体建城事项这里不再赘述。至于在什么时间开始建城，应该如康熙皇帝所指示，在这年秋季农闲时就开始了。建城的速度应该是很快的，在《黑龙江将军萨布素为派拨锡伯人丁等砍伐筑城木料事咨齐齐哈尔副都统衔玛布岱文》中称：“去年曾派六百人往运筑城木料时，来年砍伐筑城木料时，拟派齐齐哈尔城官兵二百名、锡伯二千名附丁内二百名，布特哈达斡尔内二百名。并派达斡尔章京一员（章京，官名。满语汉译为参领，八旗组织中，中层编制中的长官），因锡伯丁前往，派家资富裕，不误迁移的章京一员，前往管束。”③从中可以看出只一项砍伐木料就用了这么多人。这封咨文是康熙三十一年正月初七(1692 年 2 月 23 日）发出的，正值新年期间，为了赶在农忙前把城建完，即使正月里也没有停止建筑。四月二十六日（6 月 10 日）议政王大臣议覆，“今议，齐齐哈尔最为紧要形胜之地，应于席北（锡伯）、卦尔察、打虎儿（达斡尔）内选强壮者一千名，令其披甲，并附丁二千名，一同镇守齐齐哈尔地方，令副都统品级玛布岱管辖，两翼各设一防守尉，每旗各设防御一员，俱属将军萨布素统领管摄”④。此时齐齐哈尔城应该说主体工程已经基本完工，否则议政王大臣不会研究齐齐哈尔派兵防御一事。紧接着兵部于四月二十九日（6 月 13 日），把议政王大臣研究的方案咨文给萨布素将军。康熙三十一年五月二十九日（1692 年 7 月 13 日）萨布素与吉林将军佟保商定安置锡伯等人迁移入城事宜，在咨将军佟保

① 任国绪：《黑水丛书》之五，《宦海伏波大事记》（外五种），71 页，哈尔滨，黑龙江人民出版社，1994。
②③ 中国第一历史档案馆：《锡伯族档案史料》，27 ～ 40 页，沈阳，辽宁民族出版社，1989。
④《清实录 · 圣祖实录》卷 155，711 页，北京，中华书局，1985。

文中说："自与齐齐哈尔接壤处起，挑取嫩江沿岸所居之锡伯丁三千名，选其中壮者一千名披甲，其余二千名作为附丁，将移驻于齐齐哈尔地方新筑之城。"① 萨布素于康熙三十一年七月二十一日（1692 年 8 月 31 日），向工部提出造渡船事宜时称："新筑齐齐哈尔城，将驻达斡尔、锡伯官兵二千名，该官兵之田庄，多在嫩江北岸，索伦四围人等亦往嫩江北岸，若无渡船，行人难以渡过。"②此时齐齐哈尔城应该是已经竣工并入驻军队了。

清代学者西清所著《黑龙江外记》记载："齐齐哈尔内城，排木为重垣，实以土，具雉堞之观，四门皆有楼橹，方一千三十步，崇丈八尺，外部因沙阜高下，甃筑以土垡，方十里。东南北各一门，西二门，有大小西门之称。"③ 可见，当时齐齐哈尔城是相当壮观的。并称"巨野为襟，长江作带，近怀属国，远镇边羌，扼四达之要冲，为诸城之都会"。④齐齐哈尔城的地理位置也正如萨布素将军奏建该城时所言："齐齐哈尔为紧要形势之地，蒙古、锡伯、索伦、达斡尔等所居地界总汇于此，且距通达兴安岭北呼伦等地与尼布楚之道甚近。"⑤这里是说嫩江西岸齐齐哈（今齐齐哈尔市梅里斯达斡尔族自治区梅里斯乡齐齐哈村）与京城通往雅克萨驿路上的江东卜奎驿站较近，萨布素原奏建城在江西齐齐哈屯，距京城通往尼布楚的驻道上的卜奎驿站甚近，后来康熙帝觉得把城建在卜奎驿站地方对通往雅克萨更为方便，于是决定把城建在卜奎驿站地方。康熙三十五年（1696 年）二月，康熙帝决定亲征噶尔丹，发兵十万，分三路大军攻击，东路由黑龙江将军萨布素为总指挥，率领盛京、乌拉、黑龙江之兵，由墨尔根出发向克鲁伦河进发，由于道路不畅，未能按约定时间到达，"形成康熙中路军突进，两翼不及跟上的态势"⑥，致使清军进抵巴彦乌兰时，扑了个空。这次萨布素率军进剿噶尔丹，由于路途不通达而未能如期到达地点，是黑龙江将军驻地于康熙三十八年（1699 年）迁移至齐齐哈尔城的一个重要原因。虽噶尔丹已于康熙三十六年（1697 年）闰三月十三日暴病而死，⑦然其后几代准噶尔部统治者，也都先后与沙俄勾结叛乱。康熙帝和萨布素都出于齐齐哈尔近能怀属国、控制蒙古诸部，远则镇边羌、

①②⑤ 中国第一历史档案馆：《锡伯族档案史料》，27 ～ 40 页，沈阳，辽宁民族出版社，1989。
③④ 西清：《黑龙江外记》，15 页，哈尔滨，黑龙江人民出版社，1984。
⑥⑦ 准噶尔史略编写组：《准噶尔史略》，115 页、119 页，北京，人民出版社，1985。

扼四达之要冲的地理位置，而把黑龙江将军驻地移置齐齐哈尔城的。此为黑龙江将军驻地第四次迁移。

黑龙江将军移驻齐齐哈尔后，适逢齐齐哈尔地区连年歉收，康熙四十年（1701 年），黑龙江将军萨布素因虚报仓谷想得到清廷补给，而被查处革职。康熙五十九年（1720 年）六七月间，小兴安岭南麓断层带上（今五大连池市），火山连续喷发，《宁古塔纪略》载："康熙五十九年六七月间，忽烟火冲天，其声如雷，昼夜不绝，声闻五六十里。其飞出者，皆黑石硫磺之类，经年不断，竟成一山。"①火山喷发后，熔岩阻塞讷漠尔河支流白河河道，成为相互连通的 5 个大湖，后称五大连池。同时造成嫩江洪水泛滥，造成齐齐哈尔地区农作物淹没，粮食颗粒不收。粮食问题威胁着当地居民的生产生活，到雍正元年（1723 年），就有一部分官员想迁移黑龙江将军驻地。雍正二年（1724 年）十二月，正黄旗蒙古副都统费雅思哈奏请"黑龙江将军衙门移驻呼兰地方，齐齐哈尔副都统移驻阿勒楚喀（今哈尔滨市阿城区），墨尔根副都统移驻拉林"②，雍正帝让议政王大臣对此复议。雍正二年十二月二十日（1725 年 2 月 9 日）和硕喜亲王就费雅思哈动议迁移黑龙江将军驻地一事，面奏雍正皇帝称："黑龙江将军所驻之齐齐哈尔地方碱薄，难以耕种，令将军移驻黑龙江（城）实属有益。"③建议黑龙江将军驻地不能移置呼兰，说："移驻呼兰、拉林等处，则北拒俄罗斯益远。"④建议黑龙江将军驻地回迁至黑龙江城，雍正皇帝同意了和硕喜亲王的议奏，"依议。黑龙江地方，悍拒俄罗斯，今令将军移驻黑龙江"⑤，具体迁移事项由黑龙江将军陈泰议奏。

雍正三年三月二十日（1725 年 5 月 2 日），黑龙江将军陈泰收到清廷来文，得知要迁黑龙江将军驻地于瑷珲城，他对此坚决反对，上奏说："臣陈泰迭蒙圣恩，在黑龙江副都统任上十二年，在黑龙江将军任上六年，共计十八年，谙悉齐齐哈尔、墨尔根、黑龙江（城）等地情形，岂可不奏明皇上。自尼布楚径由阿鲁（木）、雅尔、库里、阿姆纽、他拉齐陆路五条可至齐齐哈尔。此五路，自齐齐哈尔至尼布楚城，骑马、步行均于十四五日内抵达。齐齐哈尔

① 吴江、吴振臣、南荣：《宁古塔纪略》，见《龙江三纪》，231 页，哈尔滨，黑龙江人民出版社，1985。
②③④⑤《清实录·世宗实录》卷 27，420 ～ 421 页，北京，中华书局，1985。

与札赉特、杜尔伯特、郭尔罗斯、科尔沁、札萨克图王、喀尔喀浦苏克王等蒙古部落交界。臣我亲自驻防之此城，及三城交汇之地，虽土地贫瘠，蒙圣主施恩，官兵、水手、拜唐阿（清代各衙门无品级当差者之泛称）、驿站、官庄等所有人口三年所食，恰与仓储细粮十一万六千八百二十石相合。唯今年雨水不合粮食过少。齐齐哈尔地方宽阔，可做买卖甚多，故不致生活艰窘。黑龙江（城）自尼布楚无路可径至，唯设水路一条。由此水路至尼布楚城，上行须五十余日，下行须三十余日。每年九月内河水结冰，四月初融化，黑龙江（城）地方土地肥沃，但可耕地狭窄，仅能满足现有驻防官兵。齐齐哈尔兵丁迁移到黑龙江城，齐齐哈尔驻防兵少，齐齐哈尔乃所有地方会冲要地，恐兵力至弱。况此城兵丁均建房置业，居住年久，一俟迁移，必致发生过多苦难人口。黑龙江地方狭窄，百里外尽皆山林树木，无法耕种。周围亦无可做买卖之地。再由齐齐哈尔增移人口，苦一两年内粮食过少，兵丁人等生计必然困窘，多无裨益。”[①]陈泰把齐齐哈尔城和黑龙江城，两个城的自然条件、经济状况、交通条件等等作了对比说明，最后说：“臣我移驻与否，恭请皇帝明鉴。降谕后，臣即遵办。”[②]雍正皇帝接到陈泰的奏折后，即命议政王大臣复议，雍正三年四月二十四日（1725 年 6 月 4 日）议政王大臣议奏：“齐齐哈尔乃与俄罗斯陆路、蒙古、索伦三地交界之重地。将军应否迁移黑龙江等事，臣等先前咨文该将军以便议定。今将军陈泰奏称，齐齐哈尔地方甚为紧要，兵丁眷恋故土，粮谷积聚，有做买卖之地。等语奏了。故依将军陈泰所奏。”[③]至此，黑龙江将军驻地第五次迁移的动议未能实现，直到光绪三十三年（1907 年），撤将军改巡抚之前，黑龙江将军一直驻守在齐齐哈尔城。

清代黑龙江将军几次迁移治所，其驻地有黑龙江城、墨尔根城、齐齐哈尔城。《黑龙江外记》称黑龙江城“左枕龙江，右环兴岭。东国屏藩，北门锁钥，是黑龙江城之形胜也”。[④]墨尔根城，“北负群山，南临沃野，江河襟带，上下要枢，是墨尔根之形胜也”。[⑤]齐齐哈尔“巨野为襟，长江作带，近怀属国，远镇边羌，扼四达之要冲，为诸城之都会，是齐齐哈尔之形胜也”。[⑥]由于这三城独特的

①②③ 吴雪娟：《黑龙江将军驻地迁移新谈》，载《北方文物》，2006（3），89 页。
④⑤⑥ 西清：《黑龙江外记》，1 页、2 页，哈尔滨，黑龙江人民出版社，1984。

地理位置，黑龙江将军在不同时期移驻，发挥了不同的政治功能。奠定了清朝黑龙江地区的统治基础和政治结构，为黑龙江地区的发展奠定了基础。

二、清政府对黑龙江将军的任命

清朝在边疆重要省份实行军府制度，设立将军管理地方军政事务，这种驻防将军制度，始于清朝入关后不久。清军五月入关，八月就在其盛京设置左右两翼梅勒章京（汉意为副都统）来管理东北地方军政事务。顺治三年五月十八日（1646 年 6 月 30 日），驻盛京的梅勒章京为昂邦章京（汉意为将军），顺治九年七月十八日（1652 年 8 月 21 日），命梅勒章京驻防宁古塔地方，顺治十年五月初九（1653 年 6 月 4 日），驻防宁古塔梅勒章京为昂邦章京。康熙元年（1662 年）改盛京与宁古塔两昂邦章京为盛京将军与宁古塔将军。宁古塔将军下的副都统萨布素因抗击沙俄有功，于康熙二十二年十月二十五日（1683 年 12 月 12 日），擢升为镇守瑷珲等处地方将军，也称镇守黑龙江等处地方将军，黑龙江将军遂成为继盛京将军、宁古塔将军（后迁吉林乌拉称吉林将军）之后东北边疆第三个驻防将军。清代，各驻防将军例以三年为一个任期。到期或升任或连任或改任。但黑龙江将军，任期内变化极其复杂，显现出许多非正常的情况：有的将军多年连任或再任；有的任期极短，有的署理将军多年才转为实授；有的则没有被实授等等。但这些情况更迭有序，黑龙江将军没有出现空缺情况。黑龙江将军出缺，例由兵部提名或由大臣保举，由于黑龙江与俄罗斯边界线长，地理位置重要，所以黑龙江将军一般都由皇帝亲自任命。清朝任命各省将军有实授、署理、护理等几种形式。

（一）实授

实授就是正式任命。这种任命方式有几种情况，在《清代职官年表》中，关于黑龙江将军实授的有授、改、迁三种实授任命方式。第一种形式就是授，是皇帝把不在将军任上的官员，任命为黑龙江将军，如雍正五年十二月初一（1728 年 1 月 11 日），任命兵部右侍郎那苏图为黑龙江将军。乾隆三十三年九月二十四日（1768 年 11 月 3 日），任命专备“警跸宿卫”的前锋营统领（官名，在八旗编制中前锋营统领分左右翼各一人，各掌本翼前锋政令）傅玉为黑龙江将军，以这种形式任命黑龙江将军的还有内大臣塔尔岱、理藩院尚书增海、刑部尚参赞大臣明亮、前锋统领清保、吏部尚书达勒当阿、总管内务府大臣景熠、乌里雅苏台参赞大臣那奇泰、盛京工部侍郎兼奉天府尹富俊、户部左侍郎奕经，富僧德和奕格分别由蒙古正黄旗都统和镶红旗都统任命为黑龙江将军，还有乌礼布、傅尔丹都是由护军统领任命为黑龙江将军。第二种实授形式就是改任，将驻防在其他地方的将军任命为黑龙江将军，如：康熙四十年二月初七（1701 年 3 月 16 日），宁古塔将军沙纳海改任为黑龙江将军；康熙四十八年二月初八（1709 年 3 月 18 日），改吉林将军杨福为黑龙江将军；乾隆十七年十二月十二日（1753 年 11 月 5 日）改西安提督（按：清代多省设提怪不督，从一品，掌军政，为地方最高长官，与驻防将军同职。所以属于改任）绰尔多为黑龙江将军，乾隆二十年七月十五日（1755 年 8 月 22 日），改任荆州将军，乾隆二十一年八月初六（1756 年 8 月 31 日），又由荆州将军改任黑龙江将军。还有江宁将军傅玉、盛京将军都尔嘉、西安将军舒亮、乌里雅苏将军永琨、江宁将军那奇泰、西宁总兵官特依顺保、热河都统松宁、江宁将军英隆、伊犁将军奕山、前西安将军恭镗、荆州将军希元、成都将军绰哈布改任黑龙江将军，先后有绥远城将军禄成、果齐斯欢、特依顺保、棍楚克策楞、定安五位将军改任为黑龙江将军，先后有吉林将军杨福、保昌、延茂改任黑龙江将军。第三种实授方式是擢升，就是从下一级官员当中擢升为黑龙江将军，升迁为黑龙江将军前大都是驻防各地的副都统，康熙二十二年十月二十五日（1683 年 12 月 12 日），首任黑龙江将军萨布素就是原宁古塔副都统擢升的，此后先后有奉天副都统博定、黑龙江右翼副都统法度、伯都讷副都统托留、黑龙江副都统陈泰、齐齐哈尔副都统卓尔海、墨尔根副都统额尔图、齐齐哈尔副都统达色、拉林副都统果多欢、山海关副都统傅玉、热河副都统恒秀、山海关副都统琳宁、三姓副都统额勒伯克、察哈尔副都统观明、齐齐哈尔副都统斌静、镶红旗满洲副都统奕颢和祥康、正白旗蒙古副都统特普钦、吉林副都统德英、锦州副都统丰绅、黑龙江副都统文绪、珲春副都统依克唐阿等 22 名副都统衔职务擢升为黑龙江将军。以这三种方式实授为黑龙江将军的总计有 61 人。

（二）署理

署理是以官阶相近的官员相互代理职务，没有实授。黑龙江将军署理的情况比较复杂，一种情况是黑龙江将军出现空缺，先命某一官员署理，经过一段时间的考验之后，再进行正式任命实授。例如，同治六年十月十六日（1867 年 11 月 11 日），黑龙江将军特普钦因病不能担任黑龙江将军职务，朝廷免去特普钦将军职务，任命吉林副都统德英署理黑龙江将军，到九年九月二十二日（1870 年 10 月 16 日），才实授德英为黑龙江将军。光绪七年十二月八日（1882 年 1 月 27 日），黑龙江将军定安因病解职，清廷任命黑龙江副都统文绪署理黑龙江将军，至十年四月十五日（1884 年 5 月 9 日），实授为黑龙江将军。光绪十二年五月十四日（1886 年 6 月 15 日），命恭镗署理黑龙江将军，十四年四月二十八日（1888 年 6 月 7 日）实授为黑龙江将军。也有署理期间很短就实授的，光绪五年十一月十八日（1879 年 12 月 30 日），黑龙江将军出缺，任荆州将军希元为黑龙江将军，在其未到任前，于六年二月二十五日（1880 年 4 月 4 日），任命绥远城将军定安署理黑龙江将军，三月十九日（1880 年 4 月 27 日），不到一个月，就改任黑龙江将军希元为江宁将军，定安实授为黑龙江将军。以上这几位将军实授前的署理阶段，其性质也是正式的。还有一种是一直署理，而最后也没有实授的情况。光绪二十六年（1900 年），庚子之役沙俄入侵黑龙江，署黑龙江将军寿山殉职，十月，清廷任命齐齐哈尔副都统萨保在黑龙江将军绰哈布未到任的情况下，署理黑龙江将军，维持黑龙江局面，直到三十年（1904 年）九月病危，也没有实授；光绪三十一年四月十日（1905 年 5 月 13 日），任命程德全署理黑龙江将军，直到三十三年三月初八（1907 年 4 月 20 日）裁撤黑龙江将军，改为黑龙江巡抚，也没实授为黑龙江将军。其实这种署理与正式任命的性质是一样的，朝廷往来公文，对外使节一切以将军名义出现，只是没有经过实授的手续罢了。

在署理黑龙江将军的情况中，临时性的署理较多，由于黑龙江地处北疆，距离京师较远，在卸任将军离任后，新任将军还未到任的情况下，必须有人署理，一般都是甄选黑龙江将军辖下的副都统或是距黑龙江较近的东北某驻防城的副都统担任。齐齐哈尔副都统临时署理黑龙江将军的有：嘉庆六年二月十二日（1801 年 3 月 25 日），清廷革黑龙江将军景熠职，由齐齐哈尔副都统恒博署理黑龙江将军；嘉庆二十五年四月二十三日（1820 年 6 月 3 日），清廷任命奕颢为黑龙江将军，未到任前由齐齐哈尔副都统春生保署理黑龙江将军；道光十年九月十日（1830 年 10 月 26 日）因黑龙江将军富僧德驰驿进京，清廷先任命前乌鲁木齐都统英惠署理黑龙江将军，未等英惠赴任，清廷又于九月十六日（11 月 1 日），命齐齐哈尔副都统玉英署理黑龙江将军；道光十八年十一月二十八日（1839 年 1 月 13 日）黑龙江将军哈丰阿奉命进京，齐齐哈尔副都统舒伦保署理黑龙江将军；同治三年八月十六日（1864 年 9 月 16 日），黑龙江将军特普钦回旗省亲，清廷命齐齐哈尔副都统宝善署理黑龙江将军；同治十年（1871 年）五月，黑龙江将军德英丁忧，任命齐齐哈尔副都统托克湍署理黑龙江将军；光绪二十年七月初六（1894 年 8 月 6 日），清廷电谕黑龙江将军依克唐阿，率军赶赴朝鲜作战，在依克唐阿出征期间，齐齐哈尔副都统增祺署理黑龙江将军，到十月十三日（11 月 10 日），清廷命署吉林将军恩泽为黑龙江将军，增祺遂解职。以上为齐齐哈尔副都统署理黑龙江将军。其他副都统署理黑龙江将军的有：道光八年二月十九日（1828 年 4 月 3 日），黑龙江将军禄成离任后，清廷命盛京副都统苏冲阿署理黑龙江将军，四月十五日（5 月 28 日），绥远城将军果齐斯欢调任黑龙江将军，苏冲阿解职；道光十五年正月二十六日（1835 年 2 月 23 日），清廷调任吉林将军保昌为黑龙江将军，未到任前，由锦州副都统奇明保署理黑龙江将军，闰六月初九（8 月 3 日）清廷又调广州将军哈丰阿任黑龙江将军，在哈丰阿未到任前仍以锦州副都统奇明保署理黑龙江将军。暂署理黑龙江将军的还有，康熙五十四年五月十一日（1715 年 6 月 12 日）黑龙江将军杨福因病死，由其子三官保署理黑龙江将军，五十五年十月初二（1716 年 11 月 15 日）任命托留暂署理黑龙江将军。雍正四年二月初一（1726 年 3 月 4 日）因黑龙江将军陈泰被召回京，清廷以内大臣傅尔丹暂署理黑龙江将军，到十二月初一（1728 年 1 月 11 日），任命兵部右侍郎那苏图为黑龙江将军，遂把傅尔丹召回京。道光十年九月十日（1830 年 10 月 26 日），清廷命黑龙江将军富增德进京，以前任乌鲁木齐都统玉英暂署理黑龙江将军。此外还有两种署理情况：一种是原是黑龙江将军，调出后，仍还署理黑龙江将军，雍正十年九月初一（1732 年 10 月 19 日）黑龙江将军卓尔海被清廷授为内大臣，在新的黑龙江将军人选没有确定时，仍署理黑龙江将军。这种情况可能仅有卓尔海一人。另一种是黑龙江将军出现空缺，由附近省份的将军兼管性的署理。第二次雅克萨战争之后，由于黑龙江将军萨布素参加中俄尼布楚谈判，这期间由吉林将军殷图署理黑龙江将军事务，虽然没有明确的史料记载，但从康熙二十八年五月二十七日（1689 年 7 月 13 日），清廷革吉林将军职的原因可以看出。因黑龙江协领杨代武在收军粮时，“用大斗收，侵余入己，反称米石缺少，勒令车户赔补，应论死。将军殷图以患病未经理事，革去（吉林）将军”职务。[①]雍正十一年四月二十五日（1733 年 6 月 7 日）署黑龙江将军卓尔海前往察罕叟尔军营，黑龙江将军由盛京将军那苏图署理，那苏图在雍正十三年（1735 年）两次署理黑龙江将军，正月十八日（2 月 10 日）因卓尔海办理副都统事，那苏图再次署理黑龙江将军。三月二十一日（4 月 13 日），黑龙江将军塔尔岱回任后，因病请假半年，又由那苏图署理。这种由临近省份的将军署理黑龙江将军的情况很少。另外还要说明的是署理黑龙江将军的人可能还有，但由于资料所限，无法核实到确切数字，按清制，各省驻防的封疆大吏不能无人，一旦出缺，第二天必须任命新的人选，比如丁忧请假，或者临时性差遣，或者旧任出缺新任未到之时，都必须有人署理。这样看来，首任黑龙江将军萨布素统军征剿噶尔丹期间，是应该有人署理黑龙江将军的。目前所能查得的署理黑龙江将军人数，不包括署理后实授的为 23 人。

① 《清实录·圣祖实录》卷 141，546 ～ 547 页，北京，中华书局，1985。

（三）护理

护理就是将军一职由下级官员代理，主要是代理政务，这是一种临时性的措施。清代黑龙江将军目前发现有四个护理的，一位是齐齐哈尔副都统由屯，于乾隆二十七年八月二十六日（1762 年 10 月 13 日），到乾隆二十七年十月，护理黑龙江将军印务。再就是伊勒通额，道光十年三月二十七日（1830 年 4 月 19 日），清廷任命正黄旗蒙古都统富僧德为黑龙江将军，富僧德未到任前由伊勒通额护理黑龙江将军印务，只见《清史稿》职官表中有记载，没有确切资料表明他是否到任护理。另一位是伊克唐阿，同治十三年正月二十九日（1874 年 3 月 17 日），黑龙江将军德英病逝，清廷任命锦州副都统丰绅为黑龙江将军，在丰绅没有到任前，由墨尔根副都统依克唐阿护理将军印务。黑龙江将军文绪，由于身体原因，于光绪十一年八月二十六日（1885 年 10 月 4 日），请病假，由齐齐哈尔副都统禄彭护理黑龙江将军印务，到十一年十二月二十六日（1886 年 1 月 30 日）文绪病好，为第一次护理黑龙江将军印务。第二次护理黑龙江将军印务是文绪因病于五月十四日（6 月 15 日）乞休，上允之，由前西安将军恭镗署理黑龙江将军，在恭镗没有到任前，禄彭再次护理将军印务。最后一位是光绪二十年六月初八（1894 年 7 月 10 日），黑龙江将军依克唐阿带兵赴辽东参加中日甲午战争，由齐齐哈尔副都统增祺护理黑龙江将军印务。清代护理黑龙江将军印务的总计 4 人。

（四）在黑龙江将军中，既不是实授，也不是署理和护理，但在黑龙江区域内行使将军权力，应视为实质性的黑龙江将军

康熙二十三年（1684 年），康熙帝确定了攻打雅克萨的作战计划后，萨布素于七月十二日（8 月 12 日），向清廷建议暂停进剿雅克萨，待来年四月出兵。康熙帝览疏后认为萨布素“借端题请，殊属不合”[①]，批评他“坐失机会”并命大臣等严议申饬。九月十一日（10 月 19 日），萨布素上疏请罪，议政王大臣等建议暂缓论处，俟战事告竣，再行议处，康熙帝允准。二十四年（1685 年）正月，康熙帝虽然批准了萨布素制订的四月水陆并进的出兵计划，但是

① 《康熙起居注》第 2 册，1196 ～ 1197 页，北京，中华书局，1984。

认为萨布素“不过刈取田禾”，对攻城缺乏信心，不能胜任攻打雅克萨之战军事统帅重任，必须“自京师遣一贤能大臣，总领军事”①，遂任命正红旗满洲都统彭春为攻打雅克萨之战统兵大臣，郎坦、萨布素副之。康熙帝明确规定“彭春等到黑龙江后，移会雅克萨文书，用黑龙江将军印”②。康熙帝起初设立黑龙江将军的目是为反击沙俄入侵做准备的，其主要职能是军事职能。彭春作为统兵全权大臣，使用黑龙江将军印，在攻打雅克萨期间，行使黑龙江将军权力，应是实质性的黑龙江将军。

同治五年正月二十六日（1866 年 3 月 12 日），上谕“著富明阿与宝善筹商，酌带官兵，即日驰赴吉林剿贼，勿当毋以病辞”③。这则史料实质是让富明阿与副都统宝善，在黑龙江将军特普亲穿孝百日未回任的时间里，共同办理黑龙江将军事务。于是《黑龙江志稿》以此在卷 44《职官志表》中将富明阿列于同治五年下，为黑龙江将军。④后来的《龙江县志》记载富明阿为黑龙江将军，也应该是依据《黑龙江志稿》而写的。所见魏毓兰《龙城旧闻》的不同版本，记载不一，其中有《齐齐哈尔市志资料》版本，在《清黑龙江将军任期表》中记载“富明阿，同治五年至七年”为黑龙江将军。⑤但其在富明阿传中没有任职黑龙江将军的记载。另在《齐齐哈尔建置史料选编》中，记载“富明阿，同治五年至八年”为黑龙江将军。⑥目前未见其他史料记载富明阿实授、署理、护理过黑龙江将军。关于富明阿是否担任过黑龙江将军，很有争议，从实际情况来看，富明阿接寄谕后，当日从原籍起程，前往齐齐哈尔，即行使将军职权，钦遵办理赴吉林助剿事务。富明阿以将军职权，调兵遣将，奏请“墨尔根城副都统乌里布统领官兵随同前往，随派省城副都统衔协领萨英额前赴该城，接署副都统印务，即着乌里布妥为预备”⑦。之后，富明阿为纾丁力，又奏请“已革副都统吉拉明阿、已革三等侍卫吉勒图善、已革佐领特尔清阿及发遣废员绍恒，自备资斧，随营效力”⑧。由于黑龙江之兵，“均系

① 《清实录·圣祖实录》卷 119，246 页，北京，中华书局，1985。
② 《清实录·圣祖实录》卷 119，247 页，北京，中华书局，1985。
③ 《清实录·穆宗实录》卷 167，32 页，北京，中华书局，1987。
④ 万福麟监修、张伯英总纂：《黑龙江志稿》卷 44，1838 页，哈尔滨，黑龙江人民出版社，1992。
⑤ 魏毓兰：《龙城旧闻》，见《齐齐哈尔市志资料》（第一辑），106 页，齐齐哈尔市志编审委员会办公室，1982。
⑥ 齐齐哈尔地方志办公室、齐齐哈尔市档案馆：《齐齐哈尔建置史料选编》，14 页，1988。
⑦⑧ 万福麟监修、张伯英总纂：《黑龙江志稿》卷 31，1408～1409 页，哈尔滨，黑龙江人民出版社，1992。

散处庄屯，务农为业”[1]，招集需一段时间。富明阿在筹备赴吉进剿期间，清廷于二月二十五日（4月7日），“以前任江宁将军富明阿为吉林将军”[2]。三月十九日（5月3日），富明阿奉谕从齐齐哈尔出发，“带官兵五百余名起程”[3]，前往吉林赴任，直到同治九年（1870年）因病休致回旗。这样看来，《龙城旧闻》和《齐齐哈尔建置史料选编》关于富明阿为黑龙江将军的记载，似乎就不能成立了。但根据《清实录》记载富明阿从正月二十六日接到上谕，着其与宝善筹商剿匪事宜，到三月十九日率军离开齐齐哈尔，这段时间里，富明阿行使黑龙江将军职权，调兵遣将，应视为实质性的黑龙江将军，《黑龙江志稿》的作者也应是这样考虑，才在《职官志表》里，把富明阿列为黑龙江将军的。就目前所发现的史料，清代具有行使将军职权的仅2人。

黑龙江将军从康熙二十二年（1683年）设置，到光绪三十三年（1907年）裁撤，共存续225年，在这225年间，有资料可查的清廷实授的黑龙江将军61人，署理的黑龙江将军23人，护理黑龙江将军印务的4人，行使将军职权的2人。实授任职最长的是首任黑龙江将军萨布素，他从康熙二十二年十月二十五日（1683年12月12日），到康熙四十年二月初一（1701年3月10日），前后共在黑龙江将军任上18年。任职时间最短的实授将军是发度，康熙四十七年十一月二十四日（1709年1月4日），实授为黑龙江将军，康熙四十八年二月初四（1709年3月14日）发度以“行止悖谬”[4]被革职，前后任职时间只70天。在清廷任命的黑龙江将军中，其中实授黑龙江将军先后有乌礼布、清保、德英阿、果齐斯欢、奕经、保昌、祥康、希元、廷茂、绰哈布10人未到任，署理将军英惠1人未到任。清代黑龙江将军辖区既是清朝的龙兴之地，又是抵御俄罗斯的边防重地，所以清廷在任命黑龙江将军时特别慎重，一般都是“椒室懿亲”，或是独当一面的清军将领。另在民族成分上也特别重视，前期几乎都任命满族，在相当一段时间里任命宗室，中后期内有蒙古族和汉族。在任命的黑龙江将军里，属于满族的有71人，其中属于宗室的有发度、杨福、巴

① 万福麟监修、张伯英总纂：《黑龙江志稿》卷31，1408～1409页，哈尔滨，黑龙江人民出版社，1992。
② 《清实录·穆宗实录》卷170，76页，北京，中华书局，1987。
③ 《清实录·穆宗实录》卷172，110页，北京，中华书局，1987。
④ 《清实录·圣祖实录》卷236，363页，北京，中华书局，1985。

塞、三保、增海、永玮、恒秀、琳宁、永琨、奕颢、果齐斯欢、奕经、祥康、奕山、景熠、斌静、英隆、都尔嘉、奕格、恒博 20 人，属于满族其他姓氏的有萨布素等 51 人；属于蒙古族的有额勒伯克、富俊、苏冲阿、松宁（松箖）、禄成、德英、希元、禄彭、恩泽 9 人；属于汉族的有特普钦、富明阿、寿山、延茂、绰哈布、达桂、程德全 7 人，在这 7 人当中前 6 位将军均为八旗汉军旗；属于达斡尔族的有由屯、托克湍 2 人；没有确定哪个民族为玉英 1 人。

三、清代黑龙江将军驻地机构的设立

清朝取代明朝后，为了统治需要，所设立的国家机构，有的是沿袭明朝的，也有清朝自己独创的。例如中央的吏、户、礼、兵、刑、工六部就是沿袭明朝的，理藩院是为了加强对边疆蒙古等少数民族地区统治而设立的。在地方，则根据不同地区的民族成分等特点，采取不同的统治方式，大体上分为直省制和军府制两大类。实行直省制的，大体相当于明代的两直隶和十二布政司所辖区域，按省、府、州、县，四级划分；推行军府制的多在边疆和少数民族聚居地区，朝廷派将军负责镇抚事宜。

将军一词，最早见于《墨子·非攻》中："昔者晋有六将军。"孙诒让《墨子闲诂》："六将军，即六卿为军将者也。春秋时通称军将为将军。"①这里的"将军"的意思是指一切军将，还不是正式官名。到了战国时期，虽然七卿仍称将军，但已开始为正式武将官名了。《史记·廉颇蔺相如列传》载："又置前后左右将军。"②汉代将军名号渐繁，皇帝左右的大臣称大将军、骠骑将军，位次于丞相；车骑将军、卫将军、前后左右将军，位次于上卿。有时因临时军事出征所派统帅，为有别于其他将军而加以称号，如楼船将军等。魏晋南北朝时，将军有各种不同的职权和地位，如中军将军为临时设置而有实权，如骁骑将军则仅为称号。唐十六卫、羽林、龙武、神武、神策等将军，均于大将军下设将军之官。宋、元、明多以将军为武散官。清代的将军有三种：一为宗室爵号之一，如镇国将军、辅国将军等；二为临时出征的统帅，如扬

① 《汉语大词典》第 7 册，539 页，上海，上海辞书出版社，1991。
② 司马迁：《史记》卷 81，2441 页，北京，中华书局，1959。

威将军、靖逆将军等，黑龙江将军傅尔丹在征剿噶尔丹时为威远将军；三为驻防各地的八旗最高长官，掌驻防军事及旗籍民事，黑龙江将军就属于这一种的掌管黑龙江地区的军事和民事最高长官，行使权力的机构为将军衙门。将军衙门是将军办公官署的俗称，原来古代军营门口置牙旗，故称营门为“牙门”。后来逐渐将军旅中的牙门称谓演变为官吏办公处所。“衙”字最初读作“语”字。《楚辞·九辩》“属雷师之阗阗兮，通飞廉之衙衙”中的“衙衙”，读作yúyú，到了魏晋时，才将衙读作牙，牙门逐渐变为衙门。到唐宋时，已普遍把官府称为衙门，后代相沿成俗，便把发号施令的政府办公之所统称为衙门。清代黑龙江将军辖域之内设有军政、民政两种并行的建置。副都统为将军辖下的二级建置，黑龙江将军辖区内先后设有黑龙江（瑷珲）、墨尔根、齐齐哈尔、呼伦贝尔、呼兰、布特哈、通肯7城副都统以及兴安城副都统衔总管。副都统既是辖区内的军政长官，又是辖区内的民政长官。黑龙江将军兼管索伦总管地方行政事务。索伦总管于顺治十年（1653年）从黑龙江北岸内迁，初在嫩江西岸齐齐哈村置总管、设总管府。康熙二十八年（1689年），迁至宜卧齐屯（今内蒙古自治区莫力达瓦达斡尔族自治旗）。索伦总管府接受双重领导，地方行政事务先期隶于宁古塔将军，后期隶于黑龙江将军管辖，民族事务隶于理藩院管辖。到19世纪中叶以后，随着东北地区放荒招垦的发展，进入黑龙江流民的增加，原来的管理体制已不适应发展需要，于是从同治元年（1862年）开始陆续设立了一些民政机构，以适应其统治需要。

清代黑龙江将军办公的常设机构是黑龙江将军衙门，将军衙门是黑龙江将军率领官员管理黑龙江地区军政事务的首脑机关，为“堂属治事公所”。①因为黑龙江将军与齐齐哈尔副都统同驻一城，不同于呼伦贝尔、呼兰、墨尔根、黑龙江旧城副都统各自有印信，齐齐哈尔副都统没有印信，所以，黑龙江将军和齐齐哈尔副都统，“拜发本折，必赴衙门，五日一入署”②,共同处理公务，这天将军衙署“各司文武属员齐集，连同将军和副都统的属员都一起随同前往将军衙门，办理公务，事毕各散”③,将军和副都统各自回到府第。其他时间在府内办理公务，将军衙门各司属员到将军府和副都统府“呈请画稿”④之后，由管档主事钤印发行。

①②③④ 徐宗亮：《黑龙江述略》，哈尔滨，黑龙江人民出版社，1985。

黑龙江将军衙门的内设机构，在清朝的官修史书中记载较少，徐宗亮《黑龙江述略》中有所说明，黑龙江将军衙门是按照定额设置员外、主事、笔帖式及各司员缺。将军衙门内设机构有“档房、银库，户、兵、刑、工四司”①，档房也称档司，或称堂司，印房或称印务处。所以“黑龙江将军衙门则有户司、兵司、工司、刑司与引房，号为五司”②，五司的具体设置情况：一是印房，设管档主事一员，职掌将军“印钥启闭，一皆司之，为各司领班，管档主事下设满汉、蒙古军之称笔帖式二员”③，到清朝后期，“汉族流人增多，民事日繁，管档者必通汉文字义”。④二是刑司，设理刑员外郎一员，为一司之长，职掌区内的司法刑察事物，初由京师选派，康熙六年（1667 年），改由在本处下级官员中选拔，任期五年。光绪十年（1884 年），增设员外郎一员，为一司之长，由本衙各主事拣派，同年又增主稿委主事二员。此外，还设有提牢官、关防笔帖式、满汉翻译笔帖式数员、蒙古翻译笔帖式。三是户司，设掌关防的印君一员，负责司务，一般都由将军会同副都统从本处协领、佐领中会同指派，下设随关防笔帖式二员，额委笔帖式四员，凡将军衙门粮钱度支属户司管理。四是兵司，设掌关防官一员，随关防笔帖式一员，额委笔帖式四员，凡将士黜涉属兵司管理职掌。五是工司，设掌关防官一员，随关防笔帖式二员，额委笔帖式四员，凡土木工程属工司管理职掌。另外银库，也有称银司的，如果银库算一司，那么黑龙江将军衙门就设有六司。银库设主事一员，主掌银库管理工作，下设笔帖式二员，职掌钱粮销算事务。

将军衙门除上述机构外，还设有文案处，专门办理文秘事务，其设笔帖式十一员，委笔帖式二十员，委员二百七十四员，满、汉翻译笔帖式四员，蒙古翻译笔帖式二员。⑤另外黑龙江将军衙门还有三个附设机构，即水师营、火器营和八旗协领署。

水师营几乎与黑龙江将军同时设立，康熙二十二年（1683 年），始定齐齐哈尔水师营营制，⑥康熙二十三年（1684 年）正式在齐齐哈尔设立水师营，之后又分别在黑龙江城、墨尔根、呼兰城设立水师营。齐齐哈尔水师营置总

①②③④ 徐宗亮：《黑龙江述略》，哈尔滨，黑龙江人民出版社，1985。
⑤ 顾同恒：《齐齐哈尔地方政权》，齐齐哈尔市人民政府办公厅，1991。
⑥ 万福麟监修、张伯英总纂：《黑龙江志稿》，1123 页，哈尔滨，黑龙江人民出版社。1992。

管一员（正三品），隶于将军。下设“四品官二员，六品官二员，管理造船四品官一员，五品官一员，六品官一员，笔帖式二员，属下设领催八名，水手二百六十八名，造船领催八名，水手三百名”①。康熙二十二年设立“黑龙江城水师营，置四品官一员，五品官二员，六品官二员，领催八名，水手四百十九名”②。康熙二十八年（1689 年）设立墨尔根水师营，置四品官一员、领催一名，水手四十三名。乾隆元年（1736 年），“设呼兰水师营，置委官一员，水手四十名。”③以上“四城水师营，自总管下共一千一百一十五员名，大小船舰及运粮船，以乾隆初年计之，共二百三十只，俱受治于齐齐哈尔水师营总管，而隶属于黑龙江将军”④，具体事务由黑龙江将军衙门兵司管理。

火器营设立于康熙二十二年（1683 年），“移吉林、宁古塔、满洲、汉军披甲家口，永作驻防，置火器营”⑤，也称军炮营。是为守卫城市，专门掌握枪炮火器的军队。清朝从京城到地方都设立过火器营，京城火器营的职掌是守卫京师和随皇帝出巡，扈从警卫，在每年封印期间，火器营在城内配合八旗官员在各街道、各城门值班守卫。地方各城火器营则守卫各城的安全，相当于今天的武警部队和公安机关。火器营每人鸟枪一支，并有子母炮，专门练习火器。⑥黑龙江火器营先后在黑龙江城、齐齐哈尔城、墨尔根城，呼兰城设立。黑龙江城火器营设立于康熙二十二年（1863 年），设协领四人，佐领、防御八员，骁骑校各二十六员。三十一年（1692 年）增设汉军佐领、骁骑校各二员，满洲兵八十名，汉军一百二十名。雍正二年（1724 年）增设满洲兵三百八十名。到乾隆四十四年（1779 年），领催为一百零四名，前锋四十名，马甲一千二百零九名，马兵一百三十五名。齐齐哈尔火器营设立于康熙二十三年（1684 年），起初由齐齐哈尔水师营总管兼管，有协领三员，满洲佐领、骁骑校各十六员。二十七年（1688 年）增设防御八员。二十八年（1689 年）增设汉军佐领、骁骑校各二员。康熙三十年（1691 年）设城守尉一员，索伦、达呼尔佐领、骁骑校各十六员。⑦三十三年（1694 年）置参领一员（从三品）为其长官，由汉军佐领内选放，其下置炮章京二员，由八旗佐领内拣用，

①②④⑤⑦ 万福麟监修、张伯英总纂：《黑龙江志稿》，1276 页、1277 页、1278 页、1123 页、1129 页，哈尔滨，黑龙江人民出版社，1992。
③ 黄维翰：《呼兰府志》卷 82，民国四年刊行，6 页、251 页，黑龙江省呼兰县志编写委员会，1983。
⑥ 贺旭志：《中国历代职官辞典》，160 页，长春，吉林文史出版社，1991。

笔帖式一员，记注炮位事物，管驿站官，职掌驿站事务。[1]墨尔根火器营设立于康熙二十三年（1684年），初设协领一名，防御八员。二十五年（1686年），设城守尉一员。二十七年（1688年），设佐领、骁骑校各八名，索伦、达呼尔兵四百八十员。二十八年（1689年），增设汉军一百员，二十九年（1690年），黑龙江将军移驻此城后，裁城守尉，增设索伦、达呼尔兵四百二十员。有清一代，在黑龙江将军驻区与呼兰城、呼伦贝尔城等地都设立过火器营，到清代中后期，这一机构名称逐渐被城守尉和巡警局所代替。

八旗协领署在设置黑龙江将军时就开始设立了。黑龙江将军按照女真猛安谋克的军民合一组织，改制过来的八旗驻防组织形式，先后在黑龙江城、墨尔根城、齐齐哈尔城、布特哈城、呼伦贝尔城，将从外兴安岭内迁的索伦、达斡尔、鄂温克及从盛京和宁古塔迁移来的满汉八旗兵丁及家属，编旗设佐。旗制分为镶黄旗、正黄旗、正白旗、正红旗、镶白旗、镶红旗、正蓝旗、镶蓝旗。其中，镶黄旗、正黄旗、正白旗为上三旗。又以镶黄旗、正白旗、镶白旗、正蓝旗为左翼，正黄旗、正红旗、镶红旗、镶蓝旗为右翼。各城编旗设佐按照法勒哈（满语，地面）划分：正黄旗、镶黄旗驻城的北面；正白旗、镶白旗驻城的东面；正红旗、镶红旗驻城的西面，正蓝旗、镶蓝旗驻城的南面。[2]各城对八旗的管理设八旗协领署，隶于各城副都统，八旗协领署没有单独的衙署，设专城副都统之地，附设在副都统衙门里办公。唯齐齐哈尔城副都统与将军合署办公，即附设在黑龙江将军衙门之内。八旗协领署设有：协领二名，正三品，统理官兵及旗务；防御又名哲里吉章京，正三品，稽查一旗诸务；佐领，正四品，分理旗务；骁骑校，正六品协助佐务。八旗协领署，到光绪三十三年（1907年）三月改设行省后，基本上被警察机构和地方政府机关所代替。

清代黑龙江将军衙门的上述机构，在鸦片战争前基本没有大的变化。鸦片战争后，基于流人人口的增多，特别是开禁后，社会形势发生了变化，根据需要，先后设定了一些直隶于将军衙门的民政机构。

黑龙江清丈局。设立于光绪二十一年（1895年），置总办一员，为主官，

①② 顾同恒：《齐齐哈尔地方政权》，齐齐哈尔市人民政府办公厅，1991。

职掌辖区土地清理丈量事务。

厘捐总局。设立于光绪十七年（1891 年），置总办、帮办等缺，下设 4 个分局和 9 个分卡，分局置委员等缺。

木植山货总局。设立于光绪二十一年（1895 年），置总办、帮办等缺，下设 2 个分局，10 个分卡，分局设委员。

木税总局。设立于光绪三十年（1904 年），初设在齐齐哈尔，后为就近征集木植山货税方便，移至绥化。

黑龙江铁路交涉总局。设立于光绪二十八年(1902 年)，置总办 1 人为主官，在各段监工处设立分局，职掌处理有关铁路交涉及牵涉铁路的命盗杂案。

黑龙江善后局。设立于光绪三十年（1904 年），置总办一人为主官，凡有全省财权、请讼、保甲、团练、恤抚、采访等诸务，均归该局经理、推行。

营务处。设立于光绪三十年（1904 年），置总理一员为主官，会办一员为副职，其下有文案、应支委员各一员，差遣委员及办事官三员，职掌军政事务。

黑龙江学务处。设立于光绪三十一年（1905 年），次年改为提学司，置司使一员为主官，职掌全省教育事务。

黑龙江省巡警总局。设立于光绪三十一年（1905 年），是年十一月十四日，由省城交涉处街道厅合并设立，职掌全省警务和执行省城警务，其下在各城建有巡警局。

经征税务局。光绪三十一年（1905 年）秋，由课税司设置，置总办，负责全省税征。

裁判处。设立于光绪三十二年（1906 年），置总办 1 员为主官，职掌全省各地上诉，提审命盗各案及大小词讼事务。

蒙古警务处。设立于光绪二十五年（1899 年），职掌蒙古旗地界荒务。

随着清末改制，裁撤将军为巡抚，黑龙江将军衙门从军政合一的官署改为地方民政官署，称黑龙江省公署。原有黑龙江衙门各司改制为民政、提学、府吏、提法 4 司，只有文案处这一机构保留，清宣统二年（1910 年）十月，经清政府批准，黑龙江省分科治理，行省公署撤销诸司、局。设交涉、吏、民政、度支、礼、学、军政、法、农、工商、邮传、边务、旗蒙 13 科，另设折本、电报、收发、庶务、管卷等5处，至此清代黑龙江将军衙门机构设置彻底消失。

黑龙江将军衙门之下，设有各地驻防衙门（包括所属卡伦），先后设置黑龙江、墨尔根、齐齐哈尔、呼伦贝尔、呼兰、布特哈、通肯7个副都统以及兴安城副都统衔总管。副都统，满语称“梅勒额真”，后称“梅勒章京”。清代各省设驻防八旗，以将军或都统为最高长官，其下设置副都统衙门，其委任的副都统属武职正二品，负责处理驻防地方军政事务。副都统由将军直接管辖。副都统一职是清代职掌一城地方的最高军政长官，其主要职责是辅佐黑龙江将军管理黑龙江军政。当年在黑龙江域内设置的副都统有：

（一）黑龙江（瑷珲）副都统

黑龙江副都统，又称瑷珲副都统。康熙二十二年（1683年），与黑龙江将军同时设立。以礼部侍郎温岱、工科给事中雅齐为左右两翼副都统，与黑龙江将军同驻旧瑷珲城，康熙二十四年（1685年）又随黑龙江将军移驻黑龙江右岸的新瑷珲城。二十九年（1690年），黑龙江将军由瑷珲城移驻墨尔根城（今嫩江县），黑龙江城副都统一员，与将军分治，成为黑龙江主城副都统，驻守在黑龙江城，管理辖区内的军政事务。光绪三十三年（1907年），黑龙江将军裁撤后，黑龙江副都统受东三省总督和黑龙江巡抚管辖。1909年9月瑷珲副都统裁撤，改为瑷珲兵备道，9月12日瑷珲兵备道关防。裁撤黑龙江副都统，改设黑河兵备道，9月，设黑河府和瑷珲直隶厅，9月24日，黑河府关防印信启用，10月6日瑷珲直隶厅关防印信启用。[①]后将黑河府并入瑷珲直隶厅，民国二年（1913年），改为瑷珲县。

（二）墨尔根副都统

康熙三十二年（1693年）黑龙江副都统一员移住墨尔根城（今嫩江县），该城始设副都统。三十七年（1698年）墨尔根城副都统移驻齐齐哈尔城，翌年，黑龙江将军移驻齐齐哈尔城后，墨尔根城置城守尉镇守。康熙四十九年（1710年），复又在墨尔根城设立副都统，同时额外置副都统1员，正式设立副都统衙门，组建八旗。其下设协领4员，佐领17员，防御8员，骁骑校26员。

---

① 祁学俊：《瑷珲县志》，18页，哈尔滨，北方文物杂志社，1986。

光绪三十三年（1907 年）黑龙江将军裁撤后，墨尔根城副都统改隶东三省总督和黑龙江巡抚。光绪三十四年七月初九（1908 年 8 月 5 日）裁撤。是年设嫩江府，民国二年（1913 年）改为嫩江县。

（三）齐齐哈尔副都统

康熙三十年（1691 年），黑龙江将军萨布素和索伦总管玛布岱奏请在齐齐哈尔建城，得到康熙帝的允准，遂令索伦总管玛布岱负责建城，此时授玛布岱为齐齐哈尔城副都统衔总管（相当于副都统）。康熙三十七年（1698 年），移墨尔根副都统驻齐齐哈尔城，是为齐齐哈尔设立副都统之始。齐齐哈尔副都统衙门，设有档房及左右二司。档房也称帅务处、堂司，管理副都统关防印信；左司掌收发官俸饷及经理其他财政；右司掌验收官兵名缺及征调赋役、审判诸务。①三十八年（1699 年）黑龙江将军移驻齐齐哈尔城后，与将军同驻在齐齐哈尔城，虽为齐齐哈尔城的军政长官，但齐齐哈尔副都统与墨尔根、黑龙江专治一城的副都统不同，在其职权上有别于其他各城，为各城副都统之首，其地位相当于黑龙江将军的副职，有权过问全省事务，与黑龙江将军合署办公，原齐齐哈尔副都统衙门与黑龙江将军衙门合并，副都统没有专门的印信。“副都统按惯例每隔五日到将军衙门办公，平时就在副都统府办公，将军衙门如需要副都统签发的公文，则由将军衙门司员到其府上办理。”②到光绪末年，由于封禁政策弛废，为适应统治需要，黑龙江地区“设民政机构，实行旗制与民制并存的政治体制”③。特别是黑龙江分巡道在齐齐哈尔设立，使齐齐哈尔副都统失去了存在的作用，于是在光绪三十一年十一月二十四日（1905 年 12 月 20 日）署黑龙江将军程德全，“又奏，江省原设齐齐哈尔、呼兰、通肯、布特哈副都统四缺，揆之时势，衡以现在情形，去留实无关轻重。下政务处议。录奏，请将四缺裁撤”④。于是齐齐哈尔副都统被裁撤。

（四）呼伦贝尔副都统

呼伦贝尔城，也称海拉尔城。呼伦贝尔设置始于中俄《恰克图条约》签订后，

---

①③ 顾同恒：《齐齐哈尔地方政权》，齐齐哈尔市人民政府办公厅，1991。
② 徐宗亮：《黑龙江述略》，哈尔滨黑龙江人民出版社 1985。
④《清实录·德宗实录》卷 551，318 页，北京，中华书局，1987。

雍正十年（1732年），清政府为加强呼伦贝尔地方的防务，根据黑龙江将军卓尔海的奏请，决定在济拉嘛泰河口附近（今托罗木得）地方筑城，清政府派遣护军统领博第筹筑呼伦贝尔城，总统城内官兵，隶于理藩院。十二年（1734年），“改勘地址，定于海拉尔筑城”[①]，并设总管衙门于呼伦贝尔城。乾隆七年（1742年），呼伦贝尔总管改为副都统衔总管，军政事务由理藩院划归黑龙江将军管辖。光绪七年（1881年），改副都统衔总管为副都统。光绪三十三年（1907年）黑龙江将军裁撤后，改由东三省总督和黑龙江巡抚统辖。光绪三十四年七月初九（1908年8月5日），裁撤呼伦贝尔副都统。宣统元年（1909年），改设呼伦贝尔兵备道。

（五）呼兰副都统

呼兰之名见诸于书者始于康熙二十二年（1683年）设立黑龙江将军之后，为通驿齐齐哈尔、墨尔根、黑龙江三城，清廷决定在呼兰江设卡伦。雍正十二年（1734年），“黑龙江将军那苏图奏置呼兰城”[②]，并于同年设“呼兰城守尉一员，其下副总管二员”[③]。而《清实录》却记载，雍正十二年十二月初三（1734年12月27日），“署黑龙江将军卓尔海奏言，呼兰河地方，前经议设卡伦八处……所有偷采人参之弊，难于查察”[④]。请求在呼兰河地方筑城设防，管理该地方军民事务。办理军机大臣等议覆，同意卓尔海所请，决定在“伯都讷、打牲、瓜尔察，挑兵一百八十名，齐齐哈尔城旧兵内挑选三百二十名，驻扎其地，编设佐领八个，每佐设佐领、骁骑校各一员，领催六名，并补放呼兰城守尉一员、副总管二员，令其统理，执掌关防，并添设笔帖式二员”[⑤]来管理当地军政事务。当时卓尔海为黑龙江将军，那苏图署理黑龙江将军。看来呼兰城的设置与这两位将军都有关系。由于汉族流民大规模在呼兰河流域垦荒。咸丰十一年（1861年）黑龙江将军特普钦奏请设理事同知。同治元年十一月十日（1962年12月30日）部议批准“添设黑龙江呼兰理事同知、巡检各一员，

① 赵越：《古代呼伦贝尔》，295页，呼和浩特，内蒙古文化出版社，2004。
② 黄维翰：《呼兰府志》卷82，民国四年刊行，6页，251页，黑龙江省呼兰县志编写委员会，1983。
③ 西清：《黑龙江外记》，哈尔滨，黑龙江人民出版社，1984。
④⑤《清实录·世宗实录》卷150，856页，北京，中华书局，1985。

从将军特普钦请也”①。光绪四年十一月二十一日（1878 年 2 月 14 日）黑龙江将军丰绅等奏：呼兰地方，户增事繁，请将城守尉员缺，改设副都统，并量加官兵额缺，下部议。寻议：如所请行。②于是呼兰城守尉改置呼兰副都统。光绪五年（1879 年），清廷将“呼兰教案中的当事者城守尉惠安等革职”③。为加强对这一地区的统治，于是年七月间，调黑龙江城副都统依克唐阿为呼兰副都统。④其下设协领二员，佐领八员，笔帖式三员，满汉翻译笔帖式一员，委笔帖式八员。十一年（1885 年），“治绥化厅理事通判一员，驻北团林子（今绥化市），又设呼兰城分防经历一员，余庆街分防经历一员，与呼兰厅均归副都统节制”⑤。光绪三十一年十一月二十四日（1905 年 12 月 20 日），裁撤呼兰副都统。

（六）布特哈副都统

布特哈，满语“打牲”之意，即打牲部落的总称。康熙二十二年（1683 年），于宜卧旗后屯（今内蒙古自治区莫力达瓦达斡尔族自治旗尼尔基镇附近）置布特哈总管，光绪二十年（1894 年）七月升布特哈总管为布特哈副都统，并把布特哈副都统衙门由江西宜卧奇地方迁到江东博尔多驿站（今讷河市）地方，光绪三十一年十一月二十四日（1905 年 12 月 20 日），又裁撤布特哈副都统，以嫩江为界，分设东西两个布特哈总管。分驻博尔多和后宜卧奇。布特哈副都统从设立到裁撤，共计存续了十二年。

（七）兴安城总管和通肯副都统

兴安城总管的设立，始于黑龙江将军文绪的编旗，光绪八年（1882 年），文绪奏请在兴安城（今嫩江县太平湾）设副都统衔总管 1 员、公中副管 2 员、副总管 1 员、副管 4 员、佐领 16 员、骁骑校 16 员、领催 64 员、笔帖式 4 员、委笔帖式 6 员、委员 32 员。总管由齐齐哈尔满洲协领内拣补，公中副管由各城拣选通才文艺之员，⑥其职掌是专司鄂伦春军政事务。

通肯副都统设立于光绪二十四年（1898 年）三月，初置副都统驻绥化，

---

①《清实录·德宗实录》卷 48，1290 页，北京，中华书局，1987。
②《清实录·德宗实录》卷 82，258 页，北京，中华书局，1987.
③ 张向凌：《黑龙江历史编年》，哈尔滨，黑龙江人民出版社，1989。
④ 章伯锋：《清代各地将军都统大臣等年表》，96 页，北京，中华书局，1965。
⑤⑥ 徐宗亮：《黑龙江述略》，哈尔滨，黑龙江人民出版社，1985。

二十六年（1900 年）移驻通肯城（今海伦市）。其辖区是从齐齐哈尔副都统辖区内划出相当于今天海伦、青冈、拜泉等市县之地，光绪三十一年十一月二十四日（1905 年 12 月 30 日），裁撤。

清末由于废弛封禁政策，以适应流民增加的需要，先后设立了一些民政机构，最终使军政合一的军府制度瓦解。光绪三十三年（1907 年）四月二十日，东三省改制为行省，各设巡抚一人，遂使军政分开设立机构，奠定现代国家军政体制的机构设立。清代黑龙江将军辖区内先后设置的民政机构有：

（一）呼兰府

呼兰是清代黑龙江最早“移屯设庄”之地，[1]咸、同年间，直隶、山东游民来谋食者日多，于是，同治元年十一月十日（1862 年 12 月 30 日），黑龙江将军奏准在巴彦苏苏设立呼兰厅，隶于呼兰城守尉。成为黑龙江最早实施民治的地方。呼兰厅管辖今天巴彦、木兰、通河、庆安、绥化、海伦等县市的一些地方。光绪三十年十二月二十四日（1905 年 1 月 26 日）呼兰厅升格为呼兰府，府治回迁至呼兰城，隶于黑龙江将军，下辖巴彦一州，兰西、木兰二县。

（二）绥化府

光绪十一年四月初四（1885 年 5 月 17 日），经将军文绪奏准将原呼兰厅所属北境部分辖区划出，在北团林子（今绥化市）设置绥化厅，为散厅，仍隶于呼兰副都统。光绪三十年十二月二十四日（1905 年 1 月 29 日），升为绥化府，脱离呼兰府，而直隶于黑龙江将军管辖，下辖余庆县（今庆安县）。

（三）龙江府

光绪三十年十二月二十四日（1905 年 1 月 29 日），署黑龙江将军达桂、齐齐哈尔副都统程德全，奏准在齐齐哈尔城置黑水直隶厅，是为散厅，隶于黑龙江分巡道，置抚民同知（正五品）一员，职掌省城齐齐哈尔四乡地方词讼及民政事务。光绪三十四年七月初九（1908 年 8 月 5 日）升厅为府。

从光绪三十年（1905 年）到宣统元年（1909 年），黑龙江先后设立了许多地方行政机构，如安达厅、海伦厅、瑷珲厅、讷河厅、拜泉县等，这些机

① 徐宗亮：《黑龙江述略》，哈尔滨，黑龙江人民出版社，1985。

构的设立，一直影响到今天市县体制设立。

四、清代黑龙江将军管辖范围

清代黑龙江将军机构在设立之初是从宁古塔将军辖区内划出的，以原宁古塔将军管辖的亨滚河上源支流哈达乌拉河、黑龙江北岸的毕占河以及东流松花江等江流以西分出，划归黑龙江将军辖区。松花江以东乌苏里江、绥芬河、牡丹江、图们江流域，黑龙江下游亨滚河以南以及包括库页岛在内的海中诸岛仍归宁古塔将军管辖。[①]初置时的管辖范围较广，包括北到外兴安岭以南之黑龙江中上游流域的广大地区。

中俄《尼布楚条约》签订以后，黑龙江将军的辖区确定为：北达外兴安岭，西至额尔古纳河，东沿布列亚山，直至黑龙江与松花江汇合口以西，南到齐齐哈尔以南的温托珲和呼兰以南的松花江岸。[②]此时的黑龙江辖区南北相距约 1 900 公里，东西相距约 1 550 公里。

咸丰八年（1858 年），沙俄趁中国镇压太平天国农民起义之机，胁迫清廷签订不平等的《瑷珲条约》，将黑龙江以北的中国固有国土划归俄国，乌苏里江以东地区由中俄“共管”；规定黑龙江左岸六十四屯一带原住之满洲人各在所住屯中永远居住，由中国派官管理；沿江地区的四周居民可进行边界贸易。[③]按照这一条约，黑龙江以北、外兴安岭以南的 60 万平方公里土地被俄国鲸吞；乌苏里江以东 40 多万平方公里，以“共管”名义，实际也将被俄国侵占，[④]这时的黑龙江将军辖区范围缩小，只剩下东北至黑龙江，包括江东六十四屯，西北至额尔古纳河，西南至今内蒙古自治区科尔沁右翼前旗界，南至松花江之内的区域。[⑤]光绪二十六年（1900 年），八国联军入侵中国，沙皇俄国制造海兰泡血案，又将大批原住在江东六十四屯的中国居民驱赶到江里活活淹死。在震惊中外的庚子之役中，沙俄又把中俄共管的江东六十四屯的土地抢夺去。至此，清代黑龙江将军的辖区范围缩小到今天松花江以西及今天内蒙古的呼伦贝尔地区和吉林白城地区。

①②③④ 张向凌：《黑龙江历史编年》，哈尔滨，黑龙江人民出版社，1989。
⑤ 刘淑杰、于东生：《清代黑龙江将军驻地——瑷珲新城遗址调查》，载《黑河学刊》，1994（3-4），130 页。

黑龙江将军办公场所，称之为将军廨，通称将军衙门，将军衙门的修建，应该是在设立黑龙江将军之时就开始了。早期的黑龙江将军衙门建筑结构未见记载，由于黑龙江将军几次移置，每迁一次就换一次新的衙署，据刘淑杰、于东生《清代黑龙江将军驻地——瑷珲新城遗址调查》介绍，在瑷珲时的黑龙江将军衙门为“七堂五间，堂司房二间，户、兵、刑、工四司房各两间，档书房一间，仓房一间，内宅住房十六间，仪门五间，大门三间”①。从这则资料可以看出当时黑龙江将军的住所和办公场所是在一起的，不像后来迁至齐齐哈尔，将军衙门和将军府是分开的。黑龙江将军从瑷珲迁到墨尔根，又从墨尔根再迁到齐齐哈尔，其原来的将军府都继续用作黑龙江副都统和墨尔根副都统衙署。《黑龙江外记》说：墨尔根副都统廨，规模与齐齐哈尔同。②我们认为黑龙江将军驻在墨尔根城时，将军衙门与将军府应该是分开的。《黑龙江述略》等书对黑龙江将军迁至齐齐哈尔后的将军衙门、将军府、副都统府有大致轮廓的描述。“将军廨在齐齐哈尔木城中，偏东，正门三楹，辕门东西向，缭以鹿角，中建双牙，朔望及拜疏，揭黄旗，正门内，户、兵、刑、工四司左右列，仪门内东西复有四司，次后堂，皆五楹。后堂左曰暖堂，冬日坐之。右曰印房，俗称堂司。东北隅楼房数十楹，军器贡物等库也。大堂东瓦楼三楹，银库也。库后正房三楼，主事治事之所也。房后有屋，守库者居之。”③这则史料基本上说明了将军衙门的建筑形制和将军衙门各机构房屋分配情况。这处标志黑龙江历史建置的将军衙门，在2000年齐齐哈尔的老城改造中被拆除。

将军平时的办公场所和居住地方在将军府，黑龙江将军移驻齐齐哈尔后的将军府建在将军衙门的西北，即今齐齐哈尔第二人民医院东侧。建筑时间应在清康熙三十四年（1695年）。据传是乾隆年间，“高宗纯皇帝将由吉林西巡，建备行宫，以故规制宏敞，然顶盖草泥，压以横木，不用瓦”④。

---

① 刘淑杰、于东生：《清代黑龙江将军驻地——瑷珲新城遗址调查》，载《黑河学刊》，1994（3-4），130页。
② 西清：《黑龙江外记》，哈尔滨，黑龙江人民出版社，1984。
③④ 徐宗亮：《黑龙江述略》，哈尔滨，黑龙江人民出版社 1985。

副都统衙门也称大人府，原建在“旧木城外，后移城内，在将军府北”[①]。嘉庆初年某将军认为“大人府不宜在将军衙署上，复改城外”[②]。嘉庆十一年（1806年）齐齐哈尔一场大火，把木城烧毁，在建造副都统府时，又建在将军衙门北侧与将军府只一道之隔。现在被人们称之为将军署，黑龙江将军府自首任将军萨布素入住，到寿山将军壮烈殉国，历任黑龙江将军一直住在这里。寿山殉国后，将军府被俄军占领，俄军撤后，也没再有将军驻在里面。

五、清代黑龙江将军的职掌和作用

清代黑龙江将军是清朝派驻全国各地驻防的封疆大吏之一，它与内地的一些驻防将军不同，实行军政合一的军府制度，是镇守黑龙江等地方的最高军政长官。在职掌上包括军事、政治、经济、财政、教育、文化、外交等各个方面。

清代黑龙江将军设立后，其职掌随着社会发展的客观需要，前后有所变化，当外敌入侵边疆形势紧张时，主要职能是对外抗击入侵，筹办夷务；当边界处于和平时期，主要职能是对内组织生产，统治满汉旗民，或是镇压农民起义。随着社会的发展，其职能也不断增多，从清代黑龙江将军的设立到裁撤，可以将其职能和作用归纳为以下几个方面：

1. 驻军戍边，抗击外侵；

2. 设驿建卡，巡边守土；

3. 垦荒实边，发展经济；

4. 开设学堂，繁荣文化；

5. 考察官吏，入觐王公；

6. 管理商贾，征收赋税；

7. 建立外交，筹办夷务；

8. 统治旗民，镇压起义。

①② 魏毓兰：《龙城旧闻》，60页，哈尔滨，黑龙江人民出版社，1986。

清代黑龙江将军设置的二百多年间，是黑龙江历史上发展较快的时期，在所任命的黑龙江将军中，大多都能尽职尽责，为清代黑龙江政治、经济、文化等各项事业的发展作出了贡献。历任黑龙江将军的事迹，在后边的将军传记里都有所记述。

（孙文政）

第二章 清代黑龙江将军传略

萨布素

萨布素（1629—1701），富察氏，满洲镶黄旗人。自四世祖充顺（充舜）巴本起，世为女真部族酋长，世居约克通鄂城（今吉林境内）。曾祖哈木都、祖父哈木苏时，归附清太祖努尔哈赤。其父随哈纳曾驻防宁古塔。顺治九年（1652 年），任笔帖式。康熙元年（1662 年），由领催授骁骑校，寻迁协领。十七年（1678 年）八月，授宁古塔副都统。二十一年（1682 年）十二月，统兵往驻黑龙江（瑷珲）和呼玛尔。二十二年（1683 年）十月，擢任黑龙江将军。三十七年（1698 年）九月，以功授一等阿达哈哈番世职。四十年（1701 年）二月，因捏报兵丁数目浮支仓谷，革职。寻授散秩大臣，未几，卒。《盛京通志》载："萨布素谙练明敏，得军民心，其平罗刹及黑龙江兴学，有文武干济之才。"①

顺治七年（1650 年）春，以哈巴罗夫为首的沙俄侵略者，入侵位于石勒喀河（黑龙江上游）的雅克萨（今俄阿尔巴金），以其为据点，沿江而下，侵扰黑龙江流域我国各族居民。九年（1652 年），哈巴罗夫率哥萨克到达乌苏里江口以下 600 里的乌扎拉村。居住在这里的赫哲人请求清政府保护，"驻防宁古塔章京海色，率部击之（哈巴罗夫），战于乌扎拉村"②。由于海色指挥失误，清军先胜后败。

清政府为改变抗俄不利的局势，决定从建制上加以调整。顺治十年（1653 年），将宁古塔辖区从盛京昂邦章京的属下划分出来，设置宁古塔昂邦章京，

① 阿桂：《盛京通志》卷 57，《萨布素传》，917 ～ 918 页，沈阳，辽海出版社，1997。
② 何秋涛：《平定罗刹方略》，见《朔方备乘》，民国线装。

与盛京昂邦章京平级，任命沙尔虎达为昂邦章京，萨布素为笔帖式。其时，斯捷潘诺夫取代哈巴罗夫，横行黑龙江上，“驻守宁古塔昂邦章京沙尔虎达败之于尚坚乌黑”①。十一年（1654 年），沙尔虎达率领 600 名清军，在松花江口一带进剿以斯捷潘诺夫为首的沙俄侵略军，激战三日，入侵者遭受重大伤亡后逃走。在这两次战斗中，萨布素表现勇敢，开始崭露头角。十七年七月二十四日（1660 年 8 月 29 日），萨布素随宁古塔将军巴海在古法坛村（今俄罗斯伯力附近）一带设伏，击败俄国入侵者，“斩首六十余级，淹死者甚众……奏闻，命所司察叙”②。康熙元年（1662 年）被任命为骁骑校，开始独立领兵作战。三年（1664 年），沙俄军队入侵黑斤（赫哲）、非牙喀（费雅克）居住地方，萨布素率领清军“击鄂（俄）罗斯于黑喇苏密”③，萨布素率军击败俄军有功，升防御。“七年（1668 年）论功升迁佐领”④。

康熙十年十月初三（1671 年 11 月 4 日），康熙帝巡视东北边防，了解到边境各族的生产生活情况后，为防止俄人掠夺，同时为大规模反击侵略者作准备，决定内迁黑龙江流域的居民，并指令巴海“尔其善布教化，以副朕躬至意”⑤。在内迁边境各族过程中，萨布素尤为尽职，凡“筑室均田，（萨布素）皆手为经画，俾各迁所愿，新至如归焉”⑥。招抚内迁边境民族不仅扩大了清军的兵源，增强了抗俄力量，而且对宁古塔地区及各族社会经济的发展发挥了重要作用。在这次招抚内迁边境各族居民中，萨布素“论功迁协领”⑦，十七年（1678 年）巴海赴京师，萨布素主持军务，之后不久“晋副都统”⑧。

康熙二十年（1681 年）十月，清军攻克昆明，吴三桂及其子孙自杀，三藩叛乱平定，于是康熙帝便把精力放到北部边疆。二十一年八月十五日（1682 年 9 月 16 日），康熙为收复失地，驱逐罗刹，派都统彭春、副都统郎坦，以捕鹿为名，到达斡尔、索伦地方了解敌情，令宁古塔副都统萨布素率乌拉、宁古塔兵 80 人沿黑龙江行围到达雅克萨城，“勘其居址形势”⑨。萨布素等抵雅克萨后，“遂与郎坦等，指画言可图状，附郎坦以闻”⑩。十二月，郎坦等回

---

① 何秋涛：《平定罗刹方略》，见《朔方备乘》，民国线装。
② 《清实录·世祖实录》卷 138，1068 页，北京，中华书局，1985。
③④⑥⑦⑧⑩ 钱仪吉：《碑传集》卷 115，3318 ～ 3321 页，北京，中华书局，1993。
⑤ 《清实录·圣祖实录》卷 37，494 页，北京，中华书局，1985。
⑨ 《清实录·圣祖实录》卷 104，52 页，北京，中华书局，1985。

到京师，上“平罗刹之策”。二十二年九月初九（1683 年 10 月 28 日），康熙帝因宁古塔距雅克萨中途遥远，于是决定将前线基地由宁古塔向前推进，“其在黑龙江，建城永戍”①。之后，清廷决定设置黑龙江将军，由宁古塔将军属下独立出来，管辖黑龙江地区军政事物。在黑龙江将军人选上，“上知公可大任，乃擢授镇守黑龙江等处将军……经略鄂罗斯之事，悉以委焉”②。并说：“宁古塔副都统萨布素为人甚优。”③十月二十六日（12 月 12 日），清廷为永戍黑龙江，添设镇守黑龙江等处将军，令宁古塔副都统萨布素为黑龙江将军。④萨布素不负朝廷赋予其抗俄的使命，认真贯彻落实康熙的“建城永戍”方针，积极备战攻取雅克萨，首先扩建旧瑷珲城，之后清除精奇里江、黑龙江流域的俄军据点，在沿江各族人民积极的配合下，打击入侵者，沙俄侵军或逃或降。与此同时，萨布素又注意招抚，疏言:“罗刹来归之宜番、鄂噶番、席图班三人。效力甚勤，宜与新投诚之吉礼过礼、鄂佛拉西等酌定给官职，以示鼓励。”⑤康熙同意萨布素的疏言，授给宜番等人骁骑校或七品官等职。

康熙二十三年正月十九日（1684 年 3 月 4 日），“黑龙江将军萨布素等疏言：牛满罗刹抵恒滚……若不速加剿除，则赫哲、飞雅喀、奇勒尔人民，必被残害，且恐罗刹复增兵前来”⑥。萨布素建议，“宜乘四月冰解时，即遣夸兰达二员，率官兵三百人，并发红衣炮四具”⑦前往剿除。康熙批准了萨布素的作战计划，于是萨布素率清军扫荡恒滚河地方的俄军及其据点，“获四十七人，送京师”⑧。这次战役史称特林战役，是雅克萨之战前的一次较大战役。至此，除雅克萨、尼布楚外，沙俄在黑龙江流域的据点全部肃清。康熙为表彰萨布素的功绩，“诰赠公三代”⑨。

康熙帝为了彻底肃清沙俄军队的侵扰，决定攻打雅克萨城，战前派马喇到雅克萨城附近侦察敌情。五月十九日（7 月 1 日）马喇疏报：“臣至索伦，屡行密询罗刹情形，皆云见在雅克萨、尼布潮二城，各止五六百人，其得以盘踞多年者，唯依赖额尔古纳河口，至雅克萨十余处，筑室散居，耕种自给，

---

①《清实录·圣祖实录》卷 112，148 页，北京，中华书局，1985。
②⑧⑨ 钱仪吉：《碑传集》卷 115，3318 ～ 3321 页，北京，中华书局，1993。
③《康熙起居注》第 2 册，1090 页，北京，中华书局，1957。
④ 张向凌：《黑龙江历史编年》，203 页、209 页、210 页，哈尔滨，黑龙江人民出版社，1989。
⑤ 王钟翰点校：《清史列传》卷 10，719 ～ 725 页，北京，中华书局，1987。
⑥⑦《清实录·圣祖实录》卷 114，175 页，北京，中华书局，1985。

因以捕貂……亦捕貂与之交易，得以生存。臣请饬喀尔喀车臣汗，收其所部附近尼湖者，兼禁止交易，再请黑龙江军，水陆并进，作攻取雅克萨状，因取其田禾，则罗刹不久自困，量遣轻骑，剿灭似易。”①于是康熙帝上谕兵部：“将军萨布素……尽刈其田禾，不令收获。”②萨布素受命之后，率“水陆兵丁，佯为进取雅克萨地方，将所种田禾，尽行踏毁”③。七月初二（8月12日），萨布素向清廷疏言：“暂停进剿俟来年四月遣兵。”④康熙帝览疏后，认为萨布素“借端题请，殊属不合”⑤，康熙帝批评其坐失机会，传谕议政王大臣等严议申饬。九月十一日（10月19日），“议政王大臣等议将军萨布素等，以失误军机，上疏请罪……姑应即严加议处，但见领大兵，临罗刹境，姑俟战事竣再议”⑥。康熙帝允准了议政王大臣的议奏。并派瓦山前往黑龙江，会同萨布素，将雅克萨地方，“应否攻取，作何行事，方克有济？逐一详明议奏”⑦。二十四年正月二十三日（1685年2月25日），萨布素与瓦山将调查的情况会奏：“我兵于四月底，水陆并进，抵雅克萨招抚，不行纳款，则攻其城，倘万难攻取，即遵前旨，毁其田禾以归。”⑧议政王大臣等，议如所奏。康熙帝认为，“用兵所关甚巨，宜周详筹画，期于必克，倘谋事草率，罗刹将益肆猖狂”⑨。上谕议政王大臣等：“萨布素一应咨题，多属支语，借端延滞，度四月进兵，不过刈取田禾，事必无成，此皆谪遣黑龙江狂悖之人，从中沮议，不欲成事，而萨布素出身微贱，高视若辈，毋敢有违。”⑩于是，康熙帝决定“自京师遣一贤能大臣，总领军事，俟克取雅克萨之日班师”⑪。康熙帝虽然认为萨布素对攻打雅克萨缺乏信心，不胜任统帅攻打雅克萨军事重任，但还是批准了瓦山与萨布素制订的四月水陆并进的作战计划，任命正红旗满洲都统彭春为攻打雅克萨之战统兵大臣，郎坦、萨布素副之。四月十八日（5月20日），在彭春和萨布素的率领下，由瑷珲水陆并进，向雅克萨进军。五月二十二日（6月23日），清军主力到达雅克萨城下，先是用满、蒙、俄3种文书告之，要求俄军退回俄界，遭到俄军的拒绝，于是清军包围了雅克萨城。五月二十四日（6月25日）夜里，清军把神威无敌将军炮安放妥当，次日拂晓发动总攻。清军将士奋勇作战，附近的达斡尔等族人自动参

①②《清实录·圣祖实录》卷115，199页，北京，中华书局，1985。
③④⑤⑥⑦《清实录·圣祖实录》卷116，204页、214页、北京，中华书局，1985。
⑧⑨⑩⑪《清实录·圣祖实录》卷119，245～246页，北京，中华书局，1985。

战，俄军在弹尽援绝、走投无路的情况下，守将托尔布津被迫乞降，彭春、萨布素接受投降，令其率城内俄人撤离，清军毁其城后，班师回瑷珲。六月十四日（7 月 15 日），胜利的消息传到朝廷，康熙帝立即召集文武官员举行盛大庆祝仪式。康熙帝说:“大兵迅速征行，破十年盘踞之罗刹，于数日之间获雅克萨城，克奏厥绩。萨布素向来逗留不进兵之罪，概从宽免。”①

二十五年（1686 年）春，萨布素派硕格色率小队骑兵去雅克萨巡逻，发现沙俄复据雅克萨的情况。之后，萨布素奏请“于冰消时，督修船舰，亲率官兵，相机进剿”②。二月十三日（3 月 6 日），康熙帝令“将军萨布素等，姑停迁移家口，如前所请，速修船舰，统领乌拉、宁古塔官兵，驰赴黑龙江城”③。五月二十八日（7 月 18 日），萨布素率领 2 100 名清军，到达雅克萨城下。致书谴责俄方，不守誓言，要求俄军立即撤离雅克萨，俄军拒绝并炮击清军，于是清军包围了雅克萨城。六月初四（7 月 23 日），清军开始攻城，经过连日战斗，到 8 月初，雅克萨城内的 826 名俄军，已击毙 100 多名，俄军士气大挫，但仍依靠火力和城堡负隅顽抗。清军在雅克萨城周围筑起长围，使城内俄军成了瓮中之物。八月二十三日（10 月 10 日），沙俄信使向清廷递交国书，表明俄愿意与清和谈，康熙帝才下令撤除雅克萨之围，第二次雅克萨之战结束。

康熙二十八年四月十二日（1689 年 5 月 30 日），俄议和使臣到达北京，双方商定于 8 月在尼布楚谈判，康熙任命“领侍卫内大臣索额图等，赴尼布潮（楚）就议”④，康熙帝让萨布素率“黑龙江一千五百人往会之”⑤。七月二十四日（9 月 7 日），签订中俄《尼布楚条约》，在这次尼布楚谈判中，萨布素的任务是“保护使团，以防不虞”⑥，以及给使团及其护从人员运输粮米，搞好后勤供应等具体事宜都是萨布素安排的。由于萨布素比较了解边境情况，在谈判中发挥了重要作用，防止了沙俄的讹诈，中俄《尼布楚条约》是一个相对平等的条约。

中俄《尼布楚条约》的签订，从表面上看，遏止了沙俄对黑龙江地区的侵略，但这个条约不可能改变沙俄对中国侵略扩张的政策。它转而把侵略目标集

① 《清实录·圣祖实录》卷 121，278 页，北京，中华书局，1985。
②③ 《清实录·圣祖实录》卷 124，318 页，北京，中华书局，1985。
④⑤ 《清实录·圣祖实录》卷 140，543 页，北京，中华书局，1985。
⑥ 蒋秀松：《抗俄名将萨布素》，119 页，沈阳，辽宁人民出版社，1984。

中指向我国西北地区，利用厄鲁特准格尔汗噶尔丹的政治野心，肢解中国。噶尔丹在沙俄的勾引和声援下，于康熙二十九年（1690年）“借俄罗斯兵且至，以追喀尔喀为名，选锐东犯”①。为防止噶尔丹东犯，萨布素奉命在“黑龙江（瑷珲）、墨尔根（今嫩江县）二处设兵，筑城、浚隍（治理城池），造庐舍，开屯田”②。十月初五（11月5日），户部议覆：“黑龙江将军萨布素疏言，墨尔根居住之总管索伦安珠护等，每年耕种官田二千余垧，今官兵移驻墨尔根，请即以此项成熟之田，分给耕种，应如所请。从之。”③三十年七月初一（1691年7月25日），萨布素向康熙密奏东北形势，提出墨尔根至吉林乌拉之间的齐齐哈尔地方，南北距嫩江口与墨尔根各约五百余里，是紧要形势之地，应建城设兵布防。经议政王大臣会议复奏，康熙决定不误农时，乘闲筑城。

康熙三十四年正月初二（1695年2月14日），为防备噶尔丹，萨布素建议在克鲁伦河下游呼伦贝尔草原东南索岳尔济山一线分置驿站布防，奏称：“若索岳尔济山之东北，呼伦贝尔等处有警，则与臣驻军之地相近，臣即先进兵，乌拉、盛京继之。若索岳尔济山之西，乌尔会等处有警，则与盛京相近，盛京兵先进，乌拉及臣处兵继之，总期会于索岳尔济山，以进。从之。”④三十五年（1696年）二月，清军兵分三路征噶尔丹。萨布素为东路总指挥，率领盛京、乌拉、黑龙江之兵，沿克鲁伦河由东向西进剿。萨布素于四月初六（5月6日）起程，向克鲁伦前进，由于路远不能及时赶到，四月初九（5月9日），“行兵部奏，应于何处会师？上曰：萨布素之兵，来已无及，兵马徒然劳顿，著萨布素近喀尔喀河，择好水草处喂养马匹”⑤。于是萨布素受命在喀尔喀河一带待命，四月十四日（5月14日），“谕议政王大臣：噶尔丹由克鲁伦河，顺流已至伊渣尔厄几纳克地方，噶尔丹势蹙，或向东窜”⑥。萨布素受命率兵在索岳尔济山布防，以防噶尔丹东窜。六月丙午（7月20日），“萨布素率兵一千移驻科图”⑦。七月二十日（8月17日），“大将军费扬古等疏言：黑龙江军萨布素于七月十六日，已率兵到科图”⑧，不久萨布素染疾，九月二十四日（10月19日）

---

① 魏源：《圣武记》，116页，北京，中华书局，1984。
② 钱仪吉：《碑传集》卷115，3318～3321页，北京，中华书局，1993。
③《清实录·圣祖实录》卷149，645页，北京，中华书局，1985。
④《清实录·圣祖实录》卷166，804～805页、806页，北京，中华书局，1985。
⑤⑥《清实录·圣祖实录》卷172，859页、861页，北京，中华书局，1985。
⑦⑧《清实录·圣祖实录》卷174，882页、888页，北京，中华书局，1985。

“以黑龙江将军萨布素患疾，命留归化城调治”[①]。三十六年正月初六（1697年1月28日），“谕兵部：著黑龙江将军萨布素回京养病”[②]，病好后，不久回到任所。康熙三十九年（1700年），萨布素因经营黑龙江屯种不善，致使仓贮耗尽，驻防兵饷匮乏，又因徇情庇护革职总督蔡毓荣，将所荒废之二十堡屯捏报成效卓著，事觉，[③]康熙四十年二月初一（1701年3月10日），议政大臣等议奏：“黑龙江将军萨布素，捏报兵丁数目、浮支仓谷，应革职。从之。”[④]为此，萨布素结束了18年担任黑龙江将军的政治生涯。

萨布素出生于下级军官家庭，出身寒微，但其为人沉勇，粗通文墨。自挑补为披甲，从笔帖式、骁骑校，到首任黑龙江将军，没有祖荫，都是其个人奋斗的结果。萨布素治军有方，政绩卓著，为保卫祖国，开发边疆，建设黑龙江作出了自己的贡献。康熙帝说：“萨布素任黑龙江将军年久，谙练地方事务，亦得军民之心。”[⑤]萨布素针对黑龙江文化落后的现实，疏请在“墨尔根地方两翼，应各立学，设教官一员。新满洲诸佐领下，每岁各选幼童一名，教习书义”[⑥]。康熙三十四年二月初一（1695年3月15日），康熙帝同意了萨布素的疏请，“应如所请。从之”[⑦]。这是“黑龙江建学立师之始”[⑧]，首先在墨尔根举办，以后又推行到瑷珲和齐齐哈尔，促进了黑龙江文化的发展。黑龙江地广人稀，缺乏劳动力，为了充实边疆，萨布素提出把大批流犯发配到黑龙江地区，“徙分给（披甲人）为奴”[⑨]，这一建议得到了康熙帝的采纳，客观上吸纳和保护了人才，这些流人把中原的先进生产技术带到黑龙江来，发挥了他们对边疆开发的作用。黑龙江防御松弛，为了巩固边防，防止沙俄入侵，萨布素在黑龙江设驿建城，先后奏请建筑了瑷珲、墨尔根、齐齐哈尔三座城市，在三座城市中都设置了完备的军政机构，今天都成了边疆重镇，奠定了黑龙江政权机构的基础，为边疆开发建设创造了条件。萨布素在抗俄斗争中作出了重要贡献，康熙三十七年（1698年）九月，康熙帝东

---

① 《清实录·圣祖实录》卷176，901页，北京，中华书局，1985。
② 《清实录·圣祖实录》卷179，920页，北京，中华书局，1985。
③ 王思治、李鸿彬：《清代人物传稿》，23页，北京，中华书局，1995。
④ 《清实录·圣祖实录》卷203，71页，北京，中华书局，1985。
⑤ 王钟翰点校：《清史列传》卷10，719～725页，北京，中华书局，1987。
⑥⑦ 《清实录·圣祖实录》卷166，804～805页、806页，北京，中华书局，1985。
⑧ 西清：《黑龙江外纪》卷3，36页，哈尔滨，黑龙江人民出版社，1984。
⑨ 《清实录·圣祖实录》卷188，998页，北京，中华书局，1985。

巡，赐萨布素白金彩缎，对扈从大学士说："黑龙江将军萨布素，授任以来，为国效力，训练士卒，平定俄罗斯，勤劳可嘉。"[①]然而，萨布素却因每每逢迎近侍，希冀为己美言，引起了康熙帝的极大不快，认为他"办事虽明敏，然器局卑琐"[②]，对其品行颇不以为然。也有学者认为萨布素本人在抗俄和平叛中虽立下了不朽的功劳，但是，"作为整个黑龙江地区的最高军政长官，其对北部地区边防与经济管理的消弱，却有着不可追卸的责任"[③]。黑龙江将军衙门一再南迁，使黑龙江边防松弛，说明萨布素"缺乏长远的战略眼光……为尔后俄国侵略者的长驱直入造成了方便条件"[④]。应该承认，黑龙江以北160多万平方公里国土的丢失，虽与清朝对东北的封禁政策有重要关系，但与萨布素实施黑龙江将军衙门置所的南迁也有着或多或少的联系。然而评价历史人物离不开那个时代的历史范畴，连康熙帝都没有看清沙俄侵略的本性，萨布素更不可能跳出那个时代的藩篱。我们对萨布素抗击沙皇俄国的入侵，开发边疆，巩固边防，还是应该给予充分肯定的。萨布素临阵身先士卒，一生戎马生涯，战斗在抗俄前线50余载，是永远值得人们赞颂的一位爱国抗俄名将、民族英雄。

（孙文政）

杨　福

杨福（？—1715），又名扬福，清宗室，满洲正蓝旗人。祖父吴达海是穆尔哈齐第四子。父托克托慧，因功封为镇国公。杨福于康熙十八年（1679年）正月，授三等奉国将军。三十二年（1693年），任右卫护军参领。三十五年（1696年）从抚远大将军费扬古征厄鲁特噶尔丹，三十六年（1697年），因功加一等拖沙喇哈番，授二等奉国将军，十二月，升右卫副都统。寻奉调还京，补正白旗蒙古副都统。三十八年（1699年）八月，调奉天副都统。四十年（1701年）二月，升任宁古塔将军。四十八年（1709

① 《清实录·圣祖实录》卷190，1014～1015页，北京，中华书局，1985。
② 王钟翰点校：《清史列传》卷10，719～725页，北京，中华书局，1987。
③④ 夏家骏：《黑龙江将军衙门南迁原因辨析》，载《瑷珲历史论文集》，1994（1），29～30页。

年）二月，调任黑龙江将军。五十四年（1715）正月，袭不入八分镇国公爵，五月，卒。“祭葬，谥襄毅。”[1]康熙四十八年二月初八（1709年3月18日），宁古塔将军杨福调任黑龙江将军，杨福任职黑龙江最突出的政绩就是处理对俄交涉事务。中俄《尼布楚条约》签订之后，中俄双方通过条约的形式确立了两国的边界线。虽然清政府通过雅克萨战争的胜利迫使俄国签订了中俄《尼布楚条约》，并在边境地区设立了界碑，但是并未能从根本上阻止俄国对黑龙江流域的蚕食。俄人时常做出越界的行为，这种行为一方面侵犯了中国的领土主权，另一方面也时常引起两国之间出现许多小的摩擦和纠纷。面对此种情况，清朝一直未能找到行之有效的方法去解决。三十九年（1700年）后，俄人的活动范围已经蔓延至额尔古纳河一带。至康熙五十一年（1712年），俄人在额尔古纳河一带边境盗我林木、窃我牲畜，甚至“越界来居”，“我属额尔古纳河沿岸各处之树木，俱已被伐。自我界百余里以内，皆有俄罗斯人打牲的踪迹”。[2]面对如此之局面，清朝统治者惊呼：事情已经到了“事殊紧急，刻不容缓”的地步。

为了有效地维护中国的领土主权，加强对边疆地区的管理，清廷决定实行严格的巡边制度。每年由黑龙江将军和宁古塔将军负责边境地区的保卫工作，对额尔古纳河和格尔必齐河以东、外兴安岭以南中国一侧的领土进行巡察。在这一思想的指导下，杨福根据边境地区的实际情况确定了切实可行的巡边路线。根据杨福的建议，中俄边境“由陆路之墨里勒克河至和伦河（今根河）口，拟派齐齐哈尔官兵巡察；由墨里勒克河至额尔古纳河口，拟派墨尔根官兵巡察”[3]。这一建议不仅得到康熙帝的首肯，还由理藩院致函俄罗斯西伯利亚总督，通过外交文件的形式确定了下来。

通过巡边制度，清朝有效地对整个黑龙江流域实行了有效管辖权，使之成为中国领土不可分割的一部分。同时巡边制度也有效地阻止了俄人对黑龙江流域的侵扰。康熙五十一年（1712年）六月，杨福所派的巡边官兵发现了俄罗斯越界之人，此一行共十人，“越界来居之俄罗斯库斯克同伙男人三名，

① 孙文良：《满族大辞典》，308页，沈阳，辽宁大学出版社，1990。
②《清代中俄关系档案史料选编》（第一编，下册），311页、321页，北京，中华书局，1981
③《康熙朝满文朱批奏折全译》，1618页，北京，中国社会科学出版社，1996。

妇人三口，小孩四名”[1]，他们在中国境内伐木、打猎。巡边官兵将其劝回。为此，杨福请求咨文俄罗斯，严格边界之禁，“两国既已合理议定界约，本国当严禁属下之人越界，亦不准尔属之人越界等情，行文知照贵长官在案”[2]。

杨福担任黑龙江将军长达六年之久，任职期间勤勤恳恳，为有效、合理地解决中俄边境纠纷，作出了巨大的贡献。杨福制定并推行了巡边制度，使俄人的越界行为基本上得到杜绝，从而保障了中俄东段边境近一百年的安澜。杨福也因此多次得到康熙帝的褒奖。五十一年（1712年）二月，康熙帝评价道：“自调任黑龙江以来，居官甚善。”[3]五十四年（1715年）正月，康熙帝更是高度赞扬杨福：“自简用历任以来，居官敬慎、人材壮健。”[4]五月，当康熙帝得知杨福的死讯时，深情地说道：“闻得黑龙江将军杨福已故，朕心轸恻。”[5]杨福对黑龙江的贡献是他人无法比拟的。

（沈一民）

玛喀礼

玛喀礼，生卒年不祥，亦称马喀礼，齐齐哈尔镶红旗人，亦有齐齐哈尔镶黄旗之说。康熙三十六年（1697年），任满洲镶黄旗兼正白旗协领。康熙四十九年（1710年）至雍正元年（1723年），任墨尔根副都统。康熙五十五年（1716年）、五十九年（1720年），两次署理黑龙江将军。其他不详。

玛喀礼任墨尔根副都统13年，其间两次署理黑龙江将军。康熙五十四年五月十一日（1715年6月12日），康熙帝得知黑龙江将军杨福病逝的消息上谕诸大臣等：“闻黑龙江将军杨福已故，伊子三官保，为人甚孝，住彼已久，熟悉地方情形。目今雨水三时，家口不可行，著十月内来。此时著三官保署理，俟伊父丧回时，奏明再行定夺。”[6]三官保署理黑龙江将军时间很短，于十月前就动身赴京。十一月十三日（12月8日），在京举行黑龙江将军杨福祭葬。

①②《清代中俄关系档案史料选编》（第一编，下册），311页、321页，北京，中华书局，1981。
③《清实录·圣祖实录》卷249，466页，北京，中华书局，1985。
④《清实录·圣祖实录》卷262，579页，北京，中华书局，1985。
⑤《康熙起居注》，2169页，北京，中华书局，1984。
⑥《清实录·圣祖实录》卷263，593页，北京，中华书局，1985。

康熙五十五年二月初二（1716年2月24日），“宗人府题：原任黑龙江将军镇国公杨福子三官保，应照例降一等承袭。得旨：杨福任将军以来，甚属效力，三官保，著仍袭封镇国公”①。三官保留京袭职。十月初二（11月15日），“升伯都讷副都统托留为黑龙江将军”②，从三官保离开黑龙江，到清廷任命托留为黑龙江将军这段时间里，由墨尔根副都统玛喀礼署理黑龙江将军。“康熙五十五年，署将军玛喀礼请拨旗营兵三百五十名，在乌宁克尔、珠尔亨等处屯田，以偿积欠。”③玛喀礼第二次署理黑龙江将军，是在康熙五十九年二月十九日（1720年3月27日），黑龙江将军托留病故后，清廷虽任命黑龙江副都统陈泰为黑龙江将军，但在陈泰未到任前，由玛喀礼再次署理黑龙江将军。这期间，署理黑龙江将军玛喀礼奏报1720年五大连池火山喷发的情况时说：“奴才玛喀礼谨奏，为奏闻地下出火，石块飞腾、燃烧、堆落成山。”④从中可以看出，玛喀礼二次署理黑龙江将军。

（孙文政）

托留

托留（？—1720），亦称托柳，科奇理氏，满洲镶红旗人。祖父索尔和诺，父西安将军佛尼勒。康熙初年，托留任一等侍卫。康熙四十七年（1708年）三月，升任镶蓝旗蒙古副都统。四十八年（1709年）八月，外放奉天副都统。五十二年（1713年）六月，调任伯都讷副都统。五十五年（1716年）十月，擢升黑龙江将军。五十七年（1718年）十月，病假。五十九年（1720年）二月，卒。六十年（1721年）四月，“祭葬如例”⑤。

托留任黑龙江将军时，“年纪尚轻”⑥，为此康熙帝并不放心，特意嘱咐托留兄长额伦特，“著尔时常去信，始终不渝，奋勉效力”⑦，希望通过额伦特的仕途经历为托留的任官提供借鉴。

① 《清实录・圣祖实录》卷267，620页，北京，中华书局，1985。
② 《清实录・圣祖实录》卷270，620页，北京，中华书局，1985。
③ 西清：《黑龙江外记》卷3，34页，哈尔滨，黑龙江人民出版社，1984。
④ 黑龙江省档案馆：《黑龙江历史记忆》，16页，哈尔滨，黑龙江人民出版社，2007。
⑤ 《清实录・圣祖实录》卷292，839页，北京，中华书局，1985。
⑥⑦ 《康熙朝满文朱批奏折全译》，1165页、1153页，北京，中国社会科学出版社，1996。

托留上任伊始，即表现出他卓越的才能。五十五年（1716年），上折奏请停止黑龙江进贡的“索伦马匹”，得到康熙帝的批准。在处理中俄关系时，托留的做法也甚为妥帖。“五十六年（1717年）七月，俄罗斯边城头目以文来请于将军托留，欲私行贸易，上命托留移文切责之。”①托留依据中俄《尼布楚条约》的相关条款，断然拒绝了俄国不合理的请求，杜绝了私下贸易的发生。

五十七年六月初九（1718年7月6日）夜，嫩江突发大洪水。山洪来势凶猛，突破河堤，瞬间冲没了嫩江两岸的牲畜及房屋、地亩。此次灾情给当地百姓带来了极大的损失。一共淹死人口八十七人，其中“淹死妇女十八人，十五岁以下大男孩十三人、女孩六人、十岁以下小男孩二十六人、女孩十八人，卸差男丁四人，包衣男丁二人。受灾人口多达一千五百三十五人之多。财物损失也极大，冲毁房屋二百九十间，被淹死的牲畜包括马六百七十一匹，牛七百六十五头，羊四千三百五十二只，上驷院马二百七十六匹，马驹一百零有二匹”②。面对嫩江百年不遇的大洪水，托留一面上书朝廷，请求支用仓库内的储备粮救济灾民，一面着手灾民的救济，给灾民发放救济粮，“现以七月之一个月所食计，拨齐齐哈尔仓之细粮，以每口各一仓斗七升合计，现办给二百零四石八升一合”③。八月，康熙帝得知消息后，在托留奏请的基础上，又动用了国库银一万两赈济灾民，并派内阁学士渣克旦、副都统萨尔禅、户部官等人员前往查看，会同托留共同办理灾情。为此康熙帝特意嘱咐道：“将被灾之人逐一查明，无房屋者即给房屋，无衣服者即给衣服，务令均沾实惠，以副朕轸恤至意。”④之所以康熙帝会如此重视这次嫩江水灾，是因为受灾人口主要是索伦人。康熙帝指出：“索伦人等效力围场，甚属年久。亦有见在出兵之人。今被水灾，朕甚恻然。”⑤可见，由于索伦人是清朝军队的重要组成力量，康熙帝为了让在外出征将士无后顾之忧，加大了对灾后的赈济。在实际操作中，托留及渣克旦等人认真履行职责，“赏给马牛、帐房、衣服、银两。其有现在出征兵丁之妻子，加倍给与银两”⑥。此次洪灾，虽然自然灾害的巨大性是史无前例的，但是灾后难民情绪稳定，当地

① 《清朝文献通考》卷300，7482页，杭州，浙江古籍出版社，1988。
②③ 《康熙朝满文朱批奏折全译》，1314页、1315页，北京，中国社会科学出版社，1996。
④⑤ 《清实录·圣祖实录》卷280，741页，北京，中华书局，1985。
⑥ 《清实录·圣祖实录》卷281，746页，北京，中华书局，1985。

的局势平稳，这无疑与托留妥善的应对有着密切的关系。

托留出身于清朝典型的军功贵族家族，祖孙三代为清朝的统一作出了重大的贡献。托留本人因康熙帝的眷顾得以英年即荣膺黑龙江将军之职，托留也没有辜负康熙帝的期望，在任四年兢兢业业，不仅秉承清政府的对俄政策，继续维护中俄边境的宁谧，而且对内尽心安抚下属民众，妥善处理了嫩江百年不遇的大洪水，为黑龙江的稳定尽到了自己应尽的义务。

（沈一民）

陈　泰

陈泰，生卒年不详，亦名陈太、辰泰、成泰，董鄂氏，满洲正白旗人。祖父鄂硕，父费扬古。康熙三十六年（1697 年）七月，袭一等公爵位，四十年（1701 年）十二月，降爵位为侯。四十七年（1708 年）十一月，晋升黑龙江副都统。五十九年（1720 年）二月，擢升黑龙江将军。雍正四年（1726 年），奉旨入京师。五年（1727 年）四月，晋升为内大臣。六年（1728 年）三月，署正白旗领侍卫内大臣，四月，调任镶黄旗满洲都统，仍兼署领侍卫内大臣。七年（1729 年），随傅尔丹远征噶尔丹策零，为参赞大臣。九年（1731 年）十月，因贻误军机获罪，十一月，革职。雍正十年（1732 年）二月，押解回京师。五月，“定罪革退”[①]。乾隆二年（1737 年），乾隆帝念其父祖皆有功勋宽释处理。十四年（1749 年）八月，赠一等昭武侯，世袭。

康熙五十九年二月二十七日（1720 年 4 月 4 日），升黑龙江副都统陈泰为黑龙江将军，[②]到雍正四年二月初一（1726 年 3 月 4 日），调黑龙江将军陈泰来京，[③]前后在黑龙江任职近六年。

雍正元年（1723 年），郭尔罗斯地区缺粮，陈泰据此上奏，清廷决定以伯都讷仓粮 2 万石，按口给粮，户部又拨银 3 万两，购买牲畜给之。并派遣都统伯四格等前往赈济。

---

①《清实录・世宗实录》卷 111，485 页，北京，中华书局，1985。
②《清实录・圣祖实录》卷 287，802 页，北京，中华书局，1985。
③《清实录・世宗实录》卷 41，602 页，北京，中华书局，1985。

二年十二月二十七日（1725 年 2 月 9 日），因副都统费雅思哈奏请黑龙江将军衙门移驻呼兰地方，雍正帝同意总理事务王大臣的复议，和硕亲王就费雅思哈动议迁移黑龙江将军驻地一事，面奏雍正皇帝称："黑龙江将军所驻之齐齐哈尔地方碱薄，难以耕种，令将军移驻黑龙江（城）实属有益。"①建议黑龙江将军驻地不能移置呼兰，说，"移驻呼兰、拉林等处，则北拒俄罗斯益远"②，建议黑龙江将军驻地回迁至黑龙江城。雍正皇帝同意了和硕喜亲王的议奏，"依议，黑龙江地方，悍拒俄罗斯，今令将军移驻黑龙江"③，具体迁移事项由黑龙江将军陈泰议奏。

雍正三年三月二十日（1725 年 5 月 2 日），黑龙江将军陈泰收到清廷来文，得知要迁黑龙江将军驻地于瑷珲城，他对此坚决反对，上奏说："臣陈泰迭蒙圣恩，在黑龙江副都统任上十二年，在黑龙江将军任上六年，共计十八年，谙悉齐齐哈尔、墨尔根、黑龙江（城）等地情形，岂可不奏明皇上。自尼布楚径由阿鲁（木）、雅尔、库里、阿姆纽、他拉齐陆路五条可至齐齐哈尔。此五路，自齐齐哈尔至尼布楚城，骑马、步行均于十四五日内抵达。齐齐哈尔与札赉特、杜尔伯特、郭尔罗斯、科尔沁、札萨克图王、喀尔喀浦苏克王等蒙古部落交界。臣我竟自驻防之此城，及三城交汇之地，虽土地贫瘠，蒙圣主施恩，官兵、水手、拜唐阿（清代各衙门无品级当差者之泛称）、驿站、官庄等所有人口三年所食，恰与仓储细粮十一万六千八百二十石相合。唯今年雨水不合粮食过少。齐齐哈尔地方宽阔，可做买卖甚多，故不致生活艰窘。黑龙江（城）自尼布楚无路可径至，唯设水路一条。由此水路至尼布楚城，上行须五十余日，下行须三十余日。每年九月内河水结冰，四月初融化，黑龙江（城）地方土地肥沃，但可耕地狭窄，仅能满足现有驻防官兵。齐齐哈尔兵丁迁移到黑龙江城，齐齐哈尔驻防兵少，齐齐哈尔乃所有地方会冲要地，恐兵力至弱。况此城兵丁均建房置业，居住年久，一俟迁移，必致发生过多苦难人口。黑龙江地方狭窄，百里外尽皆山林树木，无法耕种。周围亦无可做买卖之地。再由齐齐哈尔增移人口，苦一两年内粮食过少，兵丁人等生计必然困窘，多无裨益。"④陈泰把齐齐哈尔和黑龙江两个城的自然条件、经济

---

①②③《清实录·世宗实录》卷 27，420 页，北京，中华书局，1985。

④ 吴雪娟：《黑龙江将军驻地迁移新谈》，载《北方文物》，2006（3），89 页。

状况、交通条件等等作了对比说明，最后说“臣我移驻与否，恭请皇帝明鉴。降谕后，臣即遵办”[①]。雍正皇帝接到陈泰的奏折后，即命议政王大臣复议，雍正三年四月二十四日（1725 年 6 月 4 日）议政王大臣议奏：“齐齐哈尔乃与俄罗斯陆路、蒙古、索伦三地交界之重地。将军应否迁移黑龙江等事，臣等先前咨文该将军以便议定。今将军陈泰奏称，齐齐哈尔地方甚为紧要，兵丁眷恋故土，粮谷积聚，有做买卖之地。等语奏了。故依将军陈泰所奏。”[②]至此，黑龙江将军驻地第五次迁移的动议未能实现。

三年（1725 年），时任黑龙江将军的陈泰上奏朝廷有关法律规定各省来送本章一日限行四站的问题。送本章的官员有时因路上遇到阴雨连绵的天气，或是遇到河水暴涨等原因，导致道路泥泞不堪，无法通行，而不能及时按照限定的期限行驶四站，认为朝廷的法律应该严宽得中。建议以后送奏章的官员一日内难行四站的，应根据路途远近，向朝廷汇报，以做变通。这样既可以使送奏章的官员不用担心没有按照限定的期限送到而受到惩处，同时也可以减少路上遇到恶劣情况的危险。二月二十一日(4 月 3 日)，雍正帝发布上谕，以后“至黑龙江平常本章，著照将军陈泰所请，以三站为限”[③]。这样各省来送本章的问题得以解决。

陈泰在黑龙江将军任上，坚决不移驻黑龙江将军衙门驻地等问题，得到雍正帝的肯定。为齐齐哈尔成为黑龙江西部地区政治、经济文化中心，奠定了基础。然而陈泰在征伐噶尔丹策零的战争中，遇敌畏缩，贻误军机，导致其论罪革职。

（孙文政）

傅尔丹

傅尔丹（？—1752），瓜尔佳氏，满洲正黄旗人。信勇公费英东的曾孙，世袭公爵、都统沃赫之子。康熙二十年（1681 年），世袭三等公，兼任佐领，授散秩大臣。四十三年（1704 年），授正白旗蒙古都统。四十八年（1709 年），授

①② 吴雪娟：《黑龙江将军驻地迁移新谈》，载《北方文物》，2006（3），89 页。
③《清实录・世宗实录》卷 29，473 页，北京，中华书局，1985。

侍卫内大臣。五十四年（1715 年），因托病未到任，领侍卫内大臣之职被免。五十六年（1717 年）正月，复授领侍卫内大臣；三月，授振武将军，率北路大军袭击准噶尔。五十九年（1720 年），率兵进攻格尔额尔格，大败准噶尔。雍正元年（1723 年），兼任统领征西将军。三年（1725 年），授内大臣。四年（1726 年），授黑龙江将军。六年（1728 年），授吏部尚书，赏赐双眼孔雀翎。七年（1729 年），为靖边大将军，率兵征讨噶尔丹策零。九年（1731 年），率军驻扎科布多，为振武将军，协助靖边大将军锡保办理军机事务。十年（1732 年），因锡保上奏弹劾，免去领侍卫内大臣、振武将军之职，削除公爵之位，留军中效力。十三年（1735 年），因牵涉伊都立等人侵吞军饷，被押解京师投入大牢。乾隆四年（1739 年），释放出狱。十三年（1748 年），授内大臣、护军统领；八月，任川陕总督。十四年（1749 年）正月，为参赞；四月，再次授黑龙江将军。十七年（1752 年），卒。谥“温悫”[①]。

傅尔丹一生两次被任命为黑龙江将军，一次是在雍正四年（1726 年）至五年（1727 年），另一次是在乾隆十四年（1749 年）至十七年（1752 年）。

雍正四年二月初一（1726 年 3 月 4 日），雍正帝将黑龙江将军陈泰调回京城，改授时任领侍卫内大臣傅尔丹为黑龙江将军。傅尔丹上任后，面对黑龙江需要大量兵员布防的情况，继续实行徙民编旗。五年（1727 年）五月，傅尔丹上疏“墨尔根城（今嫩江县）原有绿营兵九百人，都没有枪炮、船只，请求增设汉军佐领二人，骁骑校二人，挑选汉兵一百名，与之前的九百绿营兵合为一千人，添设枪炮船只，并命令他们集训操练”[②]。傅尔丹的奏请得到了雍正帝的同意，雍正帝认为傅尔丹是有功之臣的后代，前在阿尔台（今新疆阿勒泰县）任振武将军，效力多年。但因其不善办理钱粮事务，导致其个人应该赔偿很多的银两，这应该是具体管办钱粮的人的责任，傅尔丹只是受他的迁累。而且，傅尔丹自受命担任黑龙江将军以来，“竭诚办事，效力勤劳，他名下所应赔付的银两都从宽对待，予以免除”[③]。十一月十一日（12 月 23 日），雍正帝将傅尔丹调回京城。乾隆十四年（1749 年），乾隆帝任命黑龙江将军傅森为西安将军，再次任命傅尔丹为黑龙江将军。十五年（1750 年）十月，乾隆帝下旨

① 赵尔巽等：《清史稿》卷 297，10393 页，北京，中华书局，1976。
② 《清实录・世宗实录》卷 57，868 页，北京，中华书局，1987。
③ 王钟翰：《清史列传》卷 17，1243 页，北京，中华书局，1987。

“我满洲本业原以马步骑射为主，凡围猎不需鸟枪，唯用弓箭”①，命令傅尔丹传令索伦等，以后在围场打猎，一律沿用旧法，用弓箭狩猎，不得使用火枪。交将现有火枪以每支枪一两银子的价钱，全部回收。收回后，严禁偷买自造，查出即行治罪。对于那些仍坚持以弓箭狩猎，且“善马步射者，可被恩升用侍卫等官”②。十六年（1751 年）傅尔丹上奏称，去年吉林雨水过多，涝灾严重，米价昂贵，穷苦百姓度日艰难。自请将黑龙江所属呼兰（今黑龙江省哈尔滨市呼兰区）的仓储存粮调拨一万石，由水路运至吉林，命令那里的旗人，按照齐齐哈尔所定官价销售。乾隆帝担心“不肖之徒，从中取利，且减价太过，则多寡悬殊，反生弊端，令傅尔丹、卓鼐等，共同商讨，采取合适的办法，一边办理，一边奏明”③。之后，傅尔丹再次上奏称，船厂（今吉林省吉林市）去年受灾，粮价昂贵，请求将呼兰“买贮粮”调拨一万石，经水运送到船厂，略低于当时的粮价销售。经大学士等商讨，将运到船厂的粮食交给八旗协领、佐领等，均分给当地旗人，按照当时的粮价折中，每石六钱的价格出售。“皇上依议，令其速速办理”④。十二月，傅尔丹上书称，呼兰温德亨山八座官庄田地，多次遭受水灾，不能耕种，请求迁到巴延穆敦、郭尔敏穆敦。皇上答应了他的请求。十七年正月二十七日（1752 年 3 月 12 日），乾隆帝密告傅尔丹最近噶尔台吉喇嘛达尔扎以达瓦齐逃走为由，派兵驻扎在我边境外，加之今年来使者请求了几件事，都未被准许，恐怕他们会滋事扰乱喀尔喀游牧。为以防万一，乾隆帝命令傅尔丹秘密筹备，调发二三千名黑龙江士兵，能够在令到五日内随时动身。并嘱咐其不可声张，以免扰乱军心。不久，傅尔丹回奏：齐齐哈尔、黑龙江、墨尔根（今黑龙江省嫩江县）、呼伦贝尔（今内蒙古自治区海拉尔市）等地原有八旗绿营兵 7 000 多人，可从中挑选 2 000 人，另外，打牲索伦、达呼尔等地有壮丁 7 000 多人，也可挑选 1 000 人，官兵们都有兵器，无兵器者可配发，所需银两和口粮从现在库存中支付，随时可以发兵无误。是年，傅尔丹去世，乾隆帝赏赐行祭葬之礼。

---

① 赵尔巽等：《清史稿》卷 297，10391 ～ 10392 页，北京，中华书局，1976。
② 《清实录·高宗实录》卷 374，1129 ～ 1130 页，北京，中华书局，1987。
③ 《清实录·高宗实录》卷 385，64 ～ 65 页，北京，中华书局，1987。
④ 《清实录·高宗实录》卷 390，123 ～ 124 页，北京，中华书局，1987。

傅尔丹一生忠心卫国、刚正勇猛，从惊马前英勇护驾到出兵前主动请战，可见一斑。但是，作为一名将领，傅尔丹勇武有余，智谋不足。在雍正九年（1731 年）的和通泊（在今蒙古科布多以西）一役中，他骄傲轻敌、刚愎自用，不听交谏，“轻信贼言，冒险深入，中贼诡计”[①]。“冒昧进剿，损伤官兵”[②]以致遭到敌军的围歼，足见其有勇无谋。岳锺琪曾经过傅尔丹的军中大帐，见壁上大刀长矛森然悬挂，就问道:“用这些东西做什么？”傅尔丹说:“这是我平素常用的东西，悬挂在此来激励大家。”岳锺琪出门说：“作为大将军，不凭借谋略而依靠勇猛，一定会失败。”[③]这句话是对傅尔丹性格的定位。

（刘伟华）

那苏图

那苏图（？—1749）姓戴佳，字羲文，满洲镶黄旗人。康熙三十六年（1697 年），袭云骑尉世职。康熙五十年（1711 年），授蓝翎侍卫。雍正元年（1723 年），迁云麾使。二年（1724 年），授头等侍卫。五年（1727 年）四月，迁銮仪使；六月，授兵部侍郎；七月，署吏部侍郎事；十二月，擢授黑龙江将军。八年（1730 年）正月，改任奉天将军。十一年（1733 年）四月，兼署黑龙江将军。十三年（1735 年）正月，兼署黑龙江将军。乾隆元年（1736 年）八月，改任兵部尚书。二年（1737 年）正月，调刑部尚书；九月，授两江总督。四年（1739 年）十月，丁母忧。七年（1742 年）四月，调任闽浙总督。九年（1744 年）七月，调任两广总督。十年（1745 年）五月，调直隶总督。十二年（1747 年）四月，命暂管河道总督。十三年（1748 年）四月，晋太子太保，寻授领侍卫内大臣，仍留总督任。十四年（1749 年）七月，卒。“赐祭葬如例。谥恪勤。”[④]

雍正五年十二月初一（1728 年 1 月 11 日），“升兵部右侍郎那苏图为黑龙江将军”[⑤]，到八年正月初八（1730 年 2 月 24 日），“调黑龙江将军那

①③ 赵尔巽等：《清史稿》卷 297，10392 ～ 10393 页，北京，中华书局，1976。
② 王钟翰：《清史列传》卷 17，1247 页，北京，中华书局，1987。
④《清国史》（嘉业堂钞本）第六册，545 页，北京，中华书局，1993。
⑤《清实录·世宗实录》卷 64，977 页，北京，中华书局，1985。

苏图为奉天将军”[①]，那苏图正式任职黑龙江将军两年多，此后，先后两次在奉天将军任上兼署黑龙江将军，第一次署理黑龙江将军是在十一年四月二十五日（1733 年 6 月 7 日），因清廷从驻扎在呼伦贝尔地方，索伦、巴尔虎兵内调拨 3 000 名，前往察罕叟尔军营，雍正帝“著黑龙江将军卓尔海，带领前往军营……黑龙江将军印务，著奉天将军那苏图驰驿前往署理”[②]。这次署理时间很短，卓尔海回任后，那苏图也很快回到奉天将军任上。第二次署理黑龙江将军是在十三年正月十八日（1735 年 2 月 10 日），清廷“以黑龙江将军卓尔海办理黑龙江副都统事务，奉天将军那苏图署黑龙江将军”[③]，那苏图第二次开始署理黑龙江将军，三月十一日（1735 年 4 月 3 日），“谕办理军机大臣等：定边右副将军塔尔岱，在北路军营历有多年，且身被伤痍，现今军营无事，著回黑龙江将军任所，给假一年，调理病症，其将军事务，仍著那苏图署理”[④]。第二次署理时间较长，虽然清廷于十二月初一（1736 年 1 月 13 日），“以护军统领吴礼布为黑龙江将军”。然而由于吴礼布身患疾病，未及赴任就病故了，黑龙江将军仍由那苏图署理，直到乾隆元年十一月初五（1736 年 12 月 6 日），清廷“以黑龙江墨尔根副都统额尔图为黑龙江将军”[⑤]，那苏图才离开黑龙江将军任，回到同年八月二十六日（9 月 30 日），被清廷任命的“以奉天将军那苏图为兵部尚书”[⑥]的任上。

那苏图在黑龙江将军任上，做了以下几件事。从《清实录》可查到的第一件事是，雍正六年十一月二十三日（1728 年 12 月 23 日）“兵部议覆：黑龙江将军那苏图等疏言，黑龙江等处八旗索伦、打虎儿三十九佐领内，有袭与伊等子弟者，亦有轮流补放者，因向无定例，每遇缺出不免互相争讼”[⑦]。经过那苏图调查，发现索伦、打虎儿三十九佐领内，其中有十七佐领，从来没有他姓之人选为佐领的，那苏图奏请“俱授为世袭佐领，遇有缺出，即于伊等子弟内拣选补放”[⑧]。其余的二十二佐领，从来没有承袭佐领的，那苏图奏请“俱定为公中佐领，如遇缺出，于各旗防御、骁骑校内挑选补放”[⑨]。雍正帝看了那

---

① 《清实录·世宗实录》卷 90，210 页，北京，中华书局，1985。
② 《清实录·世宗实录》卷 130，695 页，北京，中华书局，1985。
③ 《清实录·世宗实录》卷 151，866 页，北京，中华书局，1985。
④ 《清实录·世宗实录》卷 153，879 页，北京，中华书局，1985。
⑤ 《清实录·高宗实录》卷 30，616 页，北京，中华书局，1985。
⑥ 《清实录·高宗实录》卷 25，566 页，北京，中华书局，1985。
⑦⑧⑨ 《清实录·世宗实录》卷 75，1119 页，北京，中华书局，1985。

苏图关于佐领人选问题的奏请后，认为这样可以在佐领选举时，杜绝相互争讼，于是雍正帝同意了那苏图的奏请："均应如所请。从之。"①

六年十二月初四（1729年1月3日），那苏图向清廷奏报越界俄罗斯人提供的其国消息，十二月二十七日（1月26日），那苏图将越境进入我地700余里，现被拿获的俄罗斯人达尼拉遣送回国，并说："望尔等照定例治罪，并严令尔属人等嗣后务必遵守新约，断然不可私自越界。"②二月二十一日（3月20日），那苏图在派人遣送达尼拉回国，嘱咐骁骑校岳木波绰、伊尔塞率兵22人押解遣送时，"详察俄罗斯地方生计情形"③。回来时，骁骑校岳木波绰说俄罗斯"一连三年歉收，极为穷困"。四月二十日（5月17日），那苏图命协领达巴哈率领官兵往巡与俄罗斯立界之处。六月二十五日（7月20日），达巴哈返回齐齐哈尔，向那苏图汇报了所了解到的情况，那苏图将所了解到的情况，于闰七月十日（9月2日）上奏给雍正帝，雍正帝看后，朱批："朕唯愿伊国无事、丰收、太平。知道了。"④表达了我国人民企盼邻邦太平无事的美好愿望。

雍正十二年十一月十五日（1734年12月9日）"兵部议覆：署黑龙江将军那苏图疏言，黑龙江所属一切命盗等案，俱交齐齐哈尔城内将军衙门监禁，请专设狱官二员，于记名领催内拣用，三年无过，以骁骑校等缺题补。应如所请。从之"⑤。从史料记载来看这是齐齐哈尔监狱设置之始，对惩治犯罪，维护社会治安发挥了作用。这年，"黑龙江将军那苏图奏置呼兰城"⑥，并设"呼兰城守尉一员，其下副总管二员"⑦。乾隆元年二月十四日（1736年3月25日），"署黑龙江将军那苏图奏：出征打牲兵丁，多系单妻幼子，散处山谷，将发遣人犯，拨给为奴，恐难管约"⑧。同时，还针对前墨尔根副都统多奇那奏请添设官庄，提出了意见，"墨尔根地方，霜降较早，添设官庄。于积贮无益"⑨。乾隆帝批示下部议后，"如那苏图所奏，从之"⑩。七月二十二日（8月28日）。兵部覆议那苏图奏请的在"齐齐哈尔所属乌兰诺尔驿站起，至呼兰地方止，应设六站，每站派兵十名，给马五匹、牛五只，所有倒毙马牛并草料公费等项，照茂兴驿

① 《清实录·世宗实录》卷75，1119页，北京，中华书局，1985。
②③④ 中国第一历史档案馆编：《清代中俄关系档案史料选编》，525～530页，北京，中华书局，1981。
⑤ 《清实录·世祖实录》卷149，848页，北京，中华书局，1985。
⑥ 西清：《黑龙江外记》，1页、33页，哈尔滨，黑龙江人民出版社，1984。
⑦ 黄维翰：《呼兰府志》卷82，民国四年刊行，6页，黑龙江省呼兰县志编写委员会，1983。
⑧⑨⑩ 《清实录·高宗实录》卷12，372页，北京，中华书局，1985。

站例支给，其丁于旧站余丁内挑选，每丁给银七两”[①]。对于通往呼伦贝尔的驿路，那苏图说："虽于波尔德兵一千名内派往百名，设十台。但波尔德兵已操练数年，应停其分拨，将伊等之缺，于打牲索伦、达呼尔内，挑取无牲畜之丁六十名，免其交纳貂皮，设六台，再于呼伦贝尔兵丁内，挑选四十名，设四台。每丁赏马二匹、乳牛三只，永远坐台当差。每马折给银六两、牛五两，自行购买。每台给车十辆。其往返差送公文之人，每台年给米二仓石。”[②]这样，既保证了波尔德兵的兵员数量和战斗力，又解决了站丁的配置，得到了乾隆帝的认可。

那苏图前后三次任职黑龙江将军，任职时间虽然不长，但却是清代黑龙江将军中很有作为的一位，任内特别重视边界安全问题，关爱百姓生活，为黑龙江的政治经济发展作出了贡献，是深得乾隆帝信任的封疆大吏。

（孙文政）

卓尔海

卓尔海，生卒年不详，齐齐哈尔城镶红旗人。雍正七年（1729年）闰七月，由协领升任齐齐哈尔副都统。八年（1730年）正月，擢迁黑龙江将军。十年（1732年）九月，授内大臣，仍署黑龙江将军。十一年（1731年）四月，往察罕叟尔军营，办理完毕仍署黑龙江将军。十二年（1734年）正月，兼理黑龙江副都统，十三年（1735年）闰四月，“缘事革职”[③]。

雍正八年正月初八（1730年2月24日），卓尔海由齐齐哈尔副都统升任为黑龙江将军，十年九月初一（1732年10月19日），虽升任内大臣，但仍署理黑龙江将军。卓尔海任期内，一直致力于黑龙江的建设，其突出的贡献就是奏建呼伦贝尔城和呼兰城。

雍正八年十一月二十九日（1731年1月7日），卓尔海奏请“添设船厂四品官、五品官、六品官各一员，领催八名，管辖原驻兵三百名”[④]。清政府根据实际情况，“从黑龙江将军卓尔海请也”[⑤]。

---

①②《清实录·高宗实录》卷23，536页，北京，中华书局，1985。
③《清实录·世宗实录》卷155，895页，北京，中华书局，1985。
④⑤《清实录·世宗实录》卷100，335页，北京，中华书局，1985。

雍正十年四月二十一日（1732 年 5 月 15 日），办理军机大臣等遵旨议奏黑龙江将军卓尔海奏请在呼伦贝尔附近的济拉嘛泰河口处筑城事宜。卓尔海在奏折中称："据达巴哈、博尔本察等，相视呼伦贝尔附近之济拉嘛泰河口处，地方辽阔、水草甚佳、树木茂盛，可以种地筑城。"①经研究清政府批准了卓尔海奏在呼伦贝尔地方筑城的请求。并同意在布特哈地区挑选兵丁 3 000 名，其中索伦（鄂温克）兵 1 636 名、达虎儿（达斡尔）兵 730 名、巴尔蒙古兵 275 名、鄂伦春兵 359 名，还有未经兵丁测量的老、弱、残余丁 796 人，移至呼伦贝尔，从事垦殖。并在济拉嘛泰河口到齐齐哈尔城共 680 里的路段上设置了卡伦 10 处，以便护送往来的行人。所移官兵组建呼伦贝尔八旗（又称索伦八旗），分为左右翼各四旗，共 50 佐领，以总管 1 员辖之，并铸给总管关防印信。左翼总管衙门设在伊敏河西岸胡吉日托海（今鄂温克族自治旗巴彦托海镇，亦称南屯），由达巴哈管理，游牧区从筑城处西行到与俄罗斯交界的地区，在额尔古纳河通往俄罗斯道路边界一带设防、驻牧于伊敏河东、锡尼河北、大兴安岭西、北至额尔古纳河。右翼总管衙门设在西屯（今海拉尔西南军用飞机场），由博尔本察管理，游牧区为喀尔喀河，在哈拉哈河喀尔喀蒙古边界一带防守，驻牧于哈拉哈河右岸、伊敏河西至呼伦湖之间地带。呼伦贝尔城的建立，为戍边人员提供生产和生活用品，并把畜产品销往内地，起到了促进呼伦贝尔经济文化发展的作用，故《呼伦贝尔志略》称卓尔海为经略呼伦贝尔的第一人。

九月二十一日（10 月 9 日），办理军机大臣等奉谕研究索伦总管博尔本察上奏，"呼伦贝尔等处，今岁所种地亩，因旱歉收，俟明年多为种植等语"②。雍正帝考虑"种地一事，如交与伊等，则训练兵丁，必致贻误。著行文将军卓尔海，于齐齐哈尔、瑷珲、墨尔根三处台丁及水手屯丁内，拨派五百名"③前往呼伦贝尔等地，帮助呼伦贝尔等处耕种。其所用路费及置办犁具、种子的费用均由黑龙江将军衙门支出，第二年秋天收获之后，朝廷再原数归还给黑龙江将军衙门。十月初七（11 月 24 日），理藩院奏杜尔伯特固

① 《清实录·世宗实录》卷 117，558 页，北京，中华书局，1985。
②③ 《清实录·世宗实录》卷 123，622 页，北京，中华书局，1985。

山贝子班珠尔等三旗地亩歉收，请求赏给被荒人等米石，并借给买米银两。[①]朝廷得知后，考虑到杜尔伯特与黑龙江近，“著行文卓尔海，会同该处御史，将杜尔伯特蒙古人等家口数目查明或动用仓谷，或动用库银，酌量赏给”[②]粮食和银两。

十二月十二日（1733年1月27日），卓尔海上奏，“查打牲人共二千三百四十九名，请挑选一千名，令往齐齐哈尔城北本尔得地方居住，编为八旗，打牲处现任官员内，选派副总管四员、佐领八员、骁骑校八员，训练操演，归打牲处总管统辖”[③]，训练兵丁。军机处经过商议后，同意其请求，命卓尔海“每岁春秋亲往查阅，其军器俸赏等项，照例给与”[④]。同时恩准他们“免其进贡貂皮，应如所请”[⑤]。十二月二十四日（2月8日），办理军机大臣遵旨议奏：“黑龙江将军卓尔海请以该处水手及驿站闲散壮丁三百有四名，再于呼伦贝尔余丁内，拣选一百九十六名，共五百名，令往伊敏河、各尼河（今格尼河，发源于大兴安岭东坡，上游是毕拉河）等处，耕种田亩。”[⑥]后考虑到呼伦贝尔地方的兵丁曾蒙皇恩被赏赐过牛马羊等，需要牧放牲畜，而且每日需要训练，恐无暇耕种，所以又在“水手壮丁内，遣一百有四名往伊敏河，二百人往各尼河”[⑦]，足以完成耕种事宜。

雍正十二年十二月初三（1734年12月27日），“署黑龙江将军卓尔海奏言，呼兰河地方，前经议设卡伦八处……所有偷采人参之弊，难于查察”[⑧]。请求在呼兰河地方筑城设防，管理该地方军民事务。办理军机大臣等议覆，同意卓尔海所请，决定在“伯都讷、打牲、瓜尔察，挑兵一百八十名，齐齐哈尔城旧兵内挑选三百二十名，驻扎其地，编设佐领八个，每佐设佐领、骁骑校各一员，领催六名，并补放呼兰城守尉一员、副总管二员，令其统理，执掌关防，并添设笔帖式二员”[⑨]来管理当地军政事务。呼兰城的建立，及在此设置官庄，并派兵丁前来开垦荒地，为其后大面积开发呼兰地区，奠定了基础。

卓尔海任黑龙江将军这段时间里，实施了许多利于边疆建设的措施，如其所奏建呼伦贝尔城和呼兰城，使清代黑龙江形成五城并立的局面。虽然后

---

①②《清实录·世宗实录》卷124，627页、628页，北京，中华书局，1985。
③④⑤⑥⑦《清实录·世宗实录》卷126，654页、660页，北京，中华书局，1985。
⑧⑨《清实录·世宗实录》卷150，856页，北京，中华书局，1985。

来在兼理黑龙江副都统时“缘事革职”，但仍不能磨灭其为巩固东北边防所作的贡献。

（崔书玉）

塔尔岱

塔尔岱（？—1756），瓜尔佳氏，齐齐哈尔满洲正黄旗人。康熙五十二年（1713年），充当“乌克甲”神射。五十四年（1715年），以领催从副都统博济西参加纳特河之役，赏巴图鲁章京。雍正四年（1726年），补防御，随即升为佐领。五年（1727年）十月，升索伦总管塔尔岱为伯都讷副都统，仍兼理总管事务。九年（1731年）七月，署前锋统领；十一月，调任宁古塔副都统；十二月，晋升为内大臣，在军营参赞行走。雍正十年（1732年）九月，授为黑龙江将军。十一年（1733年）五月，授靖边右副将军。十三年（1735年）三月，回黑龙江将军任。乾隆元年（1736年），给三等轻车都尉世职。六年（1741年）十月，为通政使司左通政。乾隆二十一年（1756），卒。“谥勇壮。”①

雍正十年九月初一（1732年10月19日）。“塔尔岱著授为黑龙江将军。统领军营东三省兵丁。卓尔海著授为内大臣，署理黑龙江将军事务。”②任职时间不长，就于十一年五月十五日（1733年6月26日），被清廷任命为靖边右副将军，“靖边右副将军印务，著塔尔岱掌管”③。十三年三月二十一日（1735年4月13日），“谕办理军机大臣等：靖边右副将军塔尔岱，在北路军营，历有多年，且身被伤痍，现今军营无事，著回黑龙江将军任所，给假一年，调理病症，其将军事务，仍著那苏图署理”④。塔尔岱两次被清廷任命为黑龙江将军，第一次是因为统率东三省兵丁，征讨准噶尔部，由内大臣卓尔海署理将军事务，第二次是由于常年在军营，积劳成疾，请假一年，调养疾病，其将军事务由盛京将军那苏图署理。塔尔岱假期未满，清廷就任命吴礼布为黑

① 魏毓兰：《龙城旧闻》卷2，23页，哈尔滨，黑龙江人民出版社，1986。
② 《清实录·宗实录》卷123，614页，北京，中华书局，1985。
③ 《清实录·宗实录》卷131，701页，北京，中华书局，1985。
④ 《清实录·宗实录》卷153，879页，北京，中华书局，1985。

龙江将军。塔尔岱两次被任命为黑龙江将军，都没到任就职。

塔尔岱一生戎马生涯，大多是在军营度过的。齐齐哈尔流人方式济次子方观承所作《从军杂记一百首》中，有两首赞颂塔尔岱的诗词。其一："战云层罩塞山低，一鼓声传万箭齐。多少游魂归不得，夜闻钟磬傍招提。"方观承诗注："雍正壬子（1732 年）六月，准噶尔寇边至吉尔马泰，距厄尔得尼昭已近。虏据南山，我兵列长阵与山对，分兵绕至虏后，炮发半山，虏阵大乱。山尽处即鄂尔昆河，时方屯种，堰水益深，多坠河死。索伦精兵万箭齐发，杀数千人，余皆夜遁。"①其二："黑水生兵控万弦，穿熊殪虎势无前。虏中咋舌传新谍，獭帽将军副定边。"方观承诗注："索伦八围，隶黑龙江将军，即古黑水部，其人劲弓善射，以猎为生，衣帽皆以獭皮为之，准夷畏之，见辄却走。定边右副将军塔尔岱，黑龙江新满洲人，屡破敌，有威名，戴獭皮小帽如索伦制，准夷称为獭帽将军。"②"雍正十年积功授本省将军，乾隆六年九月御赐诗云：'百战归来矍铄身，凌烟姓氏竟谁论？是时合适林中趣，怜尔仍随辇后尘。赫奕虎符叨宠旧，辉煌竹简纪功新。为询阅历疆场事，几度闻之廑念频。'诗卷今存协领穆克登布家，尝属余以国书译之。穆将军曾孙也。"③

塔尔岱去世后，葬在齐齐哈尔城南。据民国《龙江县志》记载，塔尔岱墓在齐齐哈尔"城西三里许，因后人式微，无人修理，已倾坏不堪"。1985 年，据市冶金局退休满族干部赵亚君讲，她的姥爷家与塔尔岱是一家子，她 12 岁那年跟着姥爷见到过塔将军墓，是吊棺，有"龟趺"，满汉碑文。 1996 年 6 月 29 日，城区改造，在市 34 中学院南墙外，对塔尔岱将军墓进行抢救性发掘，整个墓室用砖砌筑，为夫妻分棺合葬的葬制。2007 年 8 月 30 日，在龙沙区五福小区施工人员从地下挖出一"龟趺"，与龙沙公园内"龟趺"外形十分相似，是否与明月岛将军府内的塔尔岱将军德政碑有关，还有待文物考古人员进一步考证。《黑龙江将军塔尔岱神道碑》位于齐齐哈尔城内五福里处，碑上镌刻塔尔岱将军生平功绩及仕途履历。该碑今已不存。

乾隆帝不但对塔尔岱宠信有加，而且对他因病离职时留下的战马也念念

---

①② 万福麟监修、张伯英总纂：《黑龙江志稿》，1365 页、2364 ～ 2365 页，哈尔滨，黑龙江人民出版社，1992。

③ 西清：《黑龙江外记》卷 7，73 页，哈尔滨，黑龙江人民出版社，1984。

不忘。“将军塔尔岱一黄马，久从行阵，无一蹶之失，敕赐鄂勒哲伊图、阿尔萨朗名号。鄂勒哲伊图，蒙古语有寿也；阿尔萨朗，国语（满语）狮子也。其后将军请告食全俸，马亦月支刍秣于有司。”[①]并赏“黄绒笼头，项下赐带银牌”，还赏“官马场”一处，俗称“塔将军马场”。当时方观承为马赋诗曰：“转战金河寇已深，裹创唯见血衣襟。伤多马蹶鸣还起，同是将军报主心。”方观承诗注：“副将军塔尔岱尝深入敌阵，身被七创，马亦带伤，复中火枪仆地。塔射杀一贼，夺其马，裹伤复战，仆马忽苏，扬首鸣而起，冲突与俱，不离左右。马色正黄，索伦产也，塔公置栈亲饲之。”[②]

关于塔将军马场地址，说法有三：一是在今齐齐哈尔市铁锋区边屯乡东官地村，在齐齐哈尔城东 32 公里处。曾称官马场，光绪十六年（1890）改为东官地。二是在乌裕尔河右岸，齐齐哈尔东戚家店南，双岗子，即今齐齐哈尔种畜场九队。1988 年 5 月，据昂昂溪区水师营满族镇衙门满族村胡秀峰的父亲胡同天（镶蓝旗满洲）老人讲，他的先祖从张家口来齐齐哈尔，是塔尔岱将军马场的管理者，其后裔证实塔将军马场在双岗子屯。三是距齐齐哈尔东南 100 公里的地方（今林甸县境）有塔将军马场。其兄居住博哩屯，后改雅哈门（满语汉译牧场，后来叫白了称“衙门”，今昂昂溪区水师营满族镇衙门满族村）。这里的人称林甸县内的为大马场，称雅哈门为小马场。

（杨玉清）

额尔图

额尔图，亦称额勒图，生卒年不详，满洲镶红旗人。雍正十一年（1733 年）十二月，擢镶红旗护军参领，署理镶红旗蒙古副都统。十二年（1734 年）五月，署理镶蓝旗满洲副都统。十三年（1735 年）四月，署理墨尔根副都统。乾隆元年（1736 年），额尔图升任黑龙江将军。三年（1738 年）五月，调额尔图为奉天将军。九年（1744 年）九月，因为在任期间未能整饬流弊而被“解

① 西清：《黑龙江外记》卷 8，89 页，哈尔滨，黑龙江人民出版社，1984。
② 方观承：《松漠草》，见《述本堂诗集》，乾隆二十年刊本。

将军之任著回京候旨”[①]。十月，革内大臣，降补西安副都统，效力赎罪。十年（1745 年）十一月，擢升青州将军。十四年（1749 年）十二月，以“不职”夺青州将军职。三十五年（1760 年）五月，因受贿被判绞刑，后得乾隆皇帝恩典，免除其绞刑。

额尔图任职黑龙江将军期间，妥善安排职位以及在任人员，使得黑龙江将军衙门更好地运作。乾隆二年（1737 年）六月，黑龙江将军额尔图奏：驻防呼伦贝尔的索伦、达呼尔、巴尔虎兵，没有可以耕种的土地。又黑龙江所处之地道路通向俄罗斯，因此，地势紧要。如果按照上谕执行，则全部都要使用新兵来驻守边防，这并不合时宜。所以，命令参领那木等驻守在相度附近，“并询问众兵，并言唯兴安山岭之阳”[②]，鄂木博齐、雅尔和鼐等处，地势平坦宽广，水草肥美。既可以屯兵驻守，又适合耕种土地。如果迁来此地居住的话，则每年往呼伦贝尔更番驻防的事就变得方便了。另外，驻防呼伦贝尔的 2 000 兵丁，已经调拨前赴军营，此地仅剩下 1 000 兵丁驻防。不方便转去其他地方驻防，所以，请求将这 3 000 兵丁的妻子，全部迁移搭配鄂木博齐等处，让她们在此地居住耕种。命令总管一员，率领 1 000 兵丁，到呼伦贝尔防守。赶赴军营的 2 000 兵丁撤退时，仍然令他们更代驻防。乾隆皇帝允许了额尔图的奏请，著仍派塞楞额总管。[③]此外，三年（1738 年）二月，额尔图奏称，在乾隆二年的时候，吏部议准巡查宁古塔的御史苏昌的奏请，添设了船厂以及黑龙江理事通判各一员。经查，黑龙江将军衙门设有理刑司，办理一切刑狱名状，但是并没有专门的人员管理。而所设的理事通判一员，则是专办齐齐哈尔一处旗民控告事件的官员。这里与墨尔根等处的距离很远，因此，鞭长莫及。请求将黑龙江理事通判，改为主事，在将军衙门理刑司内办事。皇帝批准了他的请求，立即将通判改为主事的指示发送到所奏请的将军衙门衙署。“于各属钱粮，有咨部销算征收核除之责，且设有银库。”[④]因此需要专员管理，请求补放银库员外郎一员、笔帖式二员。然而，经查，奉天黑龙江船厂等处，将军衙门之

① 《清实录·高宗实录》卷 224，998 页，北京，中华书局，1985。
②③ 《清实录·高宗实录》卷 45，978 页，北京，中华书局，1985。
④ 《清实录·高宗实录》卷 63，27 页，北京，中华书局，1985。

内。向来没有额外设员外郎之惯例。所以，应照船厂主事之先例。添设主事一员、笔帖式二员，让他们专管销算钱粮事务。八月，乾隆帝在乾清门听政，兵部议覆曰："黑龙江将军额尔图疏言，呼兰驻兵五百名，伊等喜丧之事，亦应照例赏给。前因各处息银不敷。是以停止。"然而，今齐齐哈尔、墨尔根二城的情况有所变化，在这里所收取的利银，已经完全可以做到自给自足并且还有盈余。因此，请求从今年（1737 年）的秋季开始，在齐齐哈尔所借放的银两之内，酌情扣除 3 000 两；在墨尔根所借放的银两之内，酌情扣除 2 000 两，将总计 5 000 两的银子，用于呼兰的借放赏给之用。如果黑龙江辖区内还有没有分配到银两的人，那么就请等候，在齐齐哈尔等处分发过后，如果再有剩余的银两，就拿去补行赏给其他地方的官员。前任黑龙江将军卓尔海奏请，移用了存贮办公银二万两，按照惯例应该在黑龙江未给人等赏完之日，分季扣补。因此请求："至原赏生息银八万两。请借放齐齐哈尔三万五千两。黑龙江二万五千两。墨尔根一万五千两。呼兰五千两。每年所获利银。照例赏给。有余给与不敷地方。应如所请。"①乾隆皇帝答应了他的请求。闰九月，总理事务王大臣，议准黑龙江将军额尔图奏："查御史福海，前请整理屯庄一案，须择实有地亩，力能耕种。若无牛具之人。始可借给银两。"②因此，应该按照议准的标准来执行，命令由盛京户部，领银二万五千两，分别贮齐齐哈尔一万两、黑龙江七千两、墨尔根五千两、呼兰三千两，饬各该管官。查明无牛和农具的兵丁，可以酌情借给其农具和耕牛。如果是孤身一人的兵丁，那么就命令与其同族或者同居的人，让他们一起耕种。并且借给他们一半的耕牛、农具和银两。其他另户和闲散人等，也允许他们指定的弟、兄或者族人来俸饷借领。全部都需要在四年之内，还清所有借出的钱物，这样，就可以获得免除其加息的待遇。总理事务王大臣得到皇帝的谕旨，允许依照将军额尔图的奏请实行。

三年（1738 年）三月，黑龙江将军额尔图上奏称，盛京有一批商人需

① 《清实录·高宗实录》卷 49，835 页，北京，中华书局，1985。
② 《清实录·高宗实录》卷 52，881 页，北京，中华书局，1985。

要置买农器和铁货，请求朝廷发给这些商人印票，并且，在置买农器和铁货之后，将他们的印票上呈盛京兵部核查，在核准之后，换给他们文票。然后需要将这些商人送往黑龙江将军衙门进行查核。并且，对于这些商人，不准他们在别处边门外行走，而是命令他们只能在与齐齐哈尔相近法库边门出入，如果发现没有印票的商人，则应当照律例将他们治罪。另外，蒙古喀尔喀人等，都来到齐齐哈尔城的附近，置买农器铁货。对于这些商人，同样应该呈报给管理他们的札萨克，由札萨克发给他们准许购买的印文，同时严禁进入俄罗斯边界，刑部议覆认为应该像将军额尔图所奏请的那样实行所请，乾隆帝准许了其奏请。[①]三月，黑龙江将军额尔图奏称，请求允许刚刚来到黑龙江将军辖区驻防的兵丁们，就近砍伐阿勒楚喀、拉林河地方树木，以此来搭建房屋或者其他用处。应当命令宁古塔将军和黑龙江将军商定具体的执行方案，到日再议。乾隆帝批复：新派去在呼兰河地方驻守的兵丁，现在已经前往驻地，才刚刚开始奏议建盖房屋的事宜。“此际岂尚皆露处乎？”并且，阿勒楚喀、拉林河等地，与参山相邻近，如果命令兵丁进山砍伐树木，则一定会出现“滋扰”的弊端，因此，黑龙江将军上奏所请之事，实在不合情理。著下旨给黑龙江将军，将新派去在呼兰河地方驻守兵丁所需要居住的房屋，立即就近办妥，按期完成，不得有误。如果必须在阿勒楚喀、拉林河等处砍伐树木，著黑龙江将军，一面与宁古塔将军商议后妥善处理，一面向朝廷上奏。

额尔图在任期间所实行政策对后来的影响很大，四年（1739 年）十月，户部议覆黑龙江将军博第等疏称，在齐齐哈尔等处征收米粮的标准，请求照前任将军额尔图所奏，自乾隆四年起，“俱令停止尖量，照例每石征耗米三升存贮，按年减除，应如所请”[②]。乾隆帝准许了博第的奏请。

额尔图在黑龙江将军任上不能说政绩卓著也可以说其有所建树，正确调任下属，管理黑龙江将军衙门，全心全意为百姓做事，在水灾的时候赈济灾民，并安排春耕等一切事宜。严格管理农器和铁货的买卖，这些都功不可没。然而，在奉天将军的任上可以说是“晚节不保”，被降为西安副都统，责令其在任上

① 《清实录·高宗实录》卷 64，46 页，北京，中华书局，1985。
② 《清实录·高宗实录》卷 120，688 页，北京，中华书局，1985。

效力赎罪。但是最终还是被判绞刑，终被乾隆帝赦免。

（周喜峰）

博 第

博第（？—1761），完颜氏，满洲正蓝旗人。初由护军校拨充怡亲王允祥旗下亲军校、头等侍卫、王府长史。雍正二年（1724 年），擢授镶白旗汉军副都统。三年（1725 年），兼镶黄旗蒙古副都统。四年（1726 年），调正白旗满洲副都统。九年（1731 年），迁镶白旗护军统领。十一年（1733 年），调左翼前锋统领。十二年（1734 年），升任正白旗蒙古都统。十三年（1735 年）十二月，授宁古塔将军。乾隆元年（1736 年）八月，调任奉天将军。三年（1738 年）五月，调任黑龙江将军。八年（1743 年）九月，改调吉林将军。九年（1744 年）三月，改任西安将军。十三年（1748 年），用兵金川，命督理台站事务。十四年（1749 年）三月，召回京，复授正白旗蒙古都统。十七年（1752 年），在散秩大臣上行走。二十六年（1761 年），卒。①

博第在黑龙江将军任上，对黑龙江贸易民人，分旗查管。三年（1738 年）博第等奏称，“从前两次交与齐齐哈尔兵丁及打牲索伦等牧放孳生马匹，并无孳生，而原额转致亏缺。今若将马匹交与呼伦贝尔地方五佐领下巴尔虎兵丁牧放，事属无益，仰请停设牧厂等语”②。九月十七日（10 月 29 日），上谕：“将此行文询问博第等，著另行详议具奏。如果有不便之处，务须将缘由声明具奏。”③“齐齐哈尔、墨尔根、黑龙江三处，自雍正年间前后赏借生息银十万两，以所得利银遇该处官兵等红白事件，一概赏给并未详定章程”。五年（1740 年），博第对此进奏详定章程“请嗣后除四品以上官例不支赏外，其五品以下官员、兵丁、拜唐阿等，红事系本身娶妻、嫁女、娶媳，白事系祖父母、父母、本身妻室，准给赏银，其别事不得混支。又臣等所属笔帖式等，因系文职，例不准支，但该员由兵丁闲散选补者居多，请嗣后有品级者照领催前锋例支给，

①《清国史》（嘉业堂钞本）第八册，874 页，北京，中华书局，1993。
②③《清实录·高宗实录》卷 77，211 ～ 212 页，北京，中华书局，1985。

无品级者照拜唐阿例支给。又瑚兰地方新驻四十个官屯交粮壮丁，向未准给赏银，但与齐齐哈尔等处官屯壮丁一体交粮，请嗣后亦准支给。又兵丁、拜唐阿等，其人力娶妻者，既准支领赏银，至贫无产业并不能聘定者，请俟利银充足后，查明人数赏给等语”。十二月二十一日（1741 年 2 月 6 日）兵部议覆："均应如所请行。帝曰：从之。"[①]七年三月十一日（1742 年 4 月 15 日），"兵部议覆：议政大臣和硕裕亲王广禄等会议，黑龙江将军博第等奏称，黑龙江城内贸易民人，应分隶八旗查辖。初至询明居址，令五人互结注册，贸易毕促回，病故回籍除名。该管官月报，如犯法将该管官查议。其久住有室及非贸易者，分别注册，回者给票，不能则量给限期。嗣后凡贸易人娶旗女、家人女、典买旗屋、私垦租种旗地及散处城外村庄者并禁。再凡由奉天船厂等处，及出喜峰口、古北口、前往黑龙江贸易者，俱呈地方官给票，至边口关口查验，方准前往；至黑龙江索伦等，交纳官貂外，余俱钤给听卖，未钤者买卖均罪。买者呈验，将数目及进何口之处注票，至口查对。得旨：回原籍之民人，著勒限三年。余依议"[②]。这是博第针对黑龙江城内贸易民人问题的管理办法。总的说来，他的管理办法是比较严格的，贸易民人"娶旗女、家人女、典买旗屋、私垦租种旗地及散处城外村庄者并禁"，出入都要检查。朝廷对他的办法也比较慎重，先经过议政王大臣会议讨论，然后兵部再议，最后由乾隆帝定夺。其结果是博第的意见大部分通过。七年（1742 年）博第报称，"俄罗斯人越境斫柴，并无打牲（指狩猎、打鱼）游牧行踪"。乾隆帝对此情况高度重视，于八月三十日（9 月 28 日）降旨："与俄罗斯国分定边界，关系甚属紧要。博第等应派材能官员，慎重其事，注意巡察。看来伊等平时但草率塞责，并未实心任事。若果慎重其事，实力巡察，近日俄罗斯伯尔兑之人，何得越界行走。此皆明系伊等怠玩所致。该将军著行文饬行。嗣后务须实力任事，竭力巡察，不得仍前怠玩塞责。"[③]对此，乾隆帝认为博第没有尽责，命令他以后必须实力任事，不可怠玩塞责。七年（1742 年）十月，黑龙江将军博第、呼伦贝尔副都统玛尔拜等奏，请将呼伦贝尔地方之喀尔喀巴尔虎官兵，仍留驻劄。十

---

① 《清实录·高宗实录》卷 133，933 页，北京，中华书局，1985。
② 《清实录·高宗实录》卷 162，43 页，北京，中华书局，1985。
③ 《清实录·高宗实录》卷 173，221 页，北京，中华书局，1985。

月十九日（11 月 15 日），大学士等遵旨议奏，“驻台用官兵六百余名，为数较多，请将防边兵核减足用，除呼伦贝尔旧索伦、达呼尔一千余名外，仍需新巴尔虎兵若干之处，交博第、玛尔拜等公同核议，酌定额缺”。乾隆帝曰：“从之。”[①]八年（1743 年）三月，博第疏称，“宁古塔将军鄂弥达，先以齐齐哈尔地方上年歉收，奏请将吉林等处官庄并八旗义仓粮石，拨运粜济”。户部会议认为，“齐齐哈尔兵丁口粮，已于公仓粮石拨给。本年春作不敷籽种，并有备存粮石可支，毋须转粟平粜，请停拨运。”乾隆帝同意户部意见。[②]八年（1743 年）闰四月，博第等奏：“本属食俸官员，例入军政。其不食俸之打牲索伦、达呼尔等处官员，亦已奏明，与食俸者同入军政。唯驻劄呼伦贝尔之厄鲁特、巴尔呼等官，乾隆二年军政之期，前任将军未经奏入。请嗣后凡遇军政之年，将此项官员，一体入于军政。”江省军政（按：对武官的定期考核称为军政）存在一些缺漏，主要是不食俸等处官员和驻扎呼伦贝尔之厄鲁特、巴尔呼等官还没有归入其中。博第奏明应把这些官员一体纳入军政之中，进而完善江省武官的考核。乾隆帝对其大为赞赏，批复：“好”。[③]

黑龙江将军博第是历任雍正、乾隆两朝的大臣。其在黑龙江将军任上，在贸易民人问题、官兵生息银章程制定、军政等事务方面都尽职尽责处理，多数意见被皇帝采纳允许，是一位有水平的官员。在江省一些制度完善方面，博第作出了贡献。

（臧廷秋）

布尔沙

布尔沙，亦称卜尔沙、博尔沙，生卒年不详，莫尔哲勒姓，黑龙江城人。雍正中，以协领从征准噶尔，荐保副都统。十年（1732 年）二月，随靖边大将军锡保，征科布多，授副都统职衔。后因功召询胜副都统、护军统领。十一年（1733 年）七月，授齐齐哈尔副都统。十二年（1734 年），奉命统黑龙江兵，分

---

① 《清实录・高宗实录》卷 177，274 ～ 275 页，北京，中华书局，1985。
② 《清实录・高宗实录》卷 186，399 页，北京，中华书局，1985。
③ 《清实录・高宗实录》卷 191，458 页，北京，中华书局，1985。

扼布尔噶雅、铿格尔以慑寇。乾隆八年（1743年）九月，署理黑龙江将军。十年（1745年）四月，调墨尔根副都统。十一年（1746年）十二月，休致。

乾隆八年九月初八(1743年10月24日),“吉林将军员缺，著(黑龙江将军)博第调补，黑龙江将军员缺，著傅森调补……吉林、黑龙江两处印、钥，现系副都统署理”[①],“布尔沙从雍正十一年七月至乾隆十年四月，任齐齐哈尔副都统”[②],这说明黑龙江将军印务由副都统署理是指布尔沙署理。九年四月初三（1744年5月14日)，傅森到任奏事，布尔沙完成了署理黑龙江将军的使命。布尔沙在短暂的署理黑龙江将军期间，史料记载做了两件事。布尔沙任齐齐哈尔城副都统多年，了解齐齐哈尔城各族旗民的生产生活实际情况，先后向清廷上奏,要求减灾赈灾,减免税赋。十一月二十三日(1744年1月7日),“户部议覆：前署黑龙江将军布尔沙等奏称，黑龙江地方，夏初被旱，禾苗已不能畅茂，七月内又遇霜灾，兵丁、水手、拜唐阿等地亩，唯初犁所种，尚有一半成熟。随令上紧刈获，末犁所种，则皆未熟被霜。所得粮石。以各户口节省计算，除足敷食用一千二百一十三户外，其次年不敷口粮，请借仓粮散给”[③]。布尔沙的奏请得到了乾隆帝的批准，“从之”[④]。九年四月初九（1744年5月20日)，“户部议准：署黑龙江将军布尔沙疏称，官庄被旱。应补交粗粮四千五百石。细粮二千二十二石。俱请免”[⑤]。也得到了乾隆帝的许可，“从之”[⑥]。

布尔沙所做的第二件事就是在对齐齐哈尔水师营兵丁的选用上，根据自愿的原则，将熟悉业务的流人，继续留下来。五月二十九日（7月3日),“刑部议奏：署黑龙江将军布尔沙等疏称，齐齐哈尔等处水师营内，除三藩人外，俱系发遣人犯子孙，现在额设水手六百八十八名，帮丁一百二十二名内，情愿携骸回籍之水手，二百三十五名，帮丁八十九名。若将伊等不时改换顶补，令其回籍，则新到之人，俱无产业，且不谙修船水战事务。查该处水手、帮丁共八百十名，情愿回籍者，仅二百八十余人。前臣部办理各省五次缓决人

①《清实录·高宗实录》卷200,568页,北京,中华书局,1985。
② 魏毓兰:《龙城旧闻》卷2,51页,黑龙江人民出版社,1986。
③④《清实录·高宗实录》卷205,639页,北京,中华书局,1985。
⑤⑥《清实录·高宗实录》卷214,747页,北京,中华书局,1985。

犯。拟以外遣，并现令陆续发遣者，尽可充足人数。且到配者，既得差使，便可食粮，不必虑其无业，若以新到不谙船务，则该营现有不愿回籍四百余人，可令教习，倘教习需时，差使不便空悬，何难俟顶补有人之日，再令回籍。从之”[①]。布尔沙此举，既善待了流人，又解决了水师营的兵源问题，得到了乾隆帝的认可。

（孙文政）

傅森

傅森（？—1767），亦名富森，爱新觉罗氏，满洲镶红旗人。爱新觉罗•岳塞布之子。雍正三年（1725 年）正月，以一等侍卫，升正白旗蒙古副都统；四月，为杭州左翼汉军副都统。十二年(1723 年)十月，擢升杭州将军。乾隆八年(1743 年）九月，调任黑龙江将军。十四年（1749 年）四月，调任西安将军。十六年（1751 年）九月，改任吉林将军。二十二年（1757 年）正月，调兵部尚书；二月，调吏部尚书；八月，署吉林将军，旋任镶白旗蒙古都统。二十四年（1759 年）六月，丁母忧。二十六年（1761 年）正月，署左都御史。三十年（1765 年）十一月，为吏部尚书；十二月，任领侍卫内大臣。三十二年（1767 年）七月，卒。祭葬如例。谥“恪慎”。[②]

乾隆八年九月初八（1743 年 10 月 24 日），“吉林将军员缺，著（黑龙江将军）博第调补，黑龙江将军员缺，著傅森调补……吉林、黑龙江两处印、钥，现系副都统署理”[③]。傅森时任杭州将军，从杭州到黑龙江路途遥远，一时不能到任，将军印务由齐齐哈尔副都统布尔沙署理。傅森于第二年春天到任奏事，到任后看到黑龙江军政管理混乱的局面，针对黑龙江官兵的器械管理凌乱，进行了详细的调查。九年四月初三（1744 年 5 月 14 日），傅森奏称：“齐齐哈尔、黑龙江、呼伦贝尔等处官员、兵丁，器械理宜整齐，前任将军、副都统等，仅于年终保题，并未据实陈奏。”[④]傅森认为，造成这项工作管理混乱局面的原因是“该地方

① 《清实录・高宗实录》卷 217，800 页，北京，中华书局，1985。
② 《清实录・高宗实录》卷 789，692 页，北京，中华书局，1986。
③ 《清实录・高宗实录》卷 200，568 页，北京，中华书局，1985。
④ 《清实录・高宗实录》卷 214，745 页，北京，中华书局，1985。

官并从前滥行保题之大臣官员，俱有关系”[①]。基于黑龙江各级军政官员这样的一个办事作风，傅森没有照例参奏，采取了先密奏的方式，看乾隆帝是什么态度。乾隆帝看了傅森的密奏后，说：“今年仍具本保题。作为汝意，给限一年。赶紧全备，若再查出，即行参奏。”[②]

乾隆十年五月十二日（1745年6月11日），户部等部议覆：“黑龙江将军傅森等，将礼部会同户部等部，议覆监察御史台柱，条奏黑龙江事宜一案，分晰定议。”[③]监察御史台柱在奏折中提出黑龙江事宜三条建议：其一是“请将呼兰官庄粮石，岁拨一万石，运至黑龙江存贮”[④]。户部等部议时提出疑问，“该地方积贮，是否丰足？别城船只调往，是否便利？”让黑龙江将军傅森据实调查后，再研究确定。傅森经过调查说：“黑龙江仓内，现存米一万余石，细粮四万余石，足支二年有余。若拨船运送，徒费兵力钱粮。”[⑤]傅森还特别强调了“呼兰地土肥沃，水路与齐齐哈尔、黑龙江、墨尔根三城相近，前任将军那苏图等，奏设官庄，存贮粮石，原备济三城之不足”[⑥]。傅森建议“嗣后何城备贮缺少，即以呼兰备存粮，拨本属兵备船运送备贮”[⑦]。其二是“奏生息银两，出借之后，或有死亡事故，其应扣利银，著落子弟坐扣，无子弟，或著落亲族，或于本佐领内坐扣，并请将现在余银，代补无著借项，以免拖累”[⑧]。户部等部议定这项建议时，按照乾隆七年（1942年）宁古塔、船厂所借生息银之例办理，“出借银两按季本利一并坐扣。退故者于子孙名下免利扣本，无子孙者，准予豁免，于库贮赏恤余剩银内抵补”[⑨]。傅森说:“黑龙江四城，利银无几，若照船厂之例，必至不能接续，且遇红白事件，定不敷用。”[⑩]傅森建议：“请将出借银两，愿扣者扣，愿偿者偿，退故者子孙代补，本利俱还，唯无子孙者，始照船厂例办理。”[⑪]其三是“奏黑龙江仓廒，宜建筑堤岸安桩下埽”[⑫]。户部等部议说：“黑龙江原建木城，年久糟朽，该将军请另建，并未将江水冲激，应加桩埽之处议及，应令据实查明。”[⑬]傅森调查后说：“黑龙江城仓围墙俱在高阜，自八丈至二十丈不等，询之老民，皆言建造之初，原系如此，五十

①②《清实录·高宗实录》卷214，745页，北京，中华书局，1985。
③④⑤⑥⑦⑧⑨⑩⑪⑫⑬《清实录·高宗实录》卷240，98～99页，北京，中华书局，1985。

余年，虽遇大水，并无弥漫坍陷，若勉强安桩，恐坏生成自然之形，转至不能经久。”[①]傅森对户部等部议监察御史台柱所提出的三条黑龙江事宜，都提出了自己的观点和处理建议。得到了乾隆帝的认可，“均应如该将军等所奏办理。从之”[②]。六月二十五日（7 月 24 日），刑部等部议覆：黑龙江将军傅森所奏关于齐齐哈尔水师营兵丁选拔录用一折。傅森在奏折中说：“本处水师营内，发遣当差人犯，俱系顺治、康熙年间发宁古塔等处安插之人，后因征俄罗斯，作为鸟枪、水师二项兵出征，凯旋后，编为六个佐领，令入旗披甲，录用官员。唯未入旗分佐领者，并无升路，伊等数世与旗人一体当差，似应一体录用，且皆系无罪之人，原籍并无产业，请留本处当差，酌量录用。”[③]傅森认为，未入旗的水师营佐领，多年来，没有提拔任用的机会，他们几代与旗人一起当差。在选拔任用上，这部分人应与旗人一样。傅森说：“齐齐哈尔、黑龙江、吉林三处，每处添设管辖水手七品官一员协管。呼兰地方运粮水手四十名，并无兼管官员，请设六品官一员管辖。以上四缺，即于水师营人等内拣选等语。”[④]乾隆帝看了奏折后，也认为应当给齐齐哈尔水师营未入旗的佐领有提升的出路，所以同意了傅森的奏请：“应如所请。水手等，准其与旗人一体录用。其添设管辖官员之处，毋庸议。从之。”[⑤]

傅森任职黑龙江将军期间，黑龙江地区多发旱涝灾害。乾隆帝也特别关心黑龙江受灾情况，十年七月十八日（1745 年 8 月 15 日），乾隆帝上谕：“闻齐齐哈尔地方雨泽缺少，近日曾否得雨？如有被旱，田亩作何筹办？所有彼处仓谷及呼兰谷石可否足敷赈给，或运何处米谷接济之处，著将军傅森详悉酌议具奏。”[⑥]傅森得旨后，对黑龙江水旱灾情况进行了详细的调查之后，上奏清廷，要求对齐齐哈尔和黑龙江两个城市进行赈灾救济。十二月初三（12 月 25 日），“户部议准：黑龙江将军傅森等奏称，齐齐哈尔地方被旱，黑龙江地方被水，计禾稼失收户口，齐齐哈尔不敷粮九千五百十九石有奇，请于存公仓粮拨给。黑龙江不敷粮一万二千二十八石有奇，除拨给公仓细粮一千石，不敷粮数，于备存仓粮内，动支借给，俟次年将本处公田及兵丁本身地，耕获粮石补还”[⑦]。乾隆帝得旨后同

①②《清实录·高宗实录》卷 240，98 ～ 99 页，北京，中华书局，1985。
③④⑤《清实录·高宗实录》卷 243，140 页，北京，中华书局，1985。
⑥《清实录·高宗实录》卷 245，161 页，北京，中华书局，1985。
⑦《清实录·高宗实录》卷 254，284 页，北京，中华书局，1985。

意了户部的议准，说："依议速行。"按黑龙江将军傅森所请意见办理。傅森在争取清廷救济的同时，积极发展生产，开展自救。十一年六月二十六日（1746年8月12日），户部议覆：黑龙江将军傅森疏称"呼兰左近温得亨山，地土宽广，水草佳美，可设官庄，请于奉天将军查送愿种地开户人内，能种地之壮丁，每十名设官庄一座，仍归旧官庄领催管辖"①。乾隆帝对傅森以建官庄的形式发展生产组织自救的措施非常认可，"应如所请。从之"②。在以后傅森任职黑龙江将军期间，黑龙江接连发生旱涝灾害。十一年十月十日（1747年11月22日），乾隆帝接到傅森要求接济黑龙江的奏折，傅森在奏折中说："本年五月间，黑龙江地方，因山水陡发，附近旗民人等田亩，俱被水灾。七月间又降严霜，秋收无获，请借给口粮、籽种、料豆，以资接济。"③乾隆帝看后，考虑到黑龙江地方"被灾较重。现在借给之粮。若仍令其补还。伊等未免拮据"④。于是决定"所有此项粮米。著加恩即行赏给"⑤。十月二十一日（12月3日），"户部议复：黑龙江将军傅森等奏称，墨尔根、齐齐哈尔、黑龙江三城，八旗兵丁水手人等，耕种地亩，现查明先后被水被霜情形，所获粮石，不敷食用，请照例于不敷之月起，分别借拨仓粮等语"⑥。傅森的奏请，得到了清廷的同意，"应如所奏，行该将军等，在于公仓，并备存仓粮内，动支拨发，除动用公仓粮毋用补还外，其借动备存仓粮，仍于次年如数补还"⑦。傅森在奏折中还说："博西等八站，站丁地亩被水，收获无多，请按各站坐落地方远近，分别借粜。"⑧傅森这一奏请得到了清廷的认可，"亦应如所奏办理"⑨。傅森说："黑龙江现贮仓粮，止二万二千余石，该处需用甚多，不敷储备，亦准在呼兰仓粮内，动拨一万八千石，运往黑龙江，存贮备用。"⑩关于借给黑龙江受灾八旗官兵口粮的具体数量和归还日期，清廷于十二月初三（1747年1月14日），由户部议准："黑龙江将军傅森疏称，八旗官兵人等，垦种地亩被水歉收，请将十年分借给备存食粮一万一千二十八石零，与本年借给粮二万七千三百二十二石零，均展至丁卯、戊辰两年，补还入仓。"⑪关于对受灾官兵的安置，清廷于十二月初四（1月15日），由户部议准："黑

①②《清实录·高宗实录》卷2269，502页，北京，中华书局，1985。
③④⑤《清实录·高宗实录》卷276，610页，北京，中华书局，1985。
⑥⑦⑧⑨⑩《清实录·高宗实录》卷277，619页，北京，中华书局，1985。
⑪《清实录·高宗实录》卷280，653～655页，北京，中华书局，1985。

龙江将军傅森疏称，黑龙江被水官庄三座，酌移额尔本河开垦，所有盖造兵房，并派兵协垦，及分别年限，交纳钱粮各事宜，均照呼兰添设官庄例办理。”① 为保障黑龙江受灾官屯的下一年生产，清廷于十二月初五（1月16日），由户部议准："黑龙江将军傅森疏称，黑龙江官庄二十四座被水。请将本年收获粮二千四百五十六石零。给作籽种牛料。尚有不敷。将本处备存仓粮借给，免其交纳额粮。"② 户部连续三天议准傅森奏请黑龙江受灾八旗官兵被水受灾事情，都得到了乾隆帝的认可，御批"从之"。十二年二月二十八日（1747年5月7日），户部又议准："黑龙江将军傅森疏称，呼兰地方官庄五十座，内除能满交额粮外，其成灾之八座，共需口粮一千一百十九石，现收获细粮四百十三石八斗八升，尚不敷粮七百五石一斗二升，请于本处备存仓粮内动支借给，次年秋收，催还入仓。"③ 乾隆帝御批"从之"。十三年十一月十一日（1748年12月30日），内阁大学士等议准黑龙江将军傅森奏："齐齐哈尔、黑龙江、墨尔根、呼兰等处被灾，计墨尔根、呼兰二处所贮米石，可敷一二年之用，齐齐哈尔一年所用，不敷米二万五千石，黑龙江不敷米五千石。现已动粮价银，委员往吉林采买，每处各五千石，齐齐哈尔尚不敷二万石。请照雍正十年之例，将吉林、伯都讷二处存仓米谷，用吉林运粮大船，拨送二万石，交齐齐哈尔存贮备用。"④ 乾隆帝得奏后，同意了傅森奏请从吉林、伯都讷两处粮仓调拨二万石粮食，运到齐齐哈尔以补齐齐哈尔库存粮食不足，并谕令"依议速行"。十四年二月十六日（1749年4月2日），户部议准："黑龙江将军傅森疏请，墨尔根官庄十一所，夏旱秋霜成灾田亩，不能满交额粮，免其补交。"⑤ 傅森奏准的墨尔根因夏季干旱和秋季霜冻造成大面积田亩受灾，不能如数缴纳公粮的请求，得到了清廷许可。之后，傅森又疏称，"黑龙江八旗水师营兵丁、闲散人等，所耕田亩，因夏旱秋霜成灾，所有应交乾隆十二年借给粮石，请缓至十四年秋后征收"⑥。二月二十三日（4月9日），傅森这一奏请也得到了清廷的许可。

此外，傅森在任职黑龙江期间，还曾因在写给乾隆帝的奏折中，"将谷叶

①② 《清实录·高宗实录》卷280，653～655页，北京，中华书局，1985。
③ 《清实录·高宗实录》卷285，716页，北京，中华书局，1985。
④ 《清实录·高宗实录》卷328，436页，北京，中华书局，1986。
⑤⑥ 《清实录·高宗实录》卷335，598页、603～604页，北京，中华书局，1986。

生虫清语，两处俱行误写”[①]而遭到乾隆帝严厉批评。傅森吸取这一教训，开始重视满官学教育。十二年十一月二十六日（1747 年 12 月 27 日），吏部议覆："黑龙江等处将军傅森等疏报，年满官学教习一折。”[②]傅森在奏折中说，如果满语考试达不到二等者，“应照例留学，毋庸议叙”[③]；如果满语考试达到一等者，且是本处索伦等项人，不一定非得等以京员候选补用，“应照仓官年满守候武职之例，咨部带领引见，记名后，以本处骁骑校升补”[④]。傅森奏请，以后“黑龙江等处，各学教习年满，列为一等，臣部查明，系由本处挑取笔帖式充补者，俱照仓官年满例办理，如系本处拣选考取翻译，咨送臣部带领引见，补放笔帖式充补者，准与在京各学教习，以小京官选用，如情愿守候武职，亦听”[⑤]。傅森此举，拓宽了满官学学生的升迁之路，也使黑龙江各城各级官员提高了满语水平，推动了黑龙江满官学的发展。这一发展地方教育事业的措施，得到了乾隆帝的肯定。

乾隆十四年三月二十九日（1749 年 5 月 15 日），“西安将军员缺，著黑龙江将军傅森调补”[⑥]，至此，傅森结束了在黑龙江为期六年任职黑龙江将军的政治生涯。傅森任职期间，整顿吏治，发展生产，重视教育，特别在对黑龙江地区连年遭受严重的水旱灾害的情况下，为了保证社会安定，傅森多次向清廷奏请暂缓偿还公粮，并在灾害之年争得清廷对各族人民生产生活的接济。各族人民的基本生活得到了保证，维护了边疆社会的稳定。

（孙文政）

绰尔多

绰尔多（？—1762），亦称绰勒多，舒穆禄氏，满洲正黄旗人。康熙五十七年（1718 年），任理藩院员外郎。雍正九年（1731 年）十月，任正黄旗蒙古副都统，署理藩院侍郎。雍正十年（1732 年）十月，调为镶红旗满洲副都统。雍正十一年（1733 年）四月，在乌里雅苏台筑城屯兵。乾隆四年（1739 年）四月，升任镶红旗蒙古都统。五年（1740 年）三月，补授西安将军。八年（1743

① 《清实录·高宗实录》卷 276，610 页，北京，中华书局，1985。
②③④⑤ 《清实录·高宗实录》卷 303，965 页，北京，中华书局，1985。
⑥ 《清实录·高宗实录》卷 337，646 页，北京，中华书局，1986。

年）十二月，调凉州将军。十四年（1749 年）四月，署西安将军。十七年（1752 年）六月，补授安西提督；十二月，改任黑龙江将军。十九年（1754 年）五月，奉诏回京。二十年（1755 年）五月，署理黑龙江将军；七月，调为荆州将军；十二月，调为凉州将军。二十一年（1756 年）八月，复任黑龙江将军。二十七年（1762 年）八月，卒。"谥质悫。"①

乾隆十七年十二月十二日（1753 年 1 月 15 日），"以安西提督绰尔多，为黑龙江将军"②。十九年五月初四（1754 年 6 月 22 日），奉召回京，这是绰尔多第一次任黑龙江将军。二十年五月二十日（1755 年 6 月 29 日），"其黑龙江将军仍著绰尔多署理"③。绰尔多第二次任黑龙江将军不到两个月，就于七月十五日（8 月 22 日），改"黑龙江将军绰尔多为荆州将军"④。二十一年八月初六（1756 年 8 月 31 日），"黑龙江将军员缺，著绰尔多调补"，这是绰尔多第三次出任黑龙江将军，到二十七年八月二十六日（1762 年 10 月 13 日），将军绰尔多染患痰疾，卒于黑龙江将军任上。前后三次任黑龙江将军，总共任职时间近八年。绰尔多任职黑龙江将军期间，黑龙江、嫩江时常发生洪涝灾害，所以绰尔多屡次奏请清廷为民请愿，要求救济减赋。十九年三月初六（1754 年 3 月 29 日），上谕"黑龙江近年收获浅薄，壮丁等历年借欠谷石，若全行催征，丁力不无拮据，著加恩将乾隆十六年分借出口粮一千四百余石，暂停催征"⑤。二十年（1755 年）绰尔多署理黑龙江将军不到两个月时间，就上奏清廷，要求救济黑龙江因水灾损失的民户，十月十四日（11 月 17 日），清廷根据绰尔多的奏请"赈给黑龙江、齐齐哈尔等城，本年田禾被水霜灾，八旗官兵余丁，官庄、驿站打牲人等口粮"⑥。十二月二十日（1756 年 1 月 21 日），清廷又"赈给索伦、达呼尔本年水灾、霜灾打牲人等口粮有差"⑦。二十一年正月初三（1756 年 2 月 2 日），清廷再次根据绰尔多的奏请，对黑龙江实行赈灾减赋。"据署黑龙江将军绰尔多奏，齐齐哈尔、黑龙江、墨尔根、呼

① 《清实录·高宗实录》卷 672，513 页，北京，中华书局，1986。
② 《清实录·高宗实录》卷 428，600 页，北京，中华书局，1986。
③ 《清实录·高宗实录》卷 489，137 页，北京，中华书局，1986。
④ 《清实录·高宗实录》卷 492，193 页，北京，中华书局，1986。
⑤ 《清实录·高宗实录》卷 458，956 页，北京，中华书局，1986。
⑥ 《清实录·高宗实录》卷 498，271 页，北京，中华书局，1986。
⑦ 《清实录·高宗实录》卷 503，347 页，北京，中华书局，1986。

兰等处，八旗水师营、驿站、官庄人等各年未完粮石，并本年借给口粮，共十五万五千余石，请分年交等语。”①乾隆帝深切轸念，考虑“齐齐哈尔等处，连年被灾歉收，兵力自多拮据，兼之调遣随征，甚为出力”，“著将齐齐哈尔、黑龙江、墨尔根、呼兰等处，节年未完借欠粮石并本年借给口粮十五万五千余石，俱加恩，免其完纳，以示优恤”②。闰九月十五日（11 月 7 日），户部又议准：“黑龙江将军绰尔多奏称，黑龙江地方田禾被水之七百七十户，共需口粮一万一千七百七十八石八斗零。籽种粮，二千八百二十六石零，动支借给。从之。”③绰尔多向清廷奏请的赈灾计划得到了清廷批准之后，于十月十八日（12 月 9 日），上奏“请将呼兰地方，备贮米谷三千七十五石，于明岁冰融后，运送黑龙江”④，以备赈灾之用。二十四年九月二十四日（1759 年 11 月 13 日），清廷根据黑龙江将军绰尔多奏，“本年墨尔根、呼兰两地收成歉薄，民食不敷”，同意绰尔多所请，将“呼兰粮仓共储米六万石有余，陆续运往各地支用。”⑤寄信给绰尔多说：“此项存贮谷石，年来动用若干，有无续行增贮。”⑥让绰尔多查明“墨尔根、呼兰两处乏食人等，是否足敷接济”⑦。二十五年二月二十六日（1760 年 4 月 11 日），清廷又根据绰尔多的奏请，决定“缓征黑龙江、齐齐哈尔、墨尔根乾隆二十四年旱灾兵民未完额赋”⑧。八月二十一日（9 月 29 日），军机大臣等议奏：“据副都统瑚尔起奏称，呼伦贝尔地方，连年亢旱，牲畜亏损，兵丁生计萧条，游牧处水泉甚多，请于新降之塔哩雅沁回人内，约派百余名前往，指点兵丁、引水灌田。”⑨清廷同意了瑚尔起这一要求，让绰尔多负责查明情况，上奏再议。绰尔多根据实际情况，上奏要求“陕甘总督拣派一百名，约五六人给车一辆，送往呼伦贝尔，教导灌田”⑩。同时提出“请官给住房，并派齐齐哈尔熟悉农事之领催，赏给七品顶戴，按月支给盐菜银两”⑪，让他们专门管理灌田事务，五年期满后补用为骁骑校。并请求清廷“拨给农具耕牛，每名令领籽种二石。未收获前，准以齐齐哈尔存仓米石内，借支口粮。俟二年后归还”⑫。建议所携带的家眷，“先暂留齐齐哈尔，

①②《清实录·高宗实录》卷 504，357 页，北京，中华书局，1986。
③《清实录·高宗实录》卷 522，586 页，北京，中华书局，1986。
④《清实录·高宗实录》卷 525，613 页，北京，中华书局，1986。
⑤⑥⑦《清实录·高宗实录》卷 597，659 页，北京，中华书局，1986。
⑧《清实录·高宗实录》卷 607，818 页，北京，中华书局，1986。
⑨⑩《清实录·高宗实录》卷 619，961～962 页，北京，中华书局，1986。
⑪⑫《清实录·高宗实录》卷 626，1032 页，北京，中华书局，1986。

支给口粮，俟秋获后陆续遣往”①。绰尔多上奏的这些建议都被清廷采纳，十二月初七（1761年1月11日），军机大臣议准，“亦应如所请。从之”②。绰尔多根据灾情，多次上奏清廷赈灾减赋，积极采取生产自救，使黑龙江各族人民在灾害之年有了生活保障，维护了当地的社会稳定。

绰尔多任职黑龙江将军期间，中俄关系虽然比较融洽，但沙俄时刻觊觎中国，还时常入境侵扰。绰尔多保持着高度警惕性，时刻防范沙俄入侵。在处理中俄交涉事务上，坚持原则立场。二十二年八月初一（1757年9月13日），“谕军机大臣等：俄罗斯驿递来人。在理藩院呈递萨纳特衙门文书。内称，伊国东北边界居人被灾，现造船挽运口粮，必由东路尼布楚地方阴葛达河、额尔衮河及黑龙江行走。求勿拦阻等语。初与俄罗斯议定十一条，并无逾界遣人运送什物一项，已交该院行文饬驳矣。但外夷不识事体，或以已在理藩院呈递文书，遂不俟回文，即向台站人等求其放过”③。将军绰尔多知道此事后，“即令台站官员晓谕伊等云，尔萨纳特衙门。虽已行文理藩院，我等并未接准理藩院文书，岂敢据尔一面之词，私放入境？假令我等口称曾行文尔萨纳特衙门，即欲进尔边界行走，尔等信乎”④。绰尔多命令台站官“务须加意防守卡座，勿令私过，倘不听阻止，恃强前行。即酌派官兵擒拏。照私越边界办理”⑤。绰尔多针对沙俄这种行径，上奏清廷，要求加强边防。二十三年正月二十日（1758年2月27日），“黑龙江将军绰尔多奏：前议俄罗斯边界，添设卡座防范，经咨商喀尔喀亲王。据覆，酌于车臣汗部落三十三卡适中分驻，托索克内十七卡，派土谢图汗部落兵安设。托索克外十六卡，派索伦、巴尔虎兵安设”⑥。清廷同意了绰尔多巩固边防的措施，上谕“应如所请，分兵驻卡。仍令彼此委员巡查，日一会哨，对换执照。从之”⑦。十一月初一（12月1日），军机大臣议奏：“据将军绰尔多等奏称，俄罗斯奈玛尔三十人。偷盗索伦、巴尔虎游牧马驼，官兵追至额尔古纳河，以贼已渡河，入俄罗斯境，即行转回。请饬理藩院，咨行俄罗斯萨纳特衙门办理。”上谕“著照所请。著传谕绰尔多等，嗣后追缉贼匪，均酌量办理”⑧。二十六

① 《清实录·高宗实录》卷619，961～962页，北京，中华书局，1986。
② 《清实录·高宗实录》卷626，1032页，北京，中华书局，1986。
③④⑤ 《清实录·高宗实录》卷544，905～906页，北京，中华书局，1986。
⑥⑦ 《清实录·高宗实录》卷555，17～18页，北京，中华书局，1986。
⑧ 《清实录·高宗实录》卷574，293页，北京，中华书局，1986。

年七月十九日（1761 年 8 月 18 日），黑龙江将军绰尔多根据俄罗斯人经常入境偷盗的现象，再次上奏，在“索伦、巴尔虎、呼伦贝尔地方，展设卡十六处，除令巴图鲁和绍等，分驻六卡外，余十卡，请将西四卡，令附近之车臣汗部落派人居住。东六卡，令索伦、巴尔虎等官兵居住。从之”①。卡伦的设立，有效地遏制了俄罗斯盗贼入境侵扰。

绰尔多在黑龙江将军任上，尽职尽责，呕心沥血地工作。二十七年八月二十六日（1762 年 10 月 13 日），卒于黑龙江将军任上。十一月十四日（12 月 28 日），乾隆帝为其题碑说：“成劳已著于旗。常纪绩贞珉，令誉斯垂于琬琰，沛易名之旷典。”②绰尔多得灵归黑水，身膺节钺之殊荣。这样的评价，在黑龙江将军中是仅有的。

（孙文政）

达　色

达色（？—1769），曾任镶红旗护军参领。雍正七年（1729 年）七月，署镶红旗满洲副都统。九年（1731 年）十二月，升任西安右翼满洲副都统。七年（1742 年），缘事调京候旨，被贬为凤凰城守尉。十六年（1751 年）五月，任盛京右翼副都统。十七年（1752 年）正月，任齐齐哈尔副都统。二十年（1756 年）七月，擢升黑龙江将军，十二月赴任。二十一年（1757 年），补授正红旗蒙古都统，十二月，调任青州将军。二十四年（1760 年）正月，调为宁夏将军。三十年（1766 年）十一月，调任正蓝旗蒙古都统，并署正白旗领侍卫内大臣。三十三年（1769 年）九月，卒。三十四年（1770 年）十月，乾隆帝下诏“予故领侍卫内大臣达色，祭葬如例”③。

乾隆十九年（1754 年）四月，乾隆帝巡幸吉林，齐齐哈尔副都统达色奏请接驾。乾隆帝考虑到此时准噶尔部策零等前来归降，目前最为紧要的事情是防秋，遂没有批准达色的奏请。令其在索伦部中调出 1 000 名兵丁，择日亲

① 《清实录·高宗实录》卷 641，156 页，北京，中华书局，1986。
② 金毓黻：《辽海丛书》（第五册），3045 页，沈阳，辽沈书社，1984。
③ 《清实录·高宗实录》卷 845，323 页，北京，中华书局，1985。

自带往驻防边界的兵营中，加强对边关的防守。五月达色于索伦部内调派1 000兵丁，同时请求带领骁骑校、领催、披甲共16人，“以备统领官兵进发时，往来递送文移等事，照例给与盐菜银两”[①]。不久乾隆皇帝批准了这一请求，又嘱咐说，今年冬天会将数千兵马调往齐齐哈尔处，而此时正白旗右翼前锋统领清保已升为黑龙江将军，希望达色能够协助清保办理一切事宜。

乾隆十九年（1754年）厄鲁特蒙古辉特部台吉阿睦尔撒纳前来归降，乾隆帝希望利用他直捣准噶尔部的根据地伊犁。五月下旨，黑龙江兵丁2 000人务必于第二年二月十五之前来京，跟随4 000京兵启程北去，黑龙江兵派齐齐哈尔副都统达色与索伦总管鄂博什共同带领。乾隆二十年（1755年）春，清军兵分两路进攻伊犁，征伐达瓦齐。攻占伊犁后，阿睦尔撒纳广结党羽，意欲占据准噶尔，欲挟清廷封其为厄鲁特四部总汗。乾隆皇帝察觉其意图之后，便将其召回京，同时给定北将军班第下了一道密诏：如阿睦尔撒纳还未起程进京，令班第将其扣押；如已经启程来京，等到京城之后，“朕当另行办理”[②]。另外，为防范阿睦尔撒纳行至中途与他人勾结生事，乾隆帝下旨以照管乌里雅苏台市集为由，派达色带领1 000人驻守。因达色在齐齐哈尔副都统任上表现出色，乾隆二十年(1755年)七月被升为黑龙江将军。此时达色仍在伊犁地方，带领500索伦兵于八月中旬抵达乌里雅苏台。直至十二月，北路军营没有发生大事，才启程回齐齐哈尔赴黑龙江将军任。

达色历经雍正、乾隆两朝，为朝廷效力40余年，每日无不是尽心尽力办理国事，致力于黑龙江地方的开发与建设。晚年时还被乾隆帝特许在紫禁城内骑马，在清代官员中，虽没有流芳千古，但也可说是名垂史册。

（周喜峰）

国多欢

国多欢，亦作果多欢、郭多欢，生卒年不详，满洲镶红旗人。初为三等侍卫，

① 《清实录·高宗实录》卷465，1017页，北京，中华书局，1985。
② 《清实录·高宗实录》卷491，1179页，北京，中华书局，1985。

乾隆二十一年（1756年）十月，擢任拉林副都统。二十七年（1762年）八月，实授黑龙江将军。二十八年（1763年）十二月，因患耳疾，卸任赴京调治。二十九年（1764年）二月，著在散秩大臣行走。以后不详。

乾隆二十七年八月二十六日（1762年10月13日），黑龙江将军绰尔多染痰疾而死，清廷决定“所遗黑龙江将军员缺，著国多欢补授”[①]。国多欢是武职大臣，重视军队建设，到任后所奏第一件事就是加强军队建设。二十七年十二月十二日（1763年1月25日），军机大臣等议覆：“黑龙江将军国多欢奏称，打牲乌拉兵丁，应给孳生马匹，须按其人数多寡、地方相宜之处，分别办理。索伦请给骟马一千匹、儿骒马一千匹；呼伦贝尔给骟马一千匹、儿骒马一千匹；齐齐哈尔、黑龙江、墨尔根、呼兰等四处，给骟马一千匹、儿骒马一千五百匹等语。”[②]军机大臣同意了国多欢的奏请，“应如所请。交（察哈尔都统）巴尔品分等定价，行文该管副都统，派兵往牧厂领取，至此项马价，限三年于兵丁钱粮内扣完”。乾隆帝同意了这一奏请，“从之”。国多欢还特别体贴官兵的生活困苦，关心其生产生活，上奏请求给予生活补助。二十八年正月二十九日（1763年3月13日），军机大臣等议覆：“黑龙江将军国多欢奏称，索伦兵向无跟役，应准挈眷、赏项，照上年派往伊犁之察哈尔官兵例，每户给整装银三十两，驼一只折银十八两，人给马一匹，帐房锣锅折银六两。起程时裹带两月口粮，每丁月给盐菜银一两五钱，俟办给孳生牲只日停，再各赏银十两，置办军器。”[③]这一建议也得到了乾隆帝的认可，“从之”。

国多欢在任期间，特别重视对边防的管理，对前任驻扎呼伦贝尔副都统职衔玛尔拜、总管巴图，在处理俄罗斯贼匪持械窜入索伦游牧地，戕害劫掳之“布勒绷额”事件，不及时办理，也不上报将军衙门，造成俄罗斯借口抵赖一事，上奏清廷，要求对直接责任人进行严惩。乾隆帝看了奏折后，认为“当时若将此呈报该部及将军衙门具奏，相机办理，行文萨纳特衙门，一切均可早结”[④]。九月二十四日（10月30日），乾隆帝上谕，对“伊等并不具奏，又不呈报将军，专擅办理，甚属非是，理应查明治罪”[⑤]。并传谕国多欢，以后“俄罗斯人等，再有此等事，应奏者即行具奏，应随时办结者，即按其情形，办理具奏；其

①《清实录·高宗实录》卷669，479页，北京，中华书局，1986。
②《清实录·高宗实录》卷676，565页，北京，中华书局，1986。
③《清实录·高宗实录》卷679，601页，北京，中华书局，1986。
④⑤《清实录·高宗实录》卷695，787～788页，北京，中华书局，1986。

应行报部者，即行呈报存案。仍晓谕边境副都统官员等，如遇此等事，必须呈报将军裁夺，不得仍前，肆意专擅”①。清廷针对这一事件所采取的措施，对边境城市各级大小官员加强边境管理起到了警示教育作用。十二月十三日（1764 年 1 月 15 日），“国多欢因两耳重听”②，被清廷召回京，治病调养。

国多欢到黑龙江任职之时，刚到将军府中，就问府中工作人员“邸中器具是前任所遗，抑有司备办？”③府中工作人员说是商贩给的，国多欢命令将军府中工作人员，悉数归还给商贩。有一天，国多欢发现窗竿非常好，问多少钱，回答说没花钱，国多欢说“然则匠人布施乎？”④于是让人将匠人招来，问明价格，按市场上商品的价格，付了钱，不让商贩白受累。国多欢在黑龙江任职虽然只有一年多，却留下了廉洁奉公、两袖清风的美名。

（孙文政）

富僧阿

富僧阿（？—1775），舒穆禄氏，满洲正黄旗人。雍正初年，富僧阿授拜唐阿（满语，意为执事人）。雍正九年（1731 年），补蓝翎侍卫。十三年（1735 年），为三等侍卫。乾隆八年（1743 年），升二等侍卫。九年（1744 年）七月，充侍卫章京；十二月，充侍卫印务章京。十年（1745 年）三月，升为头等侍卫，后补副都统。十八年（1753 年）五月，以“不胜副都统之职”⑤为由，降为二等侍卫；十二月，补侍卫章京。十九年(1754 年)，授成都副都统。二十三年(1758 年)，调三姓副都统。二十四年(1759 年)，调任宁古塔副都统。二十八年(1763 年)正月，升任荆州将军；十二月，调任黑龙江将军。三十三年（1768 年）九月，任西安将军。四十年（1775 年）三月，卒。赐祭葬。

乾隆二十九年（1764 年）十一月，富僧阿奏称，发到黑龙江给与旗人为奴的人犯所有随带妻子，在部文内只是将本犯赏给兵丁为奴，并没有将妻子

① 《清实录·高宗实录》卷 695，787 ～ 788 页，北京，中华书局，1986。
② 《清实录·高宗实录》卷 700，833 页，北京，中华书局，1986。
③④ 西清：《黑龙江外记》卷 7，72 页，哈尔滨，黑龙江人民出版社，1984。
⑤ 《清国史》（嘉业堂钞本），卷 139，960 页，北京，中华书局，1993。

和家眷等一并为奴字样。所以，并没有将妻子办理为奴。只是让她们另择他处度日。由此导致了这些人并没有管束养育之人的现象。这样不但容易致其为匪，而且也牵连到人犯各在主家不能够安心服役。所以请求凡是被发配到此地的人，连同妻子一起给兵丁为奴，可以严加管束，不至于滋生事端。乾隆帝批准了这一奏折，“著依照富僧阿所奏，除将发配为奴之人的妻子，一并给与原赏之人为奴外，以后凡是被发遣为家奴的人，如有妻子一并送被发遣的情况，都要一并赏给兵丁为奴”①。

中俄《尼布楚条约》签订后，为了维护边境安全，清廷曾决定定期派出官员进行“巡边”。这一制度开始执行较严，效果也很好。但后来，因历时过久，这一制度被逐渐废弛。富僧阿到任后，从乾隆二十九年（1764年）夏，开始派遣黑龙江副都统瑚尔起及协领纳林布、伟保、阿迪木保等人率部巡边。三十年七月十九日（1765年8月5日），黑龙江将军富僧阿等奏，据往探格尔毕齐河源之副都统瑚尔起禀称，“自黑龙江至格尔毕齐河口，水程一千六百九十里，其间无人迹。三年亦至兴堪山（今外兴安岭）巡察还报：岁终报部”②。上奏得到了乾隆帝的允许。由此可见，这次巡边的行程，分探诸水源后，会聚于兴堪山。他们几乎走遍了黑龙江沿线的全部水路。在此次巡边过程中，记录了边界的里程，还在应该设卡的地方添设边卡。富僧阿提出，应该严格巡边制度，定时呈报。他的这一系列重整“巡边”制度的措施，对于维护边防安全起到了重要的作用，并对后来巡边制度的发展产生了深远影响。

乾隆三十一年（1766年）五月，富僧阿奏请将其所审讯的逃走的发遣贼犯扎兰泰、张子英押送至刑部议处。并且通过驿驰上奏。富僧阿这样的行为，被乾隆帝斥责为甚属糊涂，说：“伊折由驿递到。朕以为必系要务。及至启阅乃不过将逃人解送刑部之事。何至由驿具奏。”③

乾隆三十二年（1767年）十月，富僧阿奏称，俄罗斯人狡黠不可深信。所以，请求在恰克图停止贸易。并且以后的巡边兵丁，均不准带货与俄罗斯

① 《清实录·高宗实录》卷722，1046页，北京，中华书局，1986。
② 《清实录·高宗实录》卷743，175页，北京，中华书局，1986。
③ 《清实录·高宗实录》卷761，373页，北京，中华书局，1986。

交易。之前黑龙江沿岸原本没有贸易之事，偶然为之，也只不过是卡座人等交易零星物件。如果概行禁止，既对内地无益，并且还会使得俄罗斯生得疑虑。乾隆帝传谕富僧阿，如果有奸诈狡猾的人，在知道恰克图（今俄罗斯境内）已停贸易的情况下，还多带货物来黑龙江贸易的，自当严惩。若卡座人等，照旧与俄罗斯交易零星物件，不必禁止。

乾隆三十三年（1768 年）正月，乾隆帝下令进剿缅匪，大兵已经深入，如果不能一时间迅速剿灭则一定要暂时撤兵。如果错失时机便要等到秋冬的时候才能再次深入进攻。索伦、达呼尔部的兵丁甚为悍勇善战，并且打仗得力。因此，传谕富僧阿，命令其在索伦达呼尔兵内部，选派一千名精兵。立刻令噶布舒，预备带领，随时候命，乾隆帝便令起程由京前往云南。[①]九月，因为对牢狱监管不力，使得囫囵重地无检束，收禁之犯在监得以任意往来，狱中全无稽查防范，实属情理之外。由此可见，富僧阿在任期间狱规弛懈，如此漫不经心，又能做好什么。因此，在奉天秋审的召册内，判其交刑部严加议处，欲将其降调。然而，皇帝对其另加恩典，只是调其任西安将军。

富僧阿在黑龙江将军任职期间，可谓是兢兢业业，复设了康熙年间的巡边制度，并在边疆地区设卡驻防。做事虽勤恳细心，但有些畏首畏尾，被乾隆帝斥责其行事拘泥。

（金倩倩）

傅 玉

傅玉（？—1798），亦名富德，富察氏，满洲镶黄旗人。一等公李荣保之子。乾隆五年（1740 年），由闲散授蓝翎侍卫，擢升为二等侍卫。十五年（1750 年），擢升前锋侍卫。二十年(1755 年)九月，在领队大臣上行走；十月，授参赞大臣。二十一年（1756 年）正月，革参赞大臣，留副都统职，寻调为郑家庄城守尉；二月开复原职；四月，著来京觐见。二十二年（1757 年）十二月，授为黑龙

① 《清高宗实录》卷 761，373 页，北京，中华书局，1986。

江瑷珲副都统。二十四年（1759 年）二月，授定边右副将军。二十八年（1763 年），赏戴花翎。二十九年（1764 年）正月，调任山海关副都统；七月，调任镶黄旗满洲副都统。三十年（1765 年）四月，授正黄旗护军统领。三十一年（1766 年）五月，管理健锐营事务；六月，调任右翼前锋统领；七月，调任左翼前锋统领，兼镶黄旗满洲副都统。三十三年（1768 年）九月，擢授黑龙江将军。三十五年（1770 年）七月，召回京；八月，改调镶红旗汉军都统；十月，改授荆州将军。三十七年（1772 年）五月，调任江宁将军；六月，复任黑龙江将军。四十四年（1779 年）十二月，调任广州将军。四十五年（1780 年）六月，调任西安将军。四十九年（1784 年）六月，复调任杭州将军，旋为散秩大臣。五十四年（1789 年）五月，授内大臣，兼署正白旗蒙古、镶白旗汉军旗务。五十五年（1790 年）四月，在紫禁城内骑马。五十七年（1792 年）十一月，年迈休致。嘉庆三年（1798 年）正月，卒。

从乾隆三十三年九月二十四日（1768 年 11 月 3 日），“以前锋统领傅玉为黑龙江将军……”[①]到三十五年七月初二（1770 年 8 月 22 日），“谕曰：黑龙江将军傅玉著来京，所遗员缺，著理藩院尚书增海补授”[②]。这是傅玉第一次任职黑龙江将军。傅玉第二次任职黑龙江将军是在三十七年六月十七日（1772 年 7 月 17 日），“增海著调补盛京将军，增海所遗黑龙江将军员缺，著傅玉调补……”[③]，到四十四年十一月初三（1779 年 12 月 10 日），“谕曰：杭州将军富椿，年迈不胜将军之任，著来京候旨，所遗员缺，著加恩将傅玉补授”[④]。傅玉两次任职黑龙江将军总共时间长达八年之多。

傅玉在黑龙江任职时间比较长，乾隆二十二年十二月十日（1758 年 1 月 19 日），“又谕曰：德禄不胜黑龙江副都统之任，著来京，所遗黑龙江副都统员缺，著富德（傅玉）补授……”[⑤]傅玉任职黑龙江副都统期间，前期大多数时间是率领黑龙江兵，远征新疆，由于作战勇敢，屡立战功，被提升为定边右副将军，所以在二十六年（1761 年）回到黑龙江副都统任上时，虽不是黑龙江将军，

---

① 《清实录 · 高宗实录》卷 819，114 页，北京，中华书局，1986。
② 《清实录 · 高宗实录》卷 864，589 页，北京，中华书局，1986。
③ 《清实录 · 高宗实录》卷 911，194 页，北京，中华书局，1986。
④ 《清实录 · 高宗实录》卷 1094，677 页，北京，中华书局，1986。
⑤ 《清实录 · 高宗实录》卷 552，1057 页，北京，中华书局，1986。

但清廷有时也称傅玉为将军，甚至有时称黑龙江将军，此黑龙江将军，不是镇守黑龙江等地方将军，而是对傅玉的一种尊称。

傅玉任职黑龙江副都统期间，特别重视边疆军事人才的培养和选拔。乾隆二十四年闰六月十三日（1759年8月5日），“又谕曰：富德奏称，黑龙江署参领巴贷，在瑚尔起等队内，奋勉出众等语。巴贷著赐号额尔克巴图鲁，赏银一百两”①。二十六年六月二十一日（1761年7月22日），军机大臣等议奏：“据傅玉奏称，查黑龙江水师营内，原设水手领催八名、水手四百一十九名内，年老残废者三分之一。查应挑此项领催水手，额缺之闲散壮丁八十名内，除有年老残废者四十三名外，尚存应挑者三十七名，今若不将应挑壮丁，预先多为筹办，遇有差遣，水手恐有不敷等语。”②军机大臣根据傅玉的奏请，派人调查核实后说：“黑龙江设立战船，即由发遣吉林之罪人子孙内，挑选水手，给以粮饷，按时操演，原为与俄罗斯水路相通，特加防范起见，其船内应用水手，必须挑选强壮之人听用。查乾隆二十四年正月内，将军绰勒多等奏称，黑龙江各该处，原本人数较少，其另记档案等人，皆系生长本地，若将此项人为民，移居他处，则地方之人，尤为加少，且伊等素日，与本地另户人等，一同种地、牧放、捕鱼、打牲，相习日久。请将此项人等，仍附各旗注册，遇有闲散壮丁人少之旗分佐领内，有马甲、拜唐阿缺出，倘不得人，即由此挑选强健者充当。”③军机大臣会议认为，傅玉为了给黑龙江水师营培养后备军事人才，请求“将此项附入旗分佐领之另记档案，及开档之一百四名，于该旗佐领册内开出，附入水师营壮丁档案，俟有水手缺出，挑选强壮者充当”④，乾隆帝同意了傅玉的奏请。二十七年十月二十六日（1762年12月12日），军机大臣等议覆：“黑龙江将军傅玉（按：此时傅玉为黑龙江副都统）奏称，向例黑龙江降调官员，遇应得缺出，咨旗带领引见。但该处各员，俱系由兵丁题补，遇事裁俸，多无力赴京。请嗣后遇应得缺出，即具奏声明，指缺给与半俸，三年无过，带领引见，坐补等语。”⑤军机大臣会议认为“若指缺给与半俸，未免过优，漫无区别，应于此内拣著有

① 《清实录·高宗实录》卷590，562页，北京，中华书局，1986。
②③④ 《清实录·高宗实录》卷639，138页，北京，中华书局，1986。
⑤ 《清实录·高宗实录》卷673，528页，北京，中华书局，1986。

劳绩，材力出众者，与题补之人，一同来京引见，候旨补放”①。乾隆帝降旨说：“黑龙江因公降级人员，遇有应得之缺，该将军即指缺咨京引见，候朕简放，回时给与半俸，三年期满，著再给与全俸。”②傅玉的奏请，虽然没有得到军机大臣和乾隆帝的完全认可，但改变了单独由旗带领入京引见的方式，使黑龙江兵丁多了提拔的机会，为黑龙江地方军事人才的培养开辟了一个通路。

傅玉第一次任职黑龙江将军期间，正值清廷征兵入缅作战。乾隆帝认为黑龙江兵丁作战勇敢，决定在黑龙江征兵。三十四年正月初七（1769 年 2 月 13 日），“谕军机大臣等：著传谕黑龙江将军傅玉，于索伦、达呼尔内，再派年力精壮者一千名，酌量兵数，派协领等官及总管、副总管内，能管辖者一人，陆续带赴京师……其如何拣派？何时起程？该将军速行奏闻”③。傅玉接旨后，按照乾隆帝的要求，续派，“由齐齐哈尔兵内，拣派四百名，黑龙江三百名，墨尔根城二百名，呼兰城一百名，共一千名分二队，每队派协领一员率领”④。其中，“齐齐哈尔、呼兰二城兵五百名，章京六员，骁骑校六员，令协领巴鼐率领，于二月初六日，由齐齐哈尔起程”，其他“黑龙江、墨尔根二城兵五百名，章京六员，骁骑校六员，俟到时即令协领巴岱，率领续发”。⑤

傅玉第二次任职黑龙江将军期间，齐齐哈尔城爆发了蝗灾。乾隆三十八年七月初九（1773 年 8 月 26 日），“谕军机大臣等：傅玉奏称，齐齐哈尔城南第三台等处，生有蝗蝻，伊等带领官兵，已经扑灭，俱未进田地等语”⑥。乾隆帝认为，今年若不极力将蝗虫除灭，“其蝻子遗入地中，来年必至复生，于禾稼大有妨碍”⑦，于是，命令傅玉，在“所有齐齐哈尔附近起蝗之处，务须率领官员兵丁，尽力扑除，其蝻子亦必搜除净尽，不可稍留余孽”⑧。四十二年十二月十八日（1778 年 1 月 16 日），“谕曰：傅玉等奏称，审明派出芟除围场卡座荒草之佐领锡库尔特、桑斋等，并未将草芟除净尽，放火延烧围场，请将锡库尔特等交部严加议处，兵丁等已从重责惩等语”⑨。索约勒济围场，每年秋后草黄时，都派官兵芟除卡座之间草，以防范围场中一旦发生火灾，互相燃烧漫延。佐领锡库尔特、桑斋等

①②《清实录·高宗实录》卷 673，528 页，北京，中华书局，1986。
③④⑤《清实录·高宗实录》卷 826，7 页，北京，中华书局，1986。
⑥⑦⑧《清实录·高宗实录》卷 938，694 页，北京，中华书局，1986。
⑨《清实录·高宗实录》卷 1047，1026 页，北京，中华书局，1986。

带领官兵，不认真除草，投机取巧，放火烧草，导致大火漫延，烧了整个围场。傅玉在处理这件事上，起初奏请“将锡库尔特等竟行革职，定拟枷罪，兵丁等俱严加责惩，以示炯戒”。然而傅玉并没有按照所请办理，“只将兵丁责惩，锡库尔特、桑斋等仅请交部议处”①，乾隆帝认为傅玉对锡库尔特、桑斋等的处理较轻，“甚属糊涂，全不晓事”②。严厉批评训斥了傅玉，将佐领锡库尔特、桑斋等革职，同兵丁一样重责，枷号两个月示众。四十四年五月初七（1779 年 6 月 20 日），“军机大臣等议准：黑龙江将军傅玉等奏，请将拨派发遣人犯，及放出旗奴，另行设立官屯，令其交纳粮石一折”③。傅玉奏称 ：“黑龙江地方，屡经奉谕，禁止流民栖止，除往来贸易者，并无携带家口居住之人，唯节年奉部发遣人犯，及放出旗奴所带子女，渐俱长成，相联姻戚，在各城居住，已有数百名之多。”④对这些流人后代的安排，傅玉奏请“应于齐齐哈尔地方增添官屯数处，领催一名，其余丁口，俱载入各城官屯册内，以备挑补。至所需农器，无庸官为拨给，所用牛具，俱于各城库贮粮价内拨给，初种之年，免其交纳，次年交一半，第三年全交”⑤。傅玉这一建议，得到了乾隆帝的认可。

傅玉在第二次任职黑龙江将军期间，特别重视处理与俄罗斯边界事务。三十八年二月十四日（1773 年 3 月 6 日），“理藩院覆奏：黑龙江将军傅玉奏称，俄罗斯边界去黑龙江甚远，遇有事件，该总管两处通详，恐有掩饰迟误之弊”⑥。理藩院研究确定，以后在处理俄罗斯边界事务上，让黑龙江将军与办理俄罗斯边务官员，共同协商办理。傅玉在奏折中还说：“呼伦贝尔向设卡四十七处，内珠尔特等十二处，一年一换，原为慎守边防起见，恐日久惰生，且与俄罗斯熟习，易滋事端，请将各官兵，挑年力强壮者，分作三班，三月一换，每月仍派总管一员巡察。”⑦乾隆帝看了理藩院的覆奏，说 ：“俱应如所请行。从之。”⑧四十三年六月十七日（1778 年 7 月 10 日），中俄边界发生了巴尔虎马甲吉木丕勒、哈勒章扣偷盗俄罗斯马十一匹案件，清廷将偷盗之人，押赴边界，正法示众，并以一罚十赔给俄罗斯，而俄罗斯却“混称（丢失）十三匹，冒昧

①②《清实录・高宗实录》卷 1047，1026 页，北京，中华书局，1986。
③④⑤《清实录・高宗实录》卷 1082，524 页，北京，中华书局，1986。
⑥⑦⑧《清实录・高宗实录》卷 926，454 页，北京，中华书局，1986。

索取”[①]，所以，在四十四年三月十六日（1779 年 5 月 1 日），“傅玉等奏称，本年齐齐哈尔、黑龙江副都统，派三城官兵，巡查俄罗斯边境，不准带货物，并晓谕官兵，如俄罗斯问时，不必说恰克图停止交易，只言去岁尔处失马十一匹，混称十三匹，冒昧索取，故未带货交易，以辱俄罗斯”[②]。乾隆帝看了傅玉的奏折后说：“所见甚小。恰克图现既停止交易，齐齐哈尔等处自不准带货私易。即俄罗斯询问，宜直告以前因尔俄罗斯，妄自尊大，奏闻大皇帝，停止恰克图交易。”[③]乾隆帝的意思是说，多索要马匹一节，只需捎带说说，如果专门以此为词，显得我们小气，“安能穷诘俄罗斯耶？”[④]八月二十八日（10 月 7 日），“又谕曰：博清额奏，接到傅玉咨参，私放越境俄罗斯之守卡佐领一案”[⑤]。傅玉奏称：“有俄罗斯十七人，执持器械，赶马五十余匹，越入我境，被卡上官兵拿获，讯系贸易之人，并非行劫，竟不报明将军，遂将伊等马匹皮张等物，私留纵放。”[⑥]傅玉奏请将守卡佐领衮布等收受俄罗斯物件，私行释放，请旨治罪。乾隆帝认为傅玉所奏，“革职枷号，不足示惩”，治罪较轻，达不到惩治、警示其他卡伦各级官员的目的。于是命令将因受贿私行释放俄人之佐领衮布等拿至卡上，当着俄罗斯人的面正法，并将傅玉和副都统等交部严加议处。九月初一（10 月 10 日），“将衮布等，押赴卡上，眼同俄罗斯头人，立行正法。仍饬谕该头人，务将越境之俄罗斯尽行查出，拿交卡上，亦眼同我处之人惩治外，并将失于查察之将军、总管，俱从重治罪”[⑦]。乾隆帝认为“边境禁例，向属森严，乃日久怠生，遂至衮布等不肖之徒，藐视王章，恣意妄为，若不及今严行禁饬，将来何所底止？著通谕伊犁、塔尔巴哈台、乌里雅苏台、科布多、库伦等处将军、参赞办事大臣及与外国连境之盛京、吉林、江南、浙江、云南、广东、广西、福建、四川等省将军、督抚等，转行严饬各边卡，及交界地方官。嗣后如有外国人等，私越我境，无论是否贼匪，即行擒拿，有将军、参赞驻扎者，报明将军、参赞，有督抚驻扎者，报明督抚，听候办理。倘敢如衮布等任意贿纵，查出即行正法，若该管之将军、参赞、督抚等，不遵照此旨妥办，亦一并从重治罪”[⑧]。四十四年十二月十二日（1780 年 1 月 18 日），黑龙江将军傅玉，因边界卡伦佐领私放俄罗斯人一案，革职留任调杭州将军。

---

①②③④《清实录·高宗实录》卷 1079，496 页，北京，中华书局，1986。
⑤⑥《清实录·高宗实录》卷 1089，635 ～ 636 页，北京，中华书局，1986。
⑦⑧《清实录·高宗实录》卷 1090，638 ～ 639 页，北京，中华书局，1986。

傅玉任职黑龙江将军八年多时间，对黑龙江经济社会的发展作出了一定的贡献。傅玉关心属下兵丁的成长，以至让乾隆帝认为傅玉偏袒部下，也因此多次遭到乾隆帝的申饬，最终导致革职留任。

（孙文政）

增　海

增海（？—1773），清宗室，满洲正蓝旗人。乾隆五年（1740 年），由闲散授三等侍卫。十七年（1752 年），升二等侍卫。十八年（1753 年），充任侍卫班领。二十二年（1753 年），授吉林副都统兼署伯都讷副都统。二十八年（1763 年）正月，调宁古塔副都统。三十三年（1768 年）三月，擢升广州将军。三十四年（1769 年）正月，调福州将军；十月，调署伊犁将军；十一月，授理藩院尚书。三十五年（1770 年）七月，调任黑龙江将军。三十七年（1772 年）六月，调任盛京将军。三十八年（1773 年）五月，卒。谥勤果。①

乾隆三十五年七月初二（1770 年 8 月 22 日），上谕“黑龙江将军傅玉著来京，所遗员缺，著理藩院尚书增海补授”②。增海到黑龙江将军任职后，采取了一系列积极有效的治理措施。十一月初六（12 月 22 日），增海上奏称：“呼兰地方孟古鲁等山，出产参枝，周围绰罗昂阿等处，向设卡八座，并设官兵巡防，但呼兰河直达产参之大鞍山、小鞍山等处所设卡，与沿河遥远，恐积匪由水路渡河入山。查白杨、布勒扎木、乌敏昂阿等处，俱系要隘，请将原设卡座，移驻白杨，其布勒扎木、乌敏昂阿二处，各添卡一座，仍派妥干员弁，随时躧缉。”③此举对维护该地区社会治安，起到了积极防范作用。三十六年四月初六（1771 年 5 月 19 日），军机大臣等议覆：“黑龙江将军增海等奏称，墨尔根等驿站，额设牛只，请停止每年报销六分之例，准其三分报销。”④军机大臣等根据对黑龙江所属各台站调查到的前后情形，认为“自宜随时调剂。

① 《清国史》（嘉业堂钞本）第七册，725 页，北京，中华书局，1993。
② 《清实录·高宗实录》卷 846，589 页，北京，中华书局，1986。
③ 《清实录·高宗实录》卷 872，698 页，北京，中华书局，1986。
④ 《清实录·高宗实录》卷 882，815 页，北京，中华书局，1986。

应如所请。从之”[①]。增海向皇帝报告此事，必然会损害一些人的利益，虽会招致不满，但增海出于对皇帝和国家的一片忠心，将此事上奏朝廷，这对惩治黑龙江官场腐败，纠正不正之风，起到了一定的积极作用。九月二十一日（10月28日），增海奏称：“所属呼兰之运粮船只，自佐领监管以来，并无贻误，请将管理墨尔根战船之四品官一员裁，即于墨尔根协领内，拣选一员兼管，图记注销。从之。”[②]这是增海精简地方机构的有益尝试，有利于节约政府资源，提高政府工作效率。

增海任职黑龙江将军期间，还发生了黑龙江银库被盗事件。三十六年六月初六（1771年7月17日），“谕：据增海等奏，黑龙江库贮银两被窃，福珠礼系黑龙江分驻之副都统，该处仓库，是伊专司，福珠礼何以并未奏及，转向增海咨报？福珠礼交部严加议处，其被窃银两，即著如数赔补”[③]。乾隆帝认为福珠礼是专门管理银库的司员，为什么不直接上报被盗情况，而转给增海上报。而“增海于接准移咨之时，没有题参福珠礼”[④]，乾隆帝对增海严行申饬。

增海任职内，黑龙江地区按照中原地区自西周时期就已经创建的户籍登记办法，编制户口。“据统计在黑龙江将军辖区有丁35 284口。”[⑤]这项措施，使得黑龙江有了户籍制度，为军政管理提供了依据和便利，实现了与中原地区的接轨，是对黑龙江管理基本制度的完善。可以说这项措施，在黑龙江社会历史发展中占有重要的地位。

三十七年六月十七日（1772年7月17日），乾隆帝上谕：“增海调补盛京将军”[⑥]，增海前后在黑龙江任职近两年时间。在黑龙江将军任内是有所建树的，对黑龙江地方治理，具有施政魄力，精简地方机构，具有开拓边疆的积极性，编制户口，与中原地区接轨。增海任劳任怨地努力工作，乾隆皇帝评价增海“历练老成”[⑦]，是对其一生勤勉的肯定。

（孙文政）

---

① 《清实录·高宗实录》卷882，815页，北京，中华书局，1986。
② 《清实录·高宗实录》卷893，987页，北京，中华书局，1986。
③④ 《清实录·高宗实录》卷886，1870页，北京，中华书局，1986。
⑤ 张向凌：《黑龙江历史编年》，235页，哈尔滨，黑龙江人民出版社，1989。
⑥ 《清实录·高宗实录》卷911，194页，北京，中华书局，1986。
⑦ 李桓：《国朝耆献类征》卷288，见《三十三种清代人物传记资料汇编》（第19册），590页，济南，齐鲁书社，2009。

永　玮

永玮（？—1787），清宗室，满洲镶蓝旗人。乾隆十五年（1750 年）九月，袭奉恩辅国公。二十年（1755 年），授散秩大臣。二十五年（1760 年）十一月，授宗人府右宗人。二十六年（1761 年）七月，兼任镶蓝旗汉军副都统。二十七年（1762 年），总理镶红旗觉罗学。三十年（1765 年）十一月，授正白旗蒙古都统。三十一年（1766 年）十二月，授宗人府右宗正，寻充玉牒馆总裁。三十二年（1767 年）七月，署镶红旗汉军都统。三十四年（1769 年），授宗人府右宗正。三十六年（1771 年），授左宗正。三十七年（1772 年）五月，署理领侍卫内大臣。三十八年（1773 年）九月，授内大臣兼总管左翼宗学。四十年（1775 年）九月，授广州将军。四十四年（1779 年）八月，调任黑龙江将军。四十七年（1782 年）八月，调任吉林将军；九月，调任盛京将军。五十二年（1787 年）十二月，卒。谥“恪勤”①。

黑龙江是清朝的最北端，与沙皇俄国接壤，加强边防是黑龙江将军最重要的职责。永玮任职黑龙江将军后，面对沙俄的经常侵扰，采取积极的防御措施。乾隆四十五年六月十四日（1780 年 7 月 15 日），“吏部等部议覆：黑龙江将军宗室永玮奏称，齐齐哈尔城至呼伦贝尔，所设十台，每台当差兵十名，俱由呼伦贝尔携眷移驻”②，永玮奏请允许驻台站丁携带家属，这就减少了站丁守边的枯燥辛苦，避免边疆站丁想家心切，消除了不稳定因素。对台站的日常管理，永玮在奏折中说：“索伦、巴尔呼等，不甚识字，又无专管官员，虽由呼伦贝尔派员轮查，非因专责，遇事不免草率完结。查呼伦贝尔，与俄罗斯连界，地关重要，向有额设笔帖式四员，又有戴顶委署笔帖式六员。请将委属六员内，裁汰二缺，亦作为四缺，遇有经制笔帖式缺出坐补，其所裁二缺，仍准戴虚顶，食原钱粮。令驻十台两界，专管事务。”③永玮根据索伦、呼伦贝尔都属于草原地区，牧民大多不识字而在处理日常事务时有一定困难的实际情况，奏请派遣两名笔帖式，专管站台事务，这就解决了因不识字，在处理往来公文时所造成的麻烦。对于这些官吏的奖惩，永玮也作了规定：“如果当差勤慎，俟五年期满，

①《清实录·高宗实录》卷 1299，461 页，北京，中华书局，1986。
②《清国史》（嘉业堂钞本）第七册，卷 175，，20 页，北京，中华书局，1993。
③《清实录·高宗实录》卷 1108，北京，824 页，北京，中华书局，1986。

遇有本旗骁骑校缺出，与领催等一体拣选，如升受骁骑校，仍于识字领催、披甲内，拣选委署笔帖式，毋庸由呼伦贝尔出派旗员。”①这就为守边将士提供了上进的动力。这一选拔奖励官员的制度，得到了乾隆皇帝的认可，下旨“应如所请。从之”②。永玮奏请设置从齐齐哈尔到呼伦贝尔的10座卡台，对于巩固边防，防止沙俄入侵，起到了一定的积极作用。

永玮在黑龙江将军任职时间虽然很短，却为边疆的稳定作出了贡献。永玮卒后，清廷下恩旨，令其子原级承袭爵位，还给予“恪勤”的美谥，可以说是对永玮一生的盖棺论定。

（孙文浩）

恒　秀

恒秀（？—1799），清宗室，满洲正白旗人。乾隆三十八年（1773年），由三等侍卫升为头等侍卫。四十年（1775年）正月，以副都统衔授西藏办事大臣。四十二年（1777年）十月，任镶黄旗汉军副都统。四十三年（1778年）十一月，为热河副都统。四十七年（1782年）八月，擢任黑龙江将军。五十三年（1788年）十月，改任吉林将军。五十四年（1789年）四月，改任西安将军。五十六年（1791年）九月，复任吉林将军。五十七年（1792年）十二月，改任定边左副将军。五十八年（1793年）正月，留吉林将军任。五十九年（1794年）正月，以侵币褫职；十月，释罪。嘉庆四年（1799）正月，赏三等侍卫，授喀什噶尔帮办大臣。是年，卒。

乾隆四十七年八月初九（1782年9月15日），“以热河副都统宗室恒秀，为黑龙江将军”③。恒秀上任伊始，就深入黑龙江境内的各驿站、卡伦、官屯，调查走访，认为黑龙江当地的民风还是很淳朴的。四十八年四月初三（1783年5月3日），恒秀奏称：“臣抵任后，查看台站官屯，各丁风气，尚属俭朴。”④恒秀在调查中发现黑龙江新设的10个官屯的屯丁，其中旗人家的土著奴仆，

①②《清实录·高宗实录》卷1108，824页，北京，中华书局，1986。
③《清实录·高宗实录》卷1162，567页，北京，中华书局，1986。
④《清实录·高宗实录》卷1178，790页，北京，中华书局，1986。

都能吃苦耐劳，安分守己。而其余屯丁中，大都是遣犯随来之子及来历不明之民人，他们大多游手好闲，好吃懒坐，交纳额粮时，往往拮据交不上，这些人都有回原籍的想法。恒秀针对这一现状，提出将这部分人陆续遣回原籍，以净化黑龙江社会风气。恒秀说："黑龙江等处旗人风气尚好，若容留此不肖之徒，恐旗人转为习俗所染。但此时若尽行驱逐，则本年额交谷石，必致缺乏，且人数过多，亦难骤办，请先将闲散余丁，陆续遣回，年终报部存案。"①恒秀为加强官庄的管理，还奏请将"齐齐哈尔等处，绝嗣旗人之家生奴仆及开户家奴，虽各立产业，安分度日，但亦不可无专管之人，请入于官庄，将年壮者选为额丁，以补遣回民人之数。"②乾隆帝得奏后，对恒秀在黑龙江驿站、卡伦、官屯实施的管理措施很满意，谕令给恒秀予以"嘉奖"。恒秀在对驿站、卡伦的具体管理上，开始实行驻扎巡查制度。四十九年四月十四日（1784年6月1日），乾隆帝上谕："据恒秀奏，呼伦贝尔与俄罗斯接壤之朱尔台等处卡座，每年出派官兵，驻扎巡查，仍派总管严防等语，所奏尚是。"③乾隆帝令将恒秀这一奏折抄写多份，寄给驻扎在边疆的蕴端多尔济、勒保等阅看。并"传谕伊等，严示驻卡台吉，不时巡防，并谕令恒秀知之"④。从此以后，巡边制度成为定制，为保卫祖国边疆作出了贡献。

恒秀在对待遣犯流人上，可谓一丝不苟。五十年六月二十四日（1785年7月29日），"谕军机大臣等：据黑龙江将军恒秀奏，遣犯王凤于五月二十三日，在配脱逃等语"⑤。王凤是以抢夺罪判死减免罪犯，发配到黑龙江，给兵丁为奴，期间乘机逃跑。恒秀认为王凤很可能从山海关一带，潜回老家。乾隆帝看了恒秀的奏折后，下令"直隶、河南、湖北各督抚，派委妥干员弁，实力躧缉，务期迅速就获，照例办理，毋致漏网"⑥。乾隆五十二年二月十日（1787年3月28日），乾隆帝接到"恒秀等奏，发往为奴之遣犯杨天植，乘间将伊家主大小五口杀死逃走，已经拿获，凌迟处死"⑦的奏折，乾隆帝看了恒秀的奏折后，批示："此等发遣人犯，俱系减等免死之人，本属凶恶之徒，乃至配所，益复逞凶肆恶，忍心戕害多命，可恨之极。"⑧于是乾隆帝通饬东三

①② 《清实录·高宗实录》卷1178，790页，北京，中华书局，1986。
③④ 《清实录·高宗实录》卷1204，114页，北京，中华书局，1986。
⑤⑥ 《清实录·高宗实录》卷1233，566页，北京，中华书局，1986。
⑦⑧ 《清实录·高宗实录》卷1274，49页，北京，中华书局，1986。

省各将军，“嗣后遇有减等免死发遣人犯，如不悔罪，不思守分，难以管束使令者，尽可听伊主报官打死，不必论犯罪轻重，即行结案。与其容留逞残，不若先行消弭，亦可令此等遣犯，知所惩戒”①。此举可以对遣犯起到威慑警示作用。

恒秀在任黑龙江将军期间，关心百姓生活疾苦，遇有灾害，请求朝廷减免税赋，给予救济。乾隆四十八年十一月初五（1783 年 11 月 28 日），“谕军机大臣等：据恒秀等奏，本年黑龙江田禾被旱，请将应交粮石豁免，水师兵丁，亦需接济口粮等语”②。乾隆帝认为黑龙江地方，经常被旱免粮，收不到粮食，而兵丁又需要接济，如果每年都是如此，这样“所入者少，所出者多”，将来必定会出现弄虚作假等事发生，担心恒秀对此不知道，于是传谕恒秀，让其“彻底清查，有无浮冒情弊，奏到时再降谕旨”③。五十三年九月十日（1788 年 10 月 8 日），“谕：据恒秀等奏，打牲处索伦田禾，被鸦儿河水泛溢淹浸，生计维艰，请借谷接济等语”④。由于在以前清廷救济时，恒秀认真调查，没有弄虚作假冒领现象发生，所以这次乾隆帝“著照所请，将齐齐哈尔、墨尔根两处仓谷，拨一万石借给，于明年钱粮内，分限减半坐扣买补”⑤。

恒秀还很注重官员的选拔，五十年九月十日（1785 年 10 月 12 日），“黑龙江将军宗室恒秀奏：黑龙江职官内，凡年老残疾告退员缺，例于本处题奏后，候部覆到，始行拣员送部引见，往返需时，以致久悬额缺”。恒秀请求以后遇有此类告退缺出现象时，“即于题奏时拣员送京”⑥，这种题奏与送京引见同时进行，缩短了时间，使职官员缺及时得到补充的建议，得到了乾隆帝的肯定，“允行”⑦。

乾隆五十三年十月十五日（1788 年 11 月 12 日），“黑龙江将军恒秀，为吉林将军”⑧。恒秀自此离开黑龙江，前后在黑龙江任职六年多，任职期间能够认真履行将军职责，虽没有大的作为，但其关心百姓疾苦，重视国防安全，

① 《清实录・高宗实录》卷 1274，49 页，北京，中华书局，1986。
②③ 《清实录・高宗实录》卷 1192，941 页，北京，中华书局，1986。
④⑤ 《清实录・高宗实录》卷 1312，704 ～ 705 页，北京，中华书局，1986。
⑥⑦ 《清实录・高宗实录》卷 1238，653 ～ 654 页，北京，中华书局，1986。
⑧ 《清实录・高宗实录》卷 1314，764 页，北京，中华书局，1986。

注重官员的选拔，提出的可操作性建议大多得到了乾隆帝的认可，对黑龙江社会经济的发展发挥了应有的作用。

（孙文政）

琳　宁

琳宁（？—1805），清宗室，满洲镶蓝旗人。乾隆三十二年（1767年），任宗人府经历。三十五年（1770年），任副理事官。三十九年（1774年），任理事官。四十一年（1776年），任江西道监察御史。四十三年（1778年），兼任宗室佐领。四十九年（1784年），任礼部给事中。五十年（1785年）二月，署正蓝旗满洲副都统；十月，调任山海关副都统。五十三年（1788年）十月，任黑龙江将军。五十四年（1789年）四月，调任吉林将军。五十六年（1791年）九月，调任盛京将军。五十九年（1794年）三月，因吉林参务亏缺一案降三级，从宽留任。六十年（1795年）九月，因布特哈貂皮案，革任留用。嘉庆五年（1800年）三月，召回京交部议处；四月，在散秩大臣上行走；闰四月，正红旗汉军都统，署正白旗汉军都统；五月，任工部尚书；七月，在紫禁城内骑马。六年（1801年）四月，任吏部尚书；七月，充经筵讲官。七年（1802年）六月，署礼部尚书；十一月，为协办大学士，加太子少保。八年（1803年）八月，任正蓝旗满洲都统，寻署镶蓝旗汉军都统。九年（1804年）六月，调任正黄旗汉军都统，寻为礼部尚书；十一月，因病给假。十年（1805年）四月，卒。祭葬。“谥勤僖。”①

乾隆五十三年十月十五日（1788年11月12日），“以山海关副都统琳宁，为黑龙江将军”②。琳宁任职黑龙江将军时间不长，也没有什么政绩，五十四年四月二十六日（1789年5月20日），就调任吉林将军。由于此次各省将军相互调动较多，琳宁没有立即动身赴新任，清廷要求继任黑龙江将军“都尔嘉到时，琳宁即往吉林”③，再赴新任。琳宁离任前，向清廷奏报了“发往黑龙江为奴之

① 《清实录·仁宗实录》卷142，951页，北京，中华书局，1986。
② 《清实录·高宗实录》卷1314，764页，北京，中华书局，1986。
③ 《清实录·高宗实录》卷1327，972页，北京，中华书局，1986。

犯冯顺，因将伊家主安柱之母、妻、子女、从弟等砍伤，及将伊女伤毙，已将冯顺审明，即行凌迟等语”[①]。闰五月十四日（7月6日），乾隆帝根据琳宁奏请，上谕：今后“发往东三省为奴之犯内，有性气乖张，不服约束等谴者，该将军、副都统等，即当交该家主令其打死……与家主毫无干系”[②]。七月初三（8月23日），清廷又接到“琳宁等奏，免死为奴人犯袁文贵，将家长之母砍毙，现已拿获凌迟等语”[③]。乾隆帝上谕“所办是。此等发遣人犯，皆免死为奴者，交该家长收管，如听从服役，自不得致之死地，如不服约束，肆行强横，即行杖毙，于该家长并无不合”[④]。对今后发遣的人犯，不服管束，乾隆帝嘱咐琳宁，在其离任时，“著交都尔嘉，于伊到黑龙江后，通行晓谕知之”[⑤]。

琳宁任职黑龙江将军仅半年多时间，史料没有关于其在黑龙江任职期间的事迹记载，也就说明琳宁在黑龙江没有什么政绩，两次奏请将发遣人犯凌迟处死，只是处理民间案件。

（张雪梅）

都尔嘉

都尔嘉（？—1805），清宗室，满洲正白旗人。奉国将军永德孙，奉恩将军格色泰子。乾隆二十四年（1759年）十一月，袭封奉恩将军。二十五年（1760年），授护军参领。三十年（1765年），赏副都统衔。三十三年（1768年）三月，授伊犁领队大臣。三十五年（1770年）二月，调塔尔巴哈台领队大臣。三十八年（1773年）十月，授正红旗蒙古副都统。三十九年（1774年）三月，兼公中佐领，寻命赴金川军营；十二月，调任镶白旗满洲副都统。四十一年（1776年）十月，调任镶蓝旗蒙古副都统；十二月，调任黑龙江副都统。四十三年（1778年）十一月，调任山海关副都统。四十四年（1779年）九月，授密云副都统。四十九年（1784年）三月，擢升吉林将军。五十三年（1788年）十月，调盛京将军。五十四年（1789年）四月，调黑龙江将军。五十六年（1791年）

①②《清实录·高宗实录》卷1330，1014页，北京，中华书局，1986。
③④⑤《清实录·高宗实录》卷1334，1067页，北京，中华书局，1986。

十二月，召回京。五十七年（1792年）十一月，为镶黄旗护军统领。五十八年（1793年）九月，授右翼先锋统领。五十九年（1794年）三月，革职，降三级留任。六十年（1795年）九月，革职，发往新疆乌鲁木齐赎罪。嘉庆四年（1799年）十二月，为乌什办事大臣。七年（1802年）十二月，赏副都统衔，为巴里坤领队大臣。十年（1805年）九月，因历年多次“恣意枉法，贪索银物，押赴坟茔，监视自尽”①。

乾隆五十四年四月二十六日（1789年5月20日），都尔嘉由盛京将军调任黑龙江将军。清廷没让都尔嘉立即赴任，而是让继任盛京将军嵩椿到任后，“都尔嘉再前往黑龙江”②赴任。七月初三（8月23日），清廷接到黑龙江将军琳宁关于免死为奴人犯袁文贵已拿获凌迟的奏报，清廷“著交都尔嘉，于伊到黑龙江后，通行晓谕知之”③。此时都尔嘉还没有到任。八月二十二日（11月9日），清廷接到都尔嘉等奏“呼伦贝尔副都统职衔总管赓音苏，现在患病”④，此时都尔嘉业以到任。

都尔嘉任黑龙江将军这年，黑龙江雨水较大，河水泛滥，粮食歉收。九月初八（10月26日），清廷接到都尔嘉奏请“本年黑龙江等处，口粮不敷，屯丁能否纳粮之处，俟查明另奏。又打牲、索伦、达呼尔等，谷亦歉收，请借给齐齐哈尔、墨尔根城两处仓贮谷一万石，以资接济等语”⑤。乾隆帝让都尔嘉立即前往黑龙江所属各地，“办理借给仓谷、接济口粮等事，其上年接济打牲人等谷石，毋庸展限补还。著加恩豁免，以示轸恤”⑥。五十五年十月初七（1790年11月13日），清廷“据乌雅勒达奏称，查明黑龙江各属地方收成分数，打牲乌拉之镶白等四旗，齐齐哈尔地方，田禾歉收等语。本年打牲乌拉之镶白等四旗，齐齐哈尔地方田禾，被旱收成歉薄，未免乏食。著交都尔嘉，确实查明，应行接济口粮，借给籽种之处，即行拨给具奏”⑦。都尔嘉按照乾隆帝的谕令，查明具奏。十一月二十三日（12月28日），清廷根据都尔嘉的具奏，决定对本年齐齐哈尔田苗，被旱歉收的地方，“著加

① 《满汉大臣列传》卷20，《三十三种清代人物传记资料汇编》（第44册），177～178页，济南，齐鲁书社，2009。
② 《清实录・高宗实录》卷1327，972页，北京，中华书局，1986。
③ 《清实录・高宗实录》卷1334，1967页，北京，中华书局，1986。
④ 《清实录・高宗实录》卷1337，1120页，北京，中华书局，1986。
⑤⑥ 《清实录・高宗实录》卷1338，1141～1142页北京，中华书局，1986。
⑦ 《清实录・高宗实录》卷1364，301～302页，北京，中华书局，1986。

恩照都尔嘉等所奏，官屯人等欠交仓谷七千五百石，免其补交”[①]。十二月十三日（1791年1月17日），清廷接到都尔嘉奏请，都尔嘉在奏折中说：“打牲、索伦、达呼尔等马匹牲畜，频遇瘟灾，兼之田禾歉收，生计拮据，请将现在捕貂之丁役四千六百五十六名，各赏借银十二两，即将打牲地方牧养之滋生马匹变价充用。”[②]乾隆帝谕令“著照所请，每名各赏借银十二两，即将滋生驹马五百余匹，全行变价，以为赏借之用，如有不敷，即于库贮谷价银两内动支，其应行赔补之倒毙马匹，并免赔补，以示朕轸念世仆之至意”[③]。

乾隆五十六年十二月二十七日（1792年1月20日），乾隆帝考虑到都尔嘉之母年事已高，著补放明亮为黑龙江将军，让“都尔嘉俟明亮接任后，即行回京”[④]。由于新任将军明亮未能及时到任，此后都尔嘉又在黑龙江将军任上工作了很长一段时间。五十七年正月二十二日（1792年2月14日），“谕军机大臣等：江兰奏、刘省过邪教案内发遣黑龙江伊士刚、周学中二犯之子伊周等，现赴配所未回等语。伊士刚等以邪教发遣，其子探视，虽所不禁，但闻其有带回银两之事，情属可疑。著传谕都尔嘉，密为查访所有伊士刚子伊周、伊会、伊钦、伊五儿，周学中子周大方，现在黑龙江，如有潜行传教，并往返通信各情弊，即尽行严拿，解京办理，毋任漏网”[⑤]。都尔嘉按照谕令的要求，奉命对其进行了秘密调查。四月十四日（5月4日），清廷接到了都尔嘉的奏报。都尔嘉在奏报中说：“所有彼处遣犯，并无传习邪教，而伊等子嗣，亦无与邪教人等寄通书信，现将遣犯之子周大方等锁拿，将该犯货物，折变银两，委员押解送部。”[⑥]乾隆帝看了都尔嘉的奏折后，认为“今既详查并无情弊，又何必锁拏遣犯之子周大方等五人，解送刑部耶？将无辜之人，无故治罪，有是理乎？都尔嘉等如此办理，甚属糊涂不晓事体，著将都尔嘉等严行申饬”[⑦]。乾隆帝严厉地驳斥了都尔嘉的错误做法，命将周大方等人遣回，让都尔嘉将其释放，并“将伊等产业货物，如数给还，仍安置在彼贸易”[⑧]。六月二十日（8月7日），清廷接到都尔嘉奏请将墨尔根城达呼尔协领敦保革去协领的奏折，都尔嘉在奏折中说：“敦保骑射俱属庸劣，请将该员革去协领。”[⑨]乾隆帝说：“敦保身系达呼

①《清实录·高宗实录》卷1367，340页，北京，中华书局，1986。
②③《清实录·高宗实录》卷1368，357～358页，北京，中华书局，1986。
④《清实录·高宗实录》卷1393，718页，北京，中华书局，1986。
⑤《清实录·高宗实录》卷1395，735～738页，北京，中华书局，1986。
⑥⑦⑧《清实录·高宗实录》卷1400，809～810页，北京，中华书局，1986。
⑨《清实录·高宗实录》卷1407，912页，北京，中华书局，1986年4月1版，第。

尔协领，而骑射俱属庸劣，焉能训教他人？都尔嘉等参奏甚是，著照都尔嘉所请，敦保革去协领，以示儆戒。”[1]八月二十四日（10月9日），清廷接到都尔嘉在黑龙江任上最后奏请打牲乌拉、齐齐哈尔地方，本年被旱，收成歉薄，请接济口粮的奏折。清廷依据都尔嘉奏请，“著照所请，自本年九月起，至明年七月止，按照户口，接济口粮，其屯丁所欠谷石，著免其补纳，以示体恤”[2]。

都尔嘉离开黑龙江以后，黑龙江发生了布特哈总管舍尔图授意副总管齐三控告黑龙江历任将军任意勒索或贱价收买官貂，清廷经派钦差大臣查询，大部属实。六十年九月十七日（1795年10月29日），清廷以都尔嘉前在黑龙江将军任内，“因拣选官用貂皮，贱价收买，希图便宜，复向伊亲随马甲索取皮张，殊属不堪，著即将伊革职，交军机大臣，另行审讯”[3]。都尔嘉利用为清廷收取貂皮机会，贱价收买，从中渔利，事发后革职发配新疆伊犁赎罪。

都尔嘉前后在黑龙江任职三年多，为黑龙江的发展还是做了些事情，多次上奏清廷，要求给受灾地区居民以救济，这点是应该给予肯定的，但是都尔嘉利用其将军职权，谋一己私利，在其后多次遭到革职处分，却不知改正。以至嘉庆帝说都尔嘉“不知痛改前非，肆意贪索，藏私累积”[4]。都尔嘉为谋私利，几乎达到癫狂的程度，最终被判死刑，也是贪腐者应有的下场。

（孙文政）

明　亮

明亮（1734—1822），字寅斋，富察氏，满洲镶黄旗人。孝贤高皇后的侄子，都统广成的儿子。乾隆十八年（1753年），授内阁中书。二十九年（1764年）十二月，署正红旗满洲副都统。三十年（1765年）五月，为伊犁领队大臣。三十一年（1766年）五月，署镶白旗蒙古副都统，寻任正白旗汉军副都统；六月，

① 《清实录·高宗实录》卷1407，912页，北京，中华书局，1986。
② 《清实录·高宗实录》卷1411，979页，北京，中华书局，1986。
③ 《清实录·高宗实录》卷1487，886页，北京，中华书局，1986。
④ 《满汉大臣列传》卷20，《三十三种清代人物传记资料汇编》（第44册），177～178页，济南，齐鲁书社，2009。

授吉林副都统。三十三年（1768年）二月，回京任参赞大臣；三月，为宁古塔副都统。三十七年（1769年）正月，署正白旗护军统领，兼管健锐营事务；六月，赏给头等侍卫。三十八年（1773年）八月，任广州将军，寻改定边右副将军。四十年（1775年）七月，率军进围攻勒乌围。四十一年（1776年）三月，为成都将军；十一月，在御前侍卫上行走，兼军机处行走；十二月，在紫禁城内骑马。四十二年（1777年）四月，署四川提督。四十三年（1778年）二月，授四川提督。四十六年（1781年）七月，改任乌鲁木齐都统。四十八年（1783年）六月，署伊犁将军；八月，革职，来京治罪。四十九年（1784年）七月，加恩补授头等侍卫。五十年（1785年）五月，授镶黄旗护军统领，管理健锐营事务；八月，调正红旗护军统领。五十四年（1789年）九月，任镶红旗汉军都统。五十五年（1790年）八月，授刑部尚书。五十六年（1791年）十二月，任黑龙江将军。五十七年（1792年）十一月，授内大臣衔。五十九年（1794年）十二月，调任伊犁将军。六十年（1795年）九月，革职，留乌鲁木齐效力。嘉庆元年（1796年）四月，赏头等侍卫；六月，赏加副都统衔，署广州将军；七月，赏轻车都尉世职。三年（1798年）三月，赏副都统衔，并花翎。四年（1799年），授副都统、参赞大臣。五年（1800年）闰四月，任湖北宜昌镇总兵；十月，赏蓝翎侍卫，寻授领队大臣。七年（1802年）三月，任正蓝旗汉军副都统；四月，改正蓝旗满洲副都统；七月，授乌鲁木齐都统。九年（1804年）四月，授镶蓝旗蒙古都统；六月，迁兵部尚书；十一月，为内大臣。十年（1805年）八月，调任镶白旗汉军都统。十四年（1809年）正月，加太子少保；六月，署工部尚书；十二月，为镶蓝旗满洲都统。十五年（1810年）五月，为兵部尚书、协办大学士；九月，为满洲翻译乡试正考官。十六年（1811年）六月，为正黄旗蒙古副都统；七月，改镶白旗蒙古副都统。十七年（1812年）三月，擢任西安将军。十八年（1813年）四月，改镶白旗蒙古都统；九月，授都察院左都御史；十月，署兵部尚书；十一月，实授兵部尚书；十二月，在紫禁城内骑马。十九年（1814年）闰二月，任镶蓝旗汉军都统，授内大臣；三月，加太子少保，赏双眼花翎；八月，复授兵部尚书、协办大学士。二十一年（1816年）正月，署经筵讲官。二十二年（1817年）六月，授武英殿大学士，寻晋太子太保，加协办大学士。

二十四年（1819 年）十一月，晋封为三等侯。二十五年（1820 年）三月，因年老，降五级留任，无庸管理部旗事务。道光元年（1821 年）四月，以疾致仕，在家食俸。二年（1822 年）七月，卒。“赐祭葬，谥文襄。”①

乾隆五十六年十二月二十七日（1792 年 1 月 20 日），“明亮补放黑龙江将军，都尔嘉俟明亮接任后，即行回京……”②明亮当时在喀什噶尔，赴任需要一段时间，五十七年五月十四日（1792 年 7 月 2 日），乾隆帝还催促明亮快赴新任，“据明亮等奏……前已将伊补放黑龙江将军，著即来京，携眷赴新任”③。明亮大约于这年冬天到任。

明亮到任后，首先奉乾隆帝之命，对中俄边界进行了勘察。明亮于五十八年二月十四日（1793 年 3 月 25 日），将调查到的情况上报给乾隆帝，乾隆帝看了明亮的奏折后，认为“该处境地，既经松鄂托，与俄罗斯使臣，议以雅克萨城内属，尼布楚城属俄罗斯，并令将向住雅克萨之俄罗斯，尽彻回伊察罕汗地方，现在雅克萨曾否设卡拨人驻守？”④乾隆帝命令明亮等，查明情况后，再向清廷奏报。明亮奉命再次对雅克萨一带进行了勘察，四月十六日（5 月 25 日），明亮将所调查的情况再次奏报给乾隆帝，乾隆帝接到奏折后，“谕军机大臣等：据明亮等奏，雅克萨城在黑龙江西北，每年巡查毗连之格尔毕齐河，便中即可往查，无庸另置卡座、兵丁”⑤。乾隆帝认为“雅克萨城去黑龙江北千有余里，且山峰林箐，河渠较多，俄罗斯相通不易，倘猝增卡座，恐俄罗斯等妄生疑惧”⑥，于是乾隆帝“传谕明亮等，巡查雅克萨城，仍旧办理，不必另添卡座”⑦。

乾隆五十八年（1793 年），黑龙江遇见一个粮食丰收的好年头，明亮将丰收的情况奏报给清廷的同时，要求暂缓收回从前所借粮食，以此保障来年的农业生产。十月初三（11 月 6 日），“谕：据明亮等奏，黑龙江所属各处耕种米谷，均属丰收，齐齐哈尔、打牲乌拉二处，从前支借未缴谷石，请自明年起征，限作五年完缴等语”⑧。乾隆帝看了明亮的奏折后，同意了明亮的奏

① 《清实录・宣宗实录》卷 38，679 页，北京，中华书局，1986。
② 《清实录・高宗实录》卷 1393，718 页，北京，中华书局，1986。
③ 《清实录・高宗实录》卷 1404，870 页，北京，中华书局，1986。
④ 《清实录・高宗实录》卷 1422，33 页，北京，中华书局，1986。
⑤⑥⑦ 《清实录・高宗实录》卷 1427，81 页，北京，中华书局，1986。
⑧ 《清实录・高宗实录》卷 1438，217 页，北京，中华书局，1986。

请，说："本年黑龙江所属各处耕种米谷，虽俱丰收，但齐齐哈尔、打牲乌拉二处，从前支借未缴谷石，若自本年立限，令其缴还，伊等明年籽种口粮等项，未免竭蹶。"① 于是乾隆帝"著加恩将应行缴还谷十三万三千四百余石，豁免一半，其余一半，著自明年秋季起征。限作三年完缴，以示体恤之意"②。五十九年（1794 年）齐齐哈尔、墨尔根、黑龙江三城被水，粮食歉收。明亮上奏清廷，要求在收缴所欠粮食时，给予照顾。九月二十四日（10 月 17 日），"据明亮等奏称，本年齐齐哈尔、黑龙江、墨尔根三处田禾被淹，查明官庄所欠粮数，请免补纳等语"。乾隆帝同意了明亮的奏请，"著加恩将此三处未完粮一万九千三百余石，免其补纳"③。

乾隆五十九年十二月二十三日（1795 年 1 月 13 日），明亮调离黑龙江。明亮任职黑龙江期间，虽然中俄边界相对稳定，但还是积极勘察边界，加强边防；当黑龙江各城遭受自然灾害时，明亮积极上奏清廷，要求减灾赈灾。明亮的爱国爱民精神，值得后人学习。

（赵　林）

舒　亮

舒亮（？—1798），苏佳氏，满洲正白旗人。乾隆三十三年（1768 年），由前锋补前锋校。三十七年（1772 年），委署前锋参领。三十八年（1773 年），升副护军参领。三十九年（1774 年）二月，升前锋参领；七月，赏副都统职衔；十二月，调任荆州副都统。四十一年（1776 年）二月，调任镶黄旗满洲副都统；六月，金川凯旋画像紫光阁。四十二年（1777 年）十月，调补镶蓝旗护军统领。四十六年（1781 年）闰五月，在山西横充剿匪，箭伤左肘。四十八年（1783 年）五月，调正黄旗护军统领。乾隆五十三年（1788 年），因功给云骑尉世职，再画像紫光阁。五十三年（1788 年）十二月，调镶黄旗护军统领。五十五年（1790 年）四月，兼署镶黄旗副都统；十二月，擢升荆州将军。五十六年（1791 年）十一

①②《清实录·高宗实录》卷 1438，217 页，北京，中华书局，1986。
③《清实录·高宗实录》卷 1461，522 页，北京，中华书局，1986。

月，调任西安将军。五十九年（1794 年）十二月，调任黑龙江将军。六十年（1795 年）九月，因私卖貂皮获罪，被革职和夺云骑尉世职。嘉庆元年（1796 年）二月，上加恩释放，派往湖南剿办苗匪；三月，加恩授为三等侍卫，后赏给头等侍卫；七月，赏给副都统衔；八月，授镶蓝旗汉军副都统；十一月，因剿匪失机，革花翎及巴图鲁名号，留军营效力。二年（1797 年）五月，因贻误军机，降为三品顶戴，暂留副都统职。九月，为镶蓝旗护军统领。嘉庆三年（1798 年）二月，在白岩山剿匪中，因疏防贻误革职，作为兵丁留于军营效力赎罪，寻卒于军。①

乾隆五十九年十二月二十六日（1795 年 1 月 16 日），"调西安将军舒亮为黑龙江将军"②。舒亮从西安到齐齐哈尔赴任，正赶上春节过年，应该是六十年春天到任。舒亮到任后，于四月十五日（6 月 1 日）上奏，"自五十四年起，至五十九年，因灾支借齐齐哈尔打牲旗下兵丁、黑龙江打牲官庄丁驿夫等，尚未缴完谷七万二千三百余石，银十万四千六百九十余两等语"③。要求清廷减免，乾隆帝看后，"著加恩概行宽免。以示朕体恤旗下世仆至意"④。舒亮任黑龙江将军时间很短，就于九月十七日（10 月 29 日）因舍尔图控告几任黑龙江将军任意勒索貂皮案，而被革职查办。

清代黑龙江是产貂之地，每年五月布特哈打牲部落将进贡的貂皮送到齐齐哈尔，由黑龙江将军按定额拣选。没有被选中的貂皮，在齐齐哈尔城西四十里的因沁屯，称之为"楚勒罕"的市场上交易。从都尔嘉任黑龙江将军开始，为索要貂皮从中谋利，有意提高拣选贡貂标准，打压貂皮市场价格。这一做法，加重了各地打牲部落的生活负担。舒亮任黑龙江将军后，将楚勒罕移入了齐齐哈尔城中，貂皮的交易衰败下来，但将军等人索要的貂皮数量没有减少，使得各打牲部落的生活处境更加困苦。舍尔图控告舒亮等将军勒索貂皮的导火索是"会部人为齐齐哈尔兵所殴，走白将军，不得直。且荷以校，徇于军"⑤。舒亮偏护军人，挨打的人冤屈没有得到伸张。面对这种情况，时任布特哈总管的舍尔图，派副总管奇三及随从蒙库瑚图灵阿，携带写好的

---

① 《清国史》（嘉业堂钞本）第七册，614 页，北京，中华书局，1993。
② 《清实录 · 高宗实录》卷 1467，597 页，北京，中华书局，1986。
③④ 《清实录 · 高宗实录》卷 1476，728 页，北京，中华书局，1986。
⑤ 黄维翰：《黑水先民传》卷 24，320 页，长春，吉林文史出版社，1987。

控告黑龙江将军舒亮等官员鱼肉旗民的八大罪状的奏折，潜入木兰围场乾隆帝行宫附近，拦驾越级上告。乾隆帝非常重视此案，命兵部尚书福长安等重臣到黑龙江查明审理此案。九月十七日（10月29日），“谕军机大臣等：据福长安等奏，舍尔图所控之案。查讯大半俱实等语”①。此案乾隆帝高度重视，认为“将军大臣等于地方相沿陋习，理宜剔除，舒亮等踵循流弊，滥行勒索，实属不堪”②。遂下令将“舒亮、安庆、那彦泰、舒通阿俱著革职拿问。由福长安等严讯，定拟具奏”③。九月二十一日（11月2日），乾隆帝根据福长安等奏，舍尔图所控“八款内，已有六款得实”④，上谕“舒亮、安庆身为将军、副都统，并不洁己奉公，胆敢任意勒索貂皮等物，如许之多，甚属鄙陋不堪，舒亮、安庆，著即行锁拿，交策巴克押解来京，交宗人府、军机处、刑部大臣等，分别从重治罪”⑤。舒亮以“强索所部财物，计赃准枉法论，仍从重照实犯枉赃八十两以上律，拟绞监候，秋后处决”⑥。至此，舒亮结束了政治生涯。

舒亮在黑龙江任将军时间很短，实际仅任职半年余。舒亮虽是一员难得的猛将，有两次画像紫光阁、赏“穆腾额巴图鲁名号”⑦等显赫军功，但因晚节不保，勒索貂皮，贪赃枉法而被革职，最后忧郁而死于军中。

（孙文政）

永　琨

永琨（1743—1802），清宗室，满洲正蓝旗人。其父弘昼为清世宗第五子，永琨是弘昼第七子，其母嫡福晋吴扎库氏，自号玉华主人。乾隆四十年（1775年），封不入八分辅国公，在散秩大臣上行走。四十六年（1781年），授正白旗蒙古副都统。五十三年（1788年）二月，在乾清门行走；七月，调镶蓝旗满洲副都统。五十六年（1791年）十一月，擢正红旗蒙古都统。五十七年（1792年）十二月，授荆州将军。五十八年（1793年）四月，调宁夏将军。五十九年（1794年）十二月，调绥远城将军。六十年（1795年）八月，调乌里雅苏台将军；

①②③④⑤⑥《清实录·高宗实录》卷1487，886～890页，北京，中华书局，1986。
⑦《清实录·高宗实录》卷1002，425页，北京，中华书局，1986。

九月，调黑龙江将军。嘉庆二年（1797年）五月，复调乌里雅苏台将军；八月，兼镶白旗汉军都统。四年（1799年）二月，授内大臣；五月，因事革去都统，赏给四品奉国将军，寻晋二等奉国将军；八月，遣往东陵守陵。五年（1800年）三月，授正白旗汉军副都统。十一月，管理圆明园事务。七年（1802年）卒。

乾隆六十年（1795年），布特哈总管舍尔图，因无法忍受几任黑龙江将军任意勒索或贱价收购官貂，差遣副总管奇三越诉乾隆帝。九月十七日（10月29日），军机大臣等奏："舍尔图所控之案，查讯大半俱实等语"①，于是"舒亮以婪索，褫职鞫治，调永琨代之"②，清廷将乌里雅苏台将军永琨调任黑龙江将军，乾隆帝把治理黑龙江的希望寄托在永琨身上，谕令永琨，不必来京请训，直接由乌里雅苏台到黑龙江赴任。乾隆帝说："永琨系朕之侄，最近宗室，想应顾惜体面，至黑龙江时，务须痛惩陋习，实心办事。"③

永琨是宗室皇族，从小受到良好的汉文化教育，到黑龙江任职后，看到黑龙江文化教育落后，没有教汉文化的学校，即着手创办教汉语学校。嘉庆元年（1796年），永琨在齐齐哈尔设立义学，"选齐齐哈尔八旗子弟二十八人，从龚光瓒学习汉文，谓之'汉官学'，实义学也"④，以齐齐哈尔水师营官果德兴为学长，管理学校事务。学校创立后，永琨特别关心学校教学工作，不时到学校了解教学情况，检查学生出勤情况。可惜永琨在黑龙江任将军时间较短，调离后，学长裁撤，在当时的齐齐哈尔满官学给"膏火银两"助学补助，而汉官学没有补助，造成满官学生员超额，而汉官学生员不足。

永琨在任黑龙江将军期间，能够体谅老百姓疾苦，嘉庆元年（1796年），齐齐哈尔和黑龙江两城遭受洪涝灾害，粮食不收，人民生活困苦。九月二十五日（10月25日），永琨上奏说"齐齐哈尔、黑龙江打牲正黄、镶黄、正红等三旗田禾被水，要求将本年所欠粮食一万三千八百九十九石，免其补交。谕旨：免齐齐哈尔、黑龙江两处官庄人等旧欠粮石。钦此"⑤。永琨从小在王府里长大，受到良好的汉文化教育，工于诗画，喜好舞文弄墨。当时在

---

①《清实录·高宗实录》卷1487，886页，北京，中华书局，1986。
②③ 赵尔巽等：《清史稿·高宗本纪》卷15，564页，北京，中华书局，1976。
④ 万福麟监修、张伯英总纂：《黑龙江志稿》卷24，1086页，哈尔滨，黑龙江人民出版社，1992。
⑤《清实录·仁宗实录》卷9，154页，北京，中华书局，1986。

黑龙江各地的寺庙里，流传着很多永琨的诗作。永琨常携一些侍从、眷属、文人墨客，泛舟赋诗，将齐齐哈尔城西的湖泊命名为“西泊”。据《黑龙江外记》记载，“永琨喜吟诗，与龚君光瓒唱和，有作皆召书”①，每当永琨有了新的诗作，都要请龚光瓒为之书写出来，永琨总是以礼相见。然而永琨有时性情暴躁，龚光瓒“一笔不当意，猝付所司拘系，旋释之，待如初”②。永琨与龚光瓒也因此结成文字之交。俩人常常泛舟西泊，吟诗作赋，愉悦身心，结下了深厚的友谊。嘉庆二年五月十二日（1797年6月6日），清廷“以三姓副都统额乐伯克为黑龙江将军，调黑龙江军永琨为乌里雅苏台将军”③。永琨在离开黑龙江前，为了表达对龚光瓒的友谊之情，赠给龚光瓒一首诗，《黑龙江外记》载:“塞垣离索少知音，两两枝头话夕禽。独尔才华能好古，共予笔砚足论心。囊中赢得新诗富，胸次都无俗念侵。魑魅喜人须著意，等闲莫漫作狂吟。”④在永琨看来，龚光瓒是很难得的知音。永琨把自己与龚光瓒比喻成两只鸟儿，在傍晚的枝头上对话。在塞外齐齐哈尔，唯独龚光瓒爱好古代文化，可以与永琨共同用笔墨来交流思想。永琨说他的行囊中装满了在黑龙江任期内所写的诗作，没有半点尘俗，都是二人用心的作品。永琨不得已离开朋友而独处，在这偏远的地方，永琨遇见龚光瓒这位他终生难忘的朋友，以后永琨只能在空闲的时候，吟诗来表达他们的友情。

永琨在黑龙江任职期间，关心百姓生活，重视发展教育事业，在齐齐哈尔首创义学，教八旗子弟学习汉文化，对黑龙江文化教育事业的发展作出了贡献。

（孙文政）

那奇泰

那奇泰（？—1810），完颜氏，满洲正蓝旗人。博第之子。乾隆二十九年（1764年），那奇泰由粘竿处拜唐阿授蓝翎侍卫。三十三年（1768年），迁三等侍卫。三十六年（1771年），迁二等侍卫。三十九年（1774年），

①②④西清：《黑龙江外记》卷7，72～73页，哈尔滨，黑龙江人民出版社，1984。
③《清实录·仁宗实录》卷17，229页，北京，中华书局，1986。

擢头等侍卫。四十年（1775年），兼公中佐领。四十三年（1778年），授杭州协水师副将。四十九年（1784年），丁母忧，仍以头等侍卫在粘竿处行走。五十年（1785年）正月，授阿勒楚喀副都统；二月，改任三姓副都统。五十四年（1789年）闰五月，调任宁古塔副都统。五十九年（1794年）二月，调任热河副都统。六十年（1795年）十二月，擢升江宁将军。嘉庆三年（1798年）二月，调任黑龙江将军。五年（1800年）正月，降调热河副都统；二月，为乌里雅苏台参赞大臣。六年（1801年），复授黑龙江将军。九年（1804年）正月，因更换奏折之事，被革职严审；二月，调叶尔羌办事大臣。十年（1805年）七月，年老回京，在蓝翎侍卫上行走。十五年（1810年），卒。

那奇泰两次任黑龙江将军，第一次担任黑龙江将军是嘉庆三年二月初三（1798年3月19日），“黑龙江将军额勒伯克以病解任，调江宁将军那奇泰为黑龙江将军”①。到五年正月二十五日（1800年2月18日），“命热河副都统德勒克扎布，来京候旨，降黑龙江将军那奇泰，为热河副都统”②。第二次担任黑龙江将军是六年二月十二日（1801年3月25日），“以乌里雅苏台参赞大臣那奇泰，为黑龙江将军。”③到八年十二月十七日（1804年1月29日），那奇泰因撤回奏折复行更换之事，清廷“以察哈尔都统观明，为黑龙江将军”。④

那奇泰第一次任职黑龙江将军时，在嫩江捞获了用斧砍死家主人后逃跑的遣犯为奴之人张妙福的尸体。那奇泰将这一案件，上报给清廷，嘉庆帝看了奏折后，于嘉庆四年五月二十五日（1799年6月27日），“谕内阁：据那奇泰奏，于嫩江捞获用斧砍毙家主脱逃之为奴人犯张妙福尸身，当已磔戮等语”⑤。嘉庆帝批准了这一奏请，并要求那奇泰晓谕该管官员，“嗣后务将为奴人犯俱各严加约束，倘不服管教，即禀明将军大臣等，从重办理，毋致激成事端”⑥。

那奇泰第二次任职黑龙江将军之时，额勒登保、德楞泰等奏，“打牲

① 《清实录·仁宗实录》卷27，324页，北京，中华书局，1986。
② 《清实录·仁宗实录》卷58，759页，北京，中华书局，1986。
③ 《清实录·仁宗实录》卷79，15页，北京，中华书局，1986。
④ 《清实录·仁宗实录》卷124，672页，北京，中华书局，1986。
⑤⑥ 《清实录·仁宗实录》卷45，551页，北京，中华书局，1986。

地方世职，初次承袭，给与半俸，袭至二次，即不给俸，请照呼伦贝尔世职之例，永远给俸等语”①。嘉庆帝看了奏折后，将这一奏折交给户部议奏，户部按照嘉庆帝的安排，经过研究后奏请嘉庆帝，将这件事交给黑龙江将军那奇泰调查核实。那奇泰经过调查核实后奏称，“打牲地方世职，除打牲外，别无差使。打牲乌拉承袭世职二次，向不给俸。呼伦贝尔地方与俄罗斯接壤，差使繁多。该处世职官与职任官一体常巡查卡界，是以呼伦贝尔世职永远给与半俸。原系酌量二处情形差使轻重办理，奉行已久，似应仍照旧例办理等语”②。嘉庆帝看了那奇泰的奏折后，于八年六月二十一日（1803 年 8 月 8 日），“又谕：那奇泰等遵奉部文查奏，打牲地方世职袭至二次向不给俸一折，所奏甚是”③。嘉庆帝认为额勒登保、德楞泰奏请给打牲等处第二次世职给俸的要求，“系属例外乞恩，著交部仍照旧例办理”④。

嘉庆八年（1803 年）秋后，那奇泰向清廷奏报年终收成时，“未经查明收成分数，即行具奏。嗣查出乾隆十七年旧案，始知初次奏报分数，与例不符，是以将奏折彻回更改”⑤。与此同时，齐齐哈尔副都统玉恒和协领额勒德善，联合发折控告那奇泰。十一月三十日（1804 年 1 月 12 日），清廷“命礼部尚书那彦成，往黑龙江查办事件”⑥，那彦成经过近一个月的调查核实，将案件情况上报给嘉庆帝。九年正月十二日（1804 年 2 月 22 日），“谕内阁：那彦成等奏，遵旨审明那奇泰、玉衡彻回奏折复行更换，及协领额勒德善等，擅自发折参奏那奇泰等各款，已遵旨将那奇泰、玉衡革职，并请将协领额勒德善等革职，同那奇泰、玉衡一并交部治罪”。早在那彦成起程时，嘉庆帝就授给那彦成尚方宝剑，如果“那奇泰实有更换奏折之事，即传旨将那奇泰、玉衡革职严审”⑦。那彦成核实了那奇泰的罪行后，即传嘉庆帝的圣旨，将那奇泰革职，清廷才于十二月十七日（1804 年 1 月 29 日），任命察哈尔都统观明为黑龙江将军。清廷对那奇泰惩处，嘉庆帝还是给了其戴罪立功的机会，“著加恩赏给蓝翎侍卫，前往伊犁作为领队大臣”。由于那奇泰，“俱系获罪之人，著那彦成传谕，令其自备资斧前往新疆”⑧。

①②③④《清实录·仁宗实录》卷 115，524 ～ 525 页，北京，中华书局，1986。
⑤⑦⑧《清实录·仁宗实录》卷 125，683 页，北京，中华书局，1986。
⑥《清实录·仁宗实录》卷 123，662 页，北京，中华书局，1986。

那奇泰两次出任黑龙江将军，第一次任期未满被清廷降调，第二次任期内，奏报收成时，弄虚作假，遭到控告而被革职。那奇泰在黑龙江期间毫无建树，没有作为，是一个不光彩的将军。

（孙文政）

景　熠

景熠（1745—1811），清宗室，满洲镶黄旗人。奉恩将军辅国公嵩椿之子。乾隆三十年（1765 年）十二月，授二等辅国将军、二等侍卫。四十年（1775 年）四月，授镶红旗满洲副都统；八月，授镶黄旗护军统领；十二月，授镶白旗护军统领。四十一年（1776 年）正月，授镶白旗护军统领；五月，调任镶黄旗护军统领。四十七年（1782 年）九月，授右翼前锋统领。五十六年（1791 年）五月，因失察库银被窃案，降二级留任。五十七年（1792 年），袭奉恩辅国公爵。五十八年（1793 年）二月，管理上虞备用处事务；九月，调镶白旗护军统领。六十年（1795 年）九月，调右翼前锋统领。嘉庆四年（1799 年）正月，授内务府大臣；二月，授御前侍卫；三月，任清字经馆总裁，寻授宗人府右宗人；八月，以内务府大臣，总理丧仪。五年（1800 年）正月，擢授黑龙江将军。六年（1801 年）二月，革职，交宗人府圈禁。八年（1803 年）六月，获释，赏给粘竿处拜唐阿；八月，赏上虞备用处四等侍卫；十一月，升三等侍卫，任哈密办事大臣。十一年（1806 年）五月，召回京；七月，为二等侍卫，在大门上行走；九月，任正蓝旗汉军副都统，寻管理圆明园事务。十二年（1807 年）四月，兼正黄旗护军统领；十二月，调任正黄旗满洲副都统。十四年（1809 年），管理右翼铁匠营事务。十六年（1811），卒。

嘉庆五年正月二十五日（1800 年 2 月 18 日），“以总管内务府大臣景熠为黑龙江将军”[①]。景熠到黑龙江担任将军这年秋天，秋霜来得早，当年粮食歉收，这年十月，景熠“奏墨尔根、黑龙江、布特哈、齐齐哈尔、呼兰城等处秋收，因霜灾请将各城备用仓粮并公仓粮石接济八旗兵丁口粮，分别年限

① 《清实录・仁宗实录》卷 58，759 页，北京，中华书局，1986。

完缴”[1]。嘉庆帝同意了这一请求，十月十四日（11 月 30 日），“给黑龙江等处霜灾兵丁官屯人等口粮，并免本年应交粮石。缓征齐齐哈尔、布特哈等处旧欠粮石。”[2]这本来是一件造福一方百姓的好事，可是由于黑龙江将军景熠与齐齐哈尔副都统恒博因各自利益，各持己见，造成接济粮食和银两迟迟发不到灾民手中。后来由于景熠和恒博分赃不均，矛盾激化，恒博差人找拉旺多尔济代递奏折，参奏景熠。六年二月十二日（1801 年 3 月 25 日），“齐齐哈尔副都统恒博参奏黑龙江将军景熠，刚愎贪鄙纵恣等款，革景熠将军职，命刑部侍郎瑚图灵阿、都察院左副都御史继善，驰赴盛京审讯。”[3]清廷接到恒博参奏景熠的密折后，当即革了景熠的黑龙江将军一职，并派瑚图灵阿、继善、庚音等前往黑龙江秘密调查实际情况。在调查中发现，清廷所给受灾兵丁口粮，一直没有发放到灾民手中。三月二十六日（5 月 8 日），清廷接到瑚图灵阿调查的奏报后，“谕军机大臣等：瑚图灵阿等奏，查明齐齐哈尔抚恤口粮情形一折，据称现在灾户人等，正需接济，若俟黑龙江等处粜粮价银再行给放，不若即在库贮银两内动用，照市价折给等语。此事总因景熠、恒博，彼此各逞己见，议论参差，以致去年十二月应给之粮，延至本年二月始行放给，已属迟缓”[4]。嘉庆帝同意了瑚图灵阿的奏请，“著即照瑚图灵阿等所请，准其动用库贮银两，照市价按户折给，俾灾户早沾实惠，仍严查侵冒等弊。其灾户应领六月、八月之粮，亦准其作为一、二次，如数并月给予，以赡生业而免纷繁”[5]。之后，瑚图灵阿等对恒博参劾景熠各款，经过调查核实后，上奏说：“景熠私种荒地，擅用站车赴布特哈审案，墨尔根等处查灾，私用站马收受皮张银两，并派兵跟随打围，又任性枷号铺户，并制连枷严惩土棍、窃贼致毙人命，及本年正月演戏各情节，供认属实。唯于私用税课赢余一节，称与恒博分用。于扣留俸饷，短发市平一节，因本城向无存公款项、关放外城俸饷，照市平扣银存库充公，并非入己，至借筹办兵丁马匹为名，赴呼伦贝尔买马转卖一节，则称恒博先与商办。询之恒博，称系景熠所办。”[6]嘉庆帝认为瑚图灵阿等在审

①⑥《清国史》（嘉业堂钞本）第八册，393 ～ 394 页，北京，中华书局，1993。
②《清实录·仁宗实录》卷 75，1000 页，北京，中华书局，1986。
③《清实录·仁宗实录》卷 79，19 页，北京，中华书局，1986。
④⑤《清实录·仁宗实录》卷 81，49 页，北京，中华书局，1986。

理景熠和恒博合谋动用税课赢余款，购买马匹谋利案情，没有彻底查清楚，于是又命新任黑龙江将军那奇泰会同瑚图灵阿等共同办理。四月审明覆奏："上年十二月奏报税课额外余钱五百余千，景熠自用二百七十千，分送恒博二百五十千，时恒博欲行参奏，留钱作据。至买马转卖，实是恒博首先商办，景熠分授银一千两。照律拟斩监候，系宗室，请旨交宗人府照例办理。"① 五月初二（6 月 12 日），宗人府军机大臣三法司议奏："刑部侍郎瑚图灵阿等，审拟已革黑龙江将军景熠，贪纵营私各款，应照律拟绞监候，系宗室公，交宗人府圈禁。从之。"② 至此，景熠结束了任职黑龙江将军的政治生涯。

景熠在黑龙江任职一年多，任职期间没有任何政绩，历史文献仅记载的一次奏请减灾赈灾，还是为谋一己私利，而不顾百姓生活疾苦，使救济粮款迟迟发不到灾民手中。清廷对景熠判拟绞监候，是其贪腐应得的下场。

（孙文政）

恒　博

恒博（？—1824），亦称恒伯，清宗室，满洲正红旗人。乾隆四十年（1775 年）四月，授二等侍卫；十二月，封奉国将军。五十七年（1792 年），授开原城守尉。嘉庆三年（1798 年）四月，擢齐齐哈尔副都统；十二月，因富珠隆阿案革职，上加恩留任。六年（1801 年）二月，署理黑龙江将军；三月，革齐齐哈尔副都统，保留奉国将军；四月，因克扣银两，革奉国将军，圈宗人府监禁；八月，释回旗。七年（1802 年），赏粘竿处拜唐阿。八年（1803 年）正月，补三等侍卫；闰二月，赏头等侍卫，充西宁办事大臣，寻调巴里坤领队大臣；六月，调科布多参赞大臣。十一年（1806 年）十月，授内阁学士，兼礼部侍郎衔，寻兼镶黄旗蒙古副都统；十二月，调西宁办事大臣。十二年（1807 年），因向铺户敛银，摘去顶戴，交宗人府严议，革去学士，发配盛京。二十三年（1818

① 《清国史》（嘉业堂钞本）第八册，393 ～ 394 页，北京，中华书局，1993。
② 《清实录·仁宗实录》卷 83，77 页，北京，中华书局，1986。

年)，释还。二十五年（1820 年)，授四等侍卫，守护昌陵。道光四年（1824 年）八月，回京以原品休致；十二月，卒。

恒博署理黑龙江将军时，遇到屯官富珠隆阿用药毒死叶荣春一案。负责审理此案的主事岱清阿和协领那苏图等庇护富珠隆阿，致使案件反复审理半年也未据实审结。恒博奏请清廷派大员前来审理，遭到嘉庆皇帝的严饬，遂派盛京刑部侍郎瑚图礼审理此案，恒博受到革职留任的处分。

嘉庆六年（1801 年）二月，恒博因与黑龙江将军景熠分赃不均，产生矛盾，上奏朝廷疏劾景熠，说："景熠于国制内，私行演剧，令兵丁习学歌曲，擅用站车，收受馈送，勒索铺户，并连枷死命，扣留俸饷及私用马价课税银两等款。"[①]清廷褫景熠职，以恒博暂署黑龙江将军事务。三月，恒博在咨行兵部文内附加前参劾景熠折稿，尚书丰绅济伦一并呈给嘉庆帝，发现先前恒博参劾景熠的折稿，是由领侍卫内大臣拉旺多尔济代递的，嘉庆帝气愤地说："景熠如果刚愎纵恣，得受馈送，该副都统原应具折参奏，何难差人来递？恒博参奏景熠之折，不由奏事处投递，交拉旺多尔济传递，心怀犹豫。"[②]认为不合程序，三月初七（4 月 19 日)，"下部严议，革任命，留奉国将军职"[③]。四月，负责审理景熠款项的瑚图灵阿向嘉庆帝奏报："恒博参奏景熠各款多虚，恒博所劾景熠诸事，均经供认，唯私收税余钱，系与恒博分用。卖马得价，乃恒博先向景熠商允，并分受银一千两。"[④]又从景熠审讯出"俸饷恒博亦扣银九百余两"[⑤]。于是，清廷革恒博奉国将军职，因为是宗室，交宗人府圈禁。恒博后来被起用，在内蒙等地任职，也都因为敛银，再次圈禁宗人府，后流放盛京。

恒博系清宗室，本该尽忠报国，大展宏图，可他却多次贪赃枉法，为图钱财，丢官罢职。嘉庆帝谕曰："恒博前在齐齐哈尔副都统任内，与景熠相互参劾，景熠固属有罪，而恒博亦有应得之咎。加恩复用后，仍不行。"[⑥]恒博沉浮的一生，为后世官宦敲响了警钟。

（孙文政）

---

①④⑤⑥《清国史》(嘉业堂钞本）第八册，390 页，北京，中华书局，1993。
②③《清实录·仁宗实录》卷 80，37 页，北京，中华书局，1986。

观　明

观明（？—1818），亦名官明，瓜尔佳氏，满洲镶黄旗人。乾隆三十年（1765年），由领催袭云骑尉世职。三十七年（1772年），授印务章京。四十一年（1776年），迁副参领。四十七年（1782年），擢参领。五十四年（1789年），擢察哈尔副都统。五十九年（1794年），调青州副都统。嘉庆六年（1801年）迁察哈尔都统。七年（1803年）十二月，擢任黑龙江将军。十四年（1809年）三月，调任乌里雅苏台将军。十五年（1810年）八月，调盛京将军。十六年（1811年）十二月，因“玩视民瘼”①革职。嘉庆二十三年（1818年），卒。

观明从嘉庆八年十二月十七日（1804年1月29日），到十四年三月十九日（1809年5月3日），前后任职时间近六年，是任职黑龙江将军任期较长的一位。

黑龙江自嘉庆七年（1802年），连年遭受自然灾害，观明上任后，首先向清廷奏报灾情，嘉庆帝于嘉庆八年（1803年）、十年（1805年）两次下令减免了黑龙江歉收的40官庄、齐齐哈尔遭水淹的官庄的新旧额粮。并贷给黑龙江、墨尔根、齐齐哈尔、打牲乌拉等处因遭水灾的旗民7个月口粮，豁免灾民的应征粮。

黑龙江地处北部边陲，常受沙俄侵扰。清廷为了镇压国内此起彼伏的农民起义，又经常要黑龙江将军派兵前往协剿，因此加强军事防务，成为观明任职黑龙江的重要任务。嘉庆十年（1805年），观明以黑龙江挑选兵丁可否添练长枪，上奏朝廷，嘉庆帝以“东三省兵丁原以猎牲为业，至马步骑射鸟枪本自精熟，伊等与绿营一体兼习长枪反致废其本业，该营兵丁俱毋庸习长枪，仍令勤习旧习务至精锐”②而拒之。十二年（1807年），观明又奏请在齐齐哈尔、黑龙江、墨尔根、呼兰四城增设步军，拨款生息。嘉庆以“四城现有壮丁一万五千多名，增五百步甲，不能解决问题，应饬令耕田”③为由驳之。

嘉庆十一年（1806年）四月，朝廷命黑龙江、吉林派兵300名，随副都统富翰、富僧德等去台湾“协剿洋匪”。十二月，又命观明派兵驰赴陕西，镇压宁陕兵变，期间，黑龙江边境形势也日趋紧张。早在嘉庆十年（1805年）三月，

① 戴逸、李文海：《清通鉴》（第12册），5190页，太原，山西人民出版社，2000。
②③《清史编年》（第七卷），410页、520页、580页，北京，中国人民大学出版社，2000。

沙俄政府决定派戈洛夫金使华谈判贸易，并搜集关于黑龙江航行和顺该河到鄂霍茨克海的情报，要求中国政府允许利用这条航道在黑龙江建立货栈，并至恰克图，被我边防拒绝入境。八月，沙俄军官赫沃斯托夫等武装侵入库页岛。十月，又率水兵五名在库页岛的阿尼瓦强行登陆，并蛮横叫嚷当地居民受“俄国保护”，遭到我官民群起反击，致无法立足而撤退。这次挑衅前，俄人克鲁逊什升特恩等在八月曾违法“考察”鄂霍茨克海岸和库页岛东北部，以及黑龙江口一带。尽管清廷已无力给予黑龙江边防更多支持，但观明在加强驿站管理、争取朝廷增发“火牌”及时传递情报、抵制沙俄扩张活动等方面采取了许多应急措施，还通过发展垦务，积累税捐，增加兵丁的有效供给等，给予参加戍边和征剿的兵丁优惠政策，取得了一定成效，得到了朝廷的嘉勉。为了弘扬将士的献身精神，嘉庆八年（1803 年）观明上奏朝廷在省城修建“昭忠祠”。省城虽有关帝庙、城隍庙、普恩寺、大悲庵等寺庙，但无闲房入祠。嘉庆恩准，“拨银六百九十七两九钱二分八厘，在城东南建造了砖瓦房三间、大门一间，门两旁南墙用砖砌成，祠内设立案几、锡香炉、筒蜡等设施，此祠成为省城祭祀卫国戍边官兵的重要场所”①。

观明任黑龙江将军期间，正赶上嘉庆帝赴盛京谒拜祖陵，巡访广宁（北镇）、辽阳（新宾）等地，一路上迎来送往，嘉庆帝满意于年丰物阜民安，有感于历年发遣吉林、黑龙江人犯过多，加重了当地安置和经济负担，于是，敕令“着将发往吉林、黑龙江安插之闽、广天地会犯（吉林三百余名，黑龙江更多），改发新疆伊犁将军管束”②，并于嘉庆十一年（1806 年）着刑部遵旨拟议《免死改遣罪犯分别减释条例》，准其发遣吉林、黑龙江等处常犯，如强盗免死、大逆缘坐、叛案干连、邪教会匪及台湾聚众抢夺、杀人放火为从各犯，均系情罚重大，虽在配年久，年岁垂老，均不准其减释。其余各遣犯不论为差为奴，均拟以在配十五年实系安分守法，而年至七十岁，及年已七十安分守法，而在配未满十五年者，俱准其释。③这一举措，是观明多次奏请朝廷，为获罪遣官在酷寒荒野之塞外，经年戴罪煎熬，为开发经营黑龙江有所贡献的一片怜

① 《黑龙江将军衙门档案》，中国第一历史档案馆，馆藏编号，180122 号。
②③ 《清史编年》（第七卷），410 页、520 页、580 页，北京，中国人民大学出版社，2000。

悯之苦心。所以，此条例一颁布，观明立即造册上奏“将乾隆五十六年以前发遣到配已将十五年，而又年至七十岁之犯共三百一十九名，又未满十五年，而年已至七十岁之犯二名，再嘉庆三年经部查办拟定年限减徒尚未期满之犯一百五十五名，俱造清册，咨送部”[①]。

观明针对关内流民连年涌入的现状，从垦荒实边、涵养税捐的角度着想，多次奏请清廷给以变通政策，嘉庆九年（1804 年），清廷承认近年陆续流入郭尔罗斯境内开荒的流民已增至 7 000 余人的事实，决定不予驱逐，但重申关口稽查之禁。至于所垦地亩，固在蒙古地界，仍听蒙古征收。十一年（1806 年），观明颁行了户口制度，黑龙江将军辖境在册人口已达 136 228 人。由于黑龙江、嫩江航运的发展，当时统计齐齐哈尔漕运局已拥有家奴和赋役民工 299 户，民工 739 名。水师营实行了平战结合的管理体制后，共有 2 962 人，其中领催 7 人，水手 267 人，闲散 244 人，幼丁 501 人。较为宽松的垦务政策，发展了农业生产，繁荣了集市贸易和其他经济活动，齐齐哈尔的城市人口有了显著增加，城市的功能初露端倪。

黑龙江向为清廷发遣人犯之地，尽管乾隆后期对流人政策多次调整，黑龙江流人数量稍减，但满人官员、太监及安置死刑减等的遣官仍然充斥省城齐齐哈尔。如：嘉庆七年，台湾小刀会骨干白伦、林卤等向朝廷“悔罚自首”被发往黑龙江为奴；十年，董霖因编写“逆词”遭刑，其子董品喜着发黑龙江给索伦、达斡尔为奴；十一年，成都将军成庆，以在嘉庆帝前“恣行欺妄”获罪发齐齐哈尔效力赎罪；十二年，因直隶侵吞银库，知州陈锡钰、知县魏廷鉴等四人被发黑龙江当苦差；十四年，“挪借库存养廉银”案，山东布政使邱庭漋、曹州知府金湘被发齐齐哈尔效力赎罪；塔尔巴哈台参赞大臣因办事“错谬”革职发往齐齐哈尔效力赎罪；以及因文字狱获罪发遣的程煐、龚光瓒、刘凤诰等文化流人，形成了黑龙江流人大集结的鼎盛时期。观明及西清等官员顺应历史潮流，结合黑龙江现实，对流人十分重视，或邀其入幕府，或邀请其执教学馆，或鼓励其开医馆商号，特别是注意发挥龚光瓒、王霖、程煐、刘凤诰等文化流人的

① 《清史编年》（第七卷），410 页、520 页、580 页，北京，中国人民大学出版社，2000。

作用，并常与他们切磋和交流。观明主持的汉学馆成立，即聘任龚光瓒为教师，又聘任王霖为第二任教师，还聘任清代大学者西清来黑龙江当银库主事，并兼任第三任汉学馆教师。受到将军厚待的流人在为省城教育文化事业出力的过程中，也找到了生活的乐趣。当时省城有名的“红豆山房”及西清出资重修的“海粟亭”[①]，在观明的参与下，作为流人相聚的场所，成为流人文化的象征。这一时期涌现出了大量的文化成果，如嘉庆九年五月，观明向朝廷进献的《八旗诗》134卷，被嘉庆帝赐名《熙朝雅颂集》，程煐的戏剧本《龙沙剑传奇》，王霖的《万字文》，西清的《黑龙江外记》以及省城寺庙或其他建筑的匾额、楹联，成为了解当时黑龙江的宝贵历史文化遗产。

观明在任时，齐齐哈尔城还经历了一次大火，木城尽毁。由于观明及时向清廷据实奏报灾情，请求救济，并实行了一些有利于民生的举措，特别是善待来省任职的官员及大量流人，尽量发挥其作用，这些举措在一定程度上促进了地方政治、军事、经济、文化教育事业的发展。观明是一位难得的颇有建树的封疆大吏。

（闻鹤鸣）

斌　静

斌静（？—1832），清宗室，满洲镶红旗人。乾隆三十七年（1772年），由闲散挑补。四十年（1775年）四月，授三等侍卫；十二月，封辅国将军。五十九年（1794年），兼宗室佐领。嘉庆初，累迁前锋侍卫，前锋章京，升伯都讷副都统。嘉庆七年（1802年）调任三姓副都统。九年（1804年），擢为齐齐哈尔副都统。十四年（1809年），升任黑龙江将军。十八年（1813年），因办案不力，调京候旨，后革职，发往伊犁效力赎罪。二十二年（1817年），赏三等侍卫，后任叶尔羌办事大臣。道光元年（1821年），以其家人犯罪失察，发往黑龙江效力赎罪。七年（1827年），因两目俱盲释回，交宗人府圈禁。十二年（1832年），卒。

斌静是从齐齐哈尔副都统升任黑龙江将军的，对黑龙江十分熟悉。斌静

① 戴逸、李文海：《清通鉴》（第12册），5190页，太原，山西人民出版社，2000。

在任黑龙江将军的时候，适逢爱星阿、刘凤诰、程煐、戴裴谷、邱庭澧、西清等官员、文人流放或任事于齐齐哈尔，因而得以与这些文人相识。斌静对这些文化流人大多很礼遇，反映了斌静对文化的重视。嘉庆十七年（1812 年）夏秋之交，嘉庆帝为了使各地将军大臣“留心武备、训练士卒”，向各个将军辖区颁赏南苑大阅诗。斌静接到墨刻的诗句后，一番顶礼膜拜，拟折谢恩，于是请刘凤诰相助。向嘉庆帝谢恩的《钦颁御制南苑大阅诗墨刻谢折》经过拟定、校正、审阅等程序后，很快送达京师。嘉庆帝一看，是一篇用汉字书写的骈体文，对仗工整，辞藻华丽，法书端庄，便知非斌静所能，便说:“此刘凤诰笔也”。并说：“其文愈胜昔，可谓穷苦始工也。”这件事，引起嘉庆帝对地方官上奏方式的思虑，在八月初六（9 月 5 日），谕内阁：“斌静以接奉颁赐墨刻诗句,用汉字折谢恩。朕颁赏南苑大阅诗……自应用清字折谢恩。斌静身系宗室，且任黑龙江将军，尤当勤习技艺清语，其折内铺叙四六，甚属非是。朕阅此折，即料系刘凤诰代拟，斌静请刘凤诰代拟奏折，已属错谬，刘凤诰亦有不合，斌静著申饬。”于是对此类行文进行了改革，谕令：“嗣后此等谢恩，俱著用清字折，不得再用汉字折具奏，否则违例。”[①]斌静本意是讨好皇帝，结果碰了一鼻子灰，差点没落下个欺君之罪。

十七年（1812 年），清廷发往黑龙江的流人已达数千名。清廷鉴于流人过多，难以管束，于是下诏，决定将这些流人中在当地生活年久的改发云南等烟瘴之地，发配不久的，改发新疆，而且规定，起程的时候用铁链锁颈。法令一经公布,遭到身心已经受到极大创伤的流人们的强烈反抗。十八年（1813）正月，墨尔根流人在韩自有、马伏龙和汉族人石方山等发动下，联络本城流人 40 余人，并准备联络流放布特哈的流人一同起事。他们向商铺索取钱款，筹备器械，密谋起义。不料，起义前一天，被其中的李义连、刘义章出卖，墨尔根城副都统明德闻讯后，连夜迅速调集清兵，并于第二天进行围捕镇压。经过一场力量悬殊的战斗，起义者 31 人被俘，部分逃脱。明德派协领巴尔达呼对被俘者严刑拷问，有的甚至被打死。斌静接到明德咨文后，立即带领刘

① 《清实录·仁宗实录》卷 260,517 页,北京中华书局,1986。

凤诰和另一流人保三等，驰驿前往。斌静唯恐朝廷责罚，采取了大事化小的策略。先将巴尔达呼奏请革职，并指责明德处事张皇。责成刘凤诰及保三处理此案。明德本来觉得自己处理果断，即使有刑讯逼供，也是势所难免，不当受如此责罚，于是上书朝廷，指责斌静私遣保三，向遣犯庞添栋家传递供词，让其往轻罪的方面供认，意思就是避重就轻，不该说的不说，请求朝廷派钦差前来审理督办。于是嘉庆帝派盛京工部侍郎富俊等前往处理，斌静则停职，著令回京候旨。斌静尚未启程，四月，又发生了革退协领颇连控告协领添喜保等侵用恩免银两案，斌静又陷进经济案。六月，朝廷谕令“革黑龙江将军斌静职，遣乾清门侍卫庆惠驰往提解来京，并革其子奉恩将军果勒卿阿职，归案审讯”[①]。不久，案情审理清楚。原来，将军衙门咨请朝廷豁免的积欠，被协领等使用部费，并向所属主事索借钱文，而将军、副都统不查，听任流弊。关于他犯罪的具体原因，据大学士董浩等奏：“审讯已革黑龙江将军斌静，咨请豁免积欠，任听协领等使用部费，并向所属主事索借钱文属实，请将斌静发往伊犁。”于是，斌静被发往伊犁效力赎罪。

斌静任黑龙江将军期间，在将军府内后花园置办了园囿，种花木、立假山，饲养丹顶鹤。嘉庆十五年（1810年）七月，有人得到两只“辽东鹤”，“略不加惜”[②]，“献之将军斌静”[③]。“置园中，饲以料，修颈高趾，殊自得。每雨过，轩舞有节。或啄木掷空，作添筹戏。丹顶日鲜。乃之此物，非可剪翎而笼蓄之者也。”[④]因名曰放鹤园。并征集文人诗歌记其事。其后有人凭此说他生活腐化。

从历史资料的记载看，斌静在黑龙江将军任内建树很少，在处理政治问题和突发事件方面刚愎自用，并且在协调上下关系方面均不够妥当，总是惹来祸端。他是黑龙江历史上第一个由将军沦落为流人者，这个人生的落差令人唏嘘，也令人思考。

（张守生）

① 《清实录·仁宗实录》卷270，656页，北京，中华书局，1986。
②③ 西清：《黑龙江外记》卷8，87页，黑龙江人民出版社，1984。
④ 魏毓兰：《龙城旧闻》卷1，15页，哈尔滨，黑龙江人民出版社，1986。

富 俊

富俊（1749—1834），字松岩，卓特氏，蒙古正黄旗人。初由翻译进士，授礼部主事。乾隆四十四年（1779 年），承袭骑都尉。五十七年（1792 年）二月，京察一等；升员外郎。五十八年（1793 年）三月，迁郎中；十月，迁内阁蒙古侍读学士。六十年（1795 年）五月，迁内阁学士，兼礼部侍郎衔；九月，授镶蓝旗蒙古副都统。嘉庆元年（1796 年）九月，调镶白旗满洲副都统；寻升理藩院侍郎；十二月，调为兵部侍郎，仍兼理藩院侍郎；旋改兵部右侍郎。二年（1797 年）正月，授兵部左侍郎；旋任科布多参赞大臣。四年（1799 年）正月，授乌鲁木齐都统，赏戴花翎；八月，调喀什噶尔参赞大臣，兼署镶红旗汉军都统。七年（1802 年）九月，调任叶尔羌办事大臣；十一月，调乌里雅苏台参赞大臣。八年（1803 年）四月，署镶红旗汉军都统；五月，擢任吉林将军；八月，调为盛京将军。十五年（1810 年）八月，缘事革职，发配吉林效力赎罪；寻授盛京工部侍郎，兼管奉天府尹及六边门事务。十八年（1813 年）六月，授黑龙江将军。十九年（1814 年）二月，复调任吉林将军；十一月，降两级留任。二十二年（1817 年）二月，复调盛京将军。二十三年（1818 年）九月，再次任吉林将军。道光二年（1822 年）七月，授理藩院尚书。四年（1824 年），又改授吉林将军。七年（1827 年）七月，授协办大学士，后又兼理藩院尚书、镶黄旗汉军都统，充经筵讲官、阅兵大臣；十一月，署刑部尚书。八年（1828 年）二月，署户部三库事务，八月，署工部尚书；九月调镶红旗满洲都统，兼署镶蓝旗汉军都统。十年（1830 年），授东阁大学士。十四年（1834 年）二月，卒。“赠太子太傅，祭葬，谥文诚，入祀贤良祠。”①

嘉庆十八年（1813 年）四月，黑龙江将军斌静在审理墨尔根韩自有“纠众谋劫”②案件中，与墨尔根副都统明德意见不一，相互推诿，把办案工作全部交给协领巴达尔呼审理。巴达尔呼在审理案件中“严刑拷问，致将案犯拖死”③，于是清廷任命盛京工部侍郎兼奉天府府尹富俊到黑龙江

① 《清实录 · 宣宗实录》卷 249，766 页，北京，中华书局，1986。
② 赵尔巽等：《清史稿》卷 342，11119 ～ 11122 页，北京，中华书局，1977。
③ 《清实录 · 仁宗实录》卷 268，638 ～ 639 页，北京，中华书局，1986。

审理此案。不久斌静因审理案件不力而革职，四月二十六日（5 月 26 日），“以盛京工部侍郎兼奉天府府尹富俊，为黑龙江将军”①。富俊任职黑龙江将军后，针对黑龙江各级官员的现状，即开始整顿吏治，十二月初八（12 月 30 日），富俊根据“省内外臣工三年更调”②一次的现象，上奏嘉庆帝，要求进行调整。禁止官员奢侈浪费，重视边治工作，“讲求武备，制定条例，约法三章，列款以闻”③。在臣僚的任用上，富俊实行“量能器使”④，职位的任选和废除，必须随时甄别考核。如果笼统规定三年调整期限，“其称职之员方资整顿，何必亟于更调，其不胜任者，又安能曲为姑容待期限满乎？”⑤嘉庆帝同意了富俊的奏请，“诏以更调非可限年，余并嘉纳”⑥。富俊注重民风的培养，对民间婚丧嫁娶宴请之风，提倡“自应称家有无，随宜成礼”⑦，反对相互之间攀比现象。当时奢侈浪费者“群相歆羡，质俭者为非”⑧，导致“贫富相耀，取非其有”⑨，富俊针对“敝习相沿，伊于胡底”⑩这一不良的社会风气，命令八旗及直省大员，要“善为化导，使人人知礼让为先，廉耻为重”⑪。教育人们“一切鲜衣美食，缛节繁文，俱无足贵”⑫。经过富俊对奢侈浮华之风的整治，使黑龙江的民风“日臻淳朴”⑬。富俊还重视对兵丁的训练，对在训练中不合格的兵丁，要求“毋许滥充”⑭。另外，富俊还针对“东三省官兵技艺优娴”的情况，挑选二三百名，分派到京城各地当差，以达到提高军队素质的目的。并要求每年选送一次，自此以后成为定制。

嘉庆十九年二月二十日（1814 年 3 月 11 日），富俊改任为吉林将军，离开黑龙江。富俊在黑龙江任职的九个月里，狠抓各级部门和民间存在的不良风气，使黑龙江的社会风气得到好转。《清史稿》评价富俊“尚廉节，好礼贤士”⑮。富俊去世后，道光帝称其“清慎公勤，克尽厥职，勤劳三省，不凋松柏”⑯。这是道光帝对富俊盖棺定论的评价。

（孙文政）

①④《清实录·仁宗实录》卷 268，638 ～ 639 页，北京，中华书局，1986。
⑤⑥⑦ 赵尔巽等：《清史稿》卷 342，11119 ～ 11122 页，北京，中华书局，1977。
②③⑧⑨⑩⑪⑫⑬⑭⑮⑯ 王钟翰点校：《清史列传》卷 34，2614 ～ 2615 页，北京，中华书局，1987。

特依顺保

特依顺保（1768—1840），钮祜禄氏，满洲正白旗人。早年投入军营。乾隆五十三年（1788年），以吉林前锋长从征廓尔喀（今尼泊尔）。五十六年（1791年）十月，从将军福康安、参赞大臣海兰察、奎林经青海入藏作战。五十七年（1792年），历任吉林前锋蓝翎长。嘉庆五年（1800年）十一月，以委前锋侍卫为头等侍卫。六年（1801年）四月，赏护军参领，后历任陕西波罗营参将、山东莱州营参将、贵州大定协副将。十一年（1806年）十二月，以头等侍卫擢升西安右翼副都统。十三年（1808年）二月，调任甘肃西宁镇总兵。十四年（1809年）九月，署理甘肃藩司印务。十八年（1813年）十一月，加提督衔，获云骑尉世职。十九年（1814年）二月，擢升黑龙江将军。二十一年（1816年）六月，降一级留任。二十三年（1818年）十一月，调任乌里雅苏台将军。二十四年（1819年）闰四月，兼正蓝旗汉军都统。道光二年（1822年）正月，诏来京；十月，任塔尔巴哈台参赞大臣。三年（1823年）五月，任叶尔羌办事大臣。五年（1825年）九月，调正白旗蒙古都统。六年（1826年）正月，充为总谙达；七月，为阿克苏办事大臣；九月，署甘肃提督。八年（1828年）四月，任绥远城；十二月，调任黑龙江将军；十年（1830年）三月，调任宁夏将军。十二年（1832年）八月，调任西安将军；九月，调任伊犁将军。十五年（1835年）正月，为镶蓝旗汉军都统。十八年（1838年）四月，入京觐见，留京供职，授内大臣，加太子太保；寻为镶黄旗领侍卫内大臣、阅兵大臣；六月，为正白旗领侍卫内大臣。二十年（1840年）三月，为镶蓝旗汉军都统；五月，因病请求解职归养，不久故去。赐恤如例。

特依顺保曾两度任职黑龙江将军。第一次是从嘉庆十九年（1814年）二月到二十三年（1818年）十一月；第二次是从道光八年（1828年）九月到道光十年（1830年）三月。

在第一个任期，特依顺保并没有什么突出的业绩，但也没有什么劣行，既受过嘉奖，也受到过处分。当时黑龙江处于平稳期，主要的任务是稳定边疆，训练士卒，进行行政司法管理，维持民生，进贡等。

在遣犯的管理方面，特依顺保任职期间，清廷向黑龙江发送遣犯处于高峰期。其中既有犯官、宗室、太监，如河道总督李亨特、滑县县令孟屺瞻、河南通判竹腾霄、龙溪县县令朱履中、福州知府涂以辀等，也有普通百姓，最多的是“邪教”分子，即天理教和白莲教被俘教众。其中以李亨特的官职较大。

嘉庆十九年（1814年），河道总督吴璥奏微山湖存水仅一二尺，南阳、昭阳、独山等湖淤成平陆，无水可导。嘉庆帝斥责李亨特在官不能预筹，又听说李亨特既被罢免还居住在济宁，仍用总河仪制，更是生气，怒责李亨特玩误纵恣，以“废弛河工，贻误漕运，厥咎甚重，且于罢免后仍恣意侈漫，不知敬惧”[1]，命令将其逮捕，下刑部治罪，籍没其家。刑部议将李亨特发遣新疆，但嘉庆帝犹觉不够严厉，命在部枷号半年，发黑龙江效力。二十年（1815年）二月，清廷收到特依顺保的奏折，言已经将李亨特留在衙门充当苦差。嘉庆帝观览奏折之后，甚为不满，对内阁大臣们说，将李亨特留在衙门充当苦差，但并不言及从事什么事项，实属含混，猜测必定是特依顺保将其留在署内安居。于是，传旨对特依顺保申饬，对李亨特专门做出安排：派令在该处河工等项事务上效力当差。

由此，引发了清廷对流放官员在发遣地安置政策的调整：缘事发遣大员等到配所后，所在地衙门必须将其派做何项苦差之处，据实奏闻，毋得含混。这样，特依顺保按照朝廷要求将李亨特安排在与水利相关的地方充当苦差。当时的黑龙江与此有关联的只有工司而已。据记载，李亨特在戍所参与齐齐哈尔地区的治水工程。嘉庆二十年（1815年），李亨特卒于戍所。

在清代，有许多以宗教名义举行的农民起义，清廷称之为“邪教”。失败后的部分群众被流放至黑龙江，但他们“原犯邪教、会匪各犯，到配后往往执迷不悟”，在戍所“传徒习教”，继续坚持斗争。早在乾隆五十七年（1792年），乾隆帝就曾怀疑过以刘省过“邪教”案发遣黑龙江的伊士刚、周学中二人，可能在戍所有“潜行传教”的行为。嘉庆二十年（1815年）九月，安徽“邪教”余党偷偷潜入齐齐哈尔，为其教徒寄送银两，被黑龙

① 《清实录·仁宗实录》卷289，951页，北京，中华书局，1986。

江衙门拿获，特依顺保奏请朝廷处理，“讯明分别定拟”，得到朝廷嘉奖。在黑龙江，被发遣的流人一直在进行斗争。十月，黑龙江又破获白莲教遣犯王双喜、王王氏与同配遣犯刘文魁等“传习邪教”案。刘文魁原系河南人，与王王氏为至戚，刘文魁被捕遣戍黑龙江后，其兄刘文焕，弟刘文灿，仍然“在河南传教”，坚持反清斗争，并“时常送银出口，给刘文魁使用”。王王氏死后，四岁之孙王举，虽然被监禁在狱中，但教徒们仍然拥戴他，“向其礼拜，呼为小主”，图谋举事。潜伏于河南、安徽等地的教徒王起顺仍然“数千里为之接济”，“私行出口，馈送金银，盈千累百”，[①]由于行事不密，被特依顺保属下破获。

对流人的管理有顺利的时候，但也有艰难的时候。有清一代，遣犯管理一直是个难题。要么是遣犯不断逃跑，特依顺保不断派出官兵追捕，疲于奔命；要么是遣犯管理不当，导致死亡，难以交代。如嘉庆二十一年（1816 年）六月，黑龙江官兵拿获一名叫王俊的可疑人犯，当时特依顺保因值年班在京，由齐齐哈尔副都统苏清阿署理。由于主官不在，人犯被羁押在监狱，没有及时受到盘问，而王俊乘机自缢身亡。人犯死后，苏清阿没有派员追究。待特依顺保回任，又延迟不办，被兵部弹劾，说特依顺保“因循疲玩”，部议苏清阿被降一级调用，特依顺保降一级留任。

特依顺保在任期间，还是能够体察民情，为百姓办事的。他多次奏请朝廷，赈济黑龙江灾民，缓征粮食。如嘉庆十九年（1814 年），黑龙江水灾，在黑龙江将军衙门的奏请下，朝廷免去了黑龙江被灾各城应征额粮，并缓征口粮籽种。二十二年（1817 年），再次免掉齐齐哈尔、黑龙江、墨尔根被灾兵丁额粮，并贷贫民口粮。二十三年（1818 年）十月，缓征齐齐哈尔、黑龙江、墨尔根、打牲乌拉四处贫民旧借口粮。

在进贡方面，尽管特依顺保竭尽全力，但也免不了受到惩罚。嘉庆二十三年（1818 年）十一月，索伦等少数民族进贡貂皮虽然数量勉强达到要求，但质量一般。一些索伦人还跑到京城私售上好貂皮，被朝廷发现。因此，

① 《清实录·仁宗实录》卷 311，137～138 页，北京，中华书局，1987。

朝廷责备特依顺保“办理不善”。恰好当时他已经调任，得以免于处理。接任的松宁将军接到的第一件任务就是严行查察貂皮进贡事宜，不得有私买私卖以次充好的现象发生。

第二个任期，特依顺保于道光八年（1828年）九月任命，而到黑龙江将军府邸时已经是半年以后的九年（1829年）二月，此间一直由苏崇阿署理。到任后的特依顺保所做的第一件事，是恳请朝廷宽免黑龙江官兵“行头”的赔缴。原来，从喀什噶尔前线撤回的黑龙江官兵，自带的棉甲、马褂、鸟枪、刀剑等物品，经过战争后已经不堪使用，应当补行置造。但置造的费用，按例从官兵饷银内限年坐扣赔缴。特依顺保奏请朝廷，请求宽免，得到道光帝的恩准，责成特依顺保派员从内务府领取经费，补充耗费。而所有战具，则按其意见，在黑龙江置办。这样，无疑免去了黑龙江官兵的一大笔支出，有利于黑龙江兵源的培植。

另一件事情，也可以说是特依顺保的政绩。道光八年（1828年）十二月，署理将军苏崇阿奏请朝廷，筹辅黑龙江各城仓储。主要是齐齐哈尔、黑龙江、墨尔根三城的公备仓储粮石缺额，需要补充。清廷恩准了这个奏请，决定从来年春天先将呼兰仓粮三万一千五百石，分别挽运、带运，分贮三城。还决定从道光十年开始，齐齐哈尔、黑龙江二城，按年各以粮六千石归补，墨尔根城以粮三千石归补，每年共计需粮一万五千石，呼兰挽运六成，各城采买四成。这项政策很大程度解决了黑龙江的粮食问题。运输粮食需要车船，从呼兰到黑龙江三城，最便捷的运输方式是水路。然而，当时的黑龙江水师运粮船尽管也在正常使用、修造，但此时一下子运输这么多的粮食，确实不堪服用。翌年六月，特依顺保请求朝廷拨款，修黑龙江呼兰地方运粮船，并得到批准，从而使呼兰的粮食源源不断运往三城，在一定程度上稳定了民生。

与以往一样，道光年间发往黑龙江的流人依旧不少，特别是官员、宗室和太监。其中，因修建墓地而导致漏水的大臣英和被发往黑龙江充当苦差，其子奎照、奎耀父子随侍，三翰林一起发配齐齐哈尔，这在历史上极为少见。合计这一时期发遣的富纶、黄兆蕙等官员，大约有十几人。每逢朝廷盛典或者皇帝出行东北，特依顺保总会借皇帝恩赦，及时提供释归流人名单，使其获得释归的机会，从一定程度上反映了他的仁行善举。

道光十五年（1835 年），特依顺保调任伊犁将军。他继承了玉麟将军未竟的事业，休息边氓，对周边少数民族采取安抚政策，于巴尔楚克开垦屯田。随着巴尔楚克等地屯田逐渐兴起，特依顺保根据实际情况奏请清廷减少驻防兵丁。其在任五年之内，边疆安然无事。有一件事情，可以说是特依顺保将黑龙江与新疆联系在一起。在嘉庆二十五年（1820 年）至道光八年（1828 年）的张格尔之乱和道光十年（1830 年）的玉素甫和卓之乱时，清政府曾数次选派数百名索伦营官兵前往戡乱。索伦官兵不畏强暴，英勇顽强，为维护祖国边疆的安全，前后有数百名官兵献出了生命。因此，人口增长率本来就很低的索伦营，在补充兵丁缺额时，又出现了兵源枯竭的现象。当时特依顺保于道光十三年（1833 年）十月向清帝上奏，陈明原委，并又一次要求自锡伯营补充人口，以补索伦营官兵额缺。当年底，道光皇帝下旨允准。十四年（1834 年）四月，自锡伯营挑取 18 至 23 岁之间的青壮年户 100 户、621 人补入索伦营。至此两次补充 260 十户、1279 人。这些锡伯户，据史料记载，都补入了索伦营西四旗，即布特哈索伦四旗之中。从此，索伦营出现了“锡伯索伦”的历史名称。

特依顺保以行伍出身，久经战阵，出生入死，得赐“奇成额巴图鲁”勇号，为大清稳定作出了贡献。他多次出任多个地方要职，成为当时的典范。在黑龙江将军任内，他按照朝廷要求，治边、进贡、捕逃、执法等，履行职责比较谨慎，为政也比较清廉。尤其是他能够重视民生，善待流人，殊为难得。

（张守生）

松　宁

松宁（1772—1823），又名松箖，玛拉特氏，蒙古正蓝旗人。嘉庆元年（1796 年），任内阁侍读学士。十五年（1810 年），任吉林副都统。二十一年（1816 年）二月，任西宁办事大臣；四月，任理藩院左侍郎。二十二年（1817 年）二月，授吉林将军。二十三年（1818 年）九月，改任热河都统；十一月，调任黑龙江将军。二十五年（1820 年）四月，调任盛京将军。道光二年（1822 年）正月，复任黑龙江将军；六月，复任吉林将军。道光三年（1823 年）九月，卒。“祭葬如例。”①

嘉庆二十三年十一月初五（1818 年 12 月 2 日），“调黑龙江将军特依顺保为乌里雅苏台将军，以热河都统松宁为黑龙江将军”②。当日嘉庆帝就上谕：“向来索伦等进贡貂皮，挑验及等第者，照例赏赐；其有不及等第者，念其既已足数，酌量减半赏赐。近年来，所进貂皮，俱不及等第。闻该索伦等，将上等貂皮带至京师私售，既多获价值，仍得减半赏项，殊不足以昭劝惩。此次貂皮足数著免其处分，不及等第，著毋庸减半给赏，此皆将军特依顺保办理不善，现已调任。著新任将军松宁到任后严行查察，如有前项私行售卖以下等皮张充数情敝，即行严参治罪，毋稍宽纵。”③二十三年十二月十七日（1819 年 1 月 12 日），“谕军机大臣等：户部议奏，特依顺保请裁减黑龙江城官庄壮丁一折，所驳甚是，已依议行矣。黑龙江城官庄四十座，岁交粮石，以备兵丁接济口粮等项之用。特依顺保率以兵丁疲乏为词，请裁官庄十座。计每岁积省牛具等银不过一百四十余两，而少收额粮至二千二百石，若各官庄纷纷效尤，必致有妨储备。特依顺保此奏其中必有怂恿之人。著松宁查明黑龙江城所属官庄实在情形，特依顺保系受何人欺蒙妄兴此议，即将特依顺保及造议之人一并据实参奏”④。上述分别说的是前任黑龙江将军特依顺保所办理的索伦等进贡貂皮和裁减江省官庄两件事，他没有处理好，嘉庆皇帝非常不满，命新任将军松宁对此严查。二十四年三月二十二日（1819 年 4 月 16 日），“谕：前因河南省拏获湖北复兴白莲教匪犯王柯供出黑龙江遣犯王举相貌体面，教中人常敛银送往接济，当即降旨令松宁将王举拿获严讯。据供十八、十九、二十等年，伊祖母王王氏在日，曾有阮凤仪等送银接济之事。将该犯王举问拟斩决，因尚有查讯之处，令松宁将该犯暂行监禁。兹据庆保等奏，向现获案犯李添振

① 《清实录・宣宗实录》卷 59，1041 页，北京，中华书局，1986。
②③ 《清实录・仁宗实录》卷 349，611 页，北京，中华书局，1986。
④ 《清实录・仁宗实录》卷 352，642 ～ 643 页，北京，中华书局，1986。

究出伊于四年曾往黑龙江送银，见过王举。有每日礼拜三次，呼为小主之供。王举一犯，本系邪教后裔，彼时年甫四岁，即有同教匪犯，向其礼拜，呼为小主。此等逆孽，岂可复留。著松宁即将王举一犯，先于黑龙江斩决。其余案犯，俟庆保等将全案拟结时，再行办理”[①]。这是一起黑龙江人王举参与白莲教案件。嘉庆帝对此事非常敏感与恐慌，命令松宁把王举抓捕严审。经松宁审讯、庆保举报，皇帝得知王举是教派的一个头目，下令让松宁把王举处决，其余的案犯等结案后再行办理。二十四年十一月十九日（1820 年 1 月 4 日），嘉庆帝觉得，“现在黑龙江官兵所带幼孩，又屡有续往认领者，则前此查办不实可知”。要求松宁“再行确查，并晓谕该官兵等，所带幼孩现多长成，如有记忆乡里及亲属姓名，愿回原籍者，俱令报出，照十九年成案，一体解送回籍，俾令完聚。如有抑勒隐匿者，查出照例治罪”。并告诫松宁“勿得仍前草率，致多遗漏”[②]。二十五年四月二十三日（1820 年 6 月 3 日），“调黑龙江将军松宁为盛京将军，以镶红旗满洲都统奕颢为黑龙江将军”[③]。松宁第二次任职黑龙江将军是在道光二年正月二十四日（1822 年 2 月 15 日），“盛京将军松宁为黑龙江将军”[④]。松宁在第二次任黑龙江将军期间，奉清廷之命做了两件事，二月初十（3 月 3 日），“谕军机大臣等：据伯麟奏，会议诚安条奏东三省添马事宜，因询悉黑龙江所属打牲、索伦、达呼尔，每年例交貂皮，全资马力，近日无力买马，艰于射猎，所有例交貂皮，往往折银购买，甚为拮据。请仍照雍正年间成案，由大凌河酌拨孳生马匹，为打牲之用。傥该处另有别项情形，窒碍难行，亦须另筹他策，妥为调剂等语。今伯麟以索伦、达呼尔生计拮据，每年有例交貂皮之累，复以添立孳生马匹为调剂，是否今昔情形，果有不同，抑仍有窒碍难行之处，著松筡秉公详察。据实覆奏”[⑤]。四月二十八日（6 月 17 日），“谕军机大臣等：向来黑龙江及索伦、达呼尔、呼伦贝尔、打牲乌拉地方，俱有承袭世职官员，著松（宁）将此项人员内，现在食俸者若干

① 《清实录·仁宗实录》卷 355，691 ～ 692 页，北京，中华书局，1986。
② 《清实录·仁宗实录》卷 364，815 ～ 816 页，北京，中华书局，1986。
③ 《清实录·仁宗实录》卷 369，882 页，北京，中华书局，1986。
④ 《清实录·宣宗实录》卷 28，511 页，北京，中华书局，1986。
⑤ 《清实录·宣宗实录》卷 29，525 页，北京，中华书局，1986。

员？不食俸者若干员？当差者若干员？不当差者若干员？其索伦、达呼尔例贡貂皮，无饷之丁若干？有何得项？一并详悉查明确数，开单具奏”①。这两件事未及松宁调查核实完，就于六月二十七日（8 月 13 日），“调黑龙江将军松筠为吉林将军”②。十二月二十五日（1823 年 2 月 5 日），“谕军机大臣等：据松筠等奏，齐齐哈尔木城，年久倾坏，请动项修建，并查照成案，通计匠夫工价，及兵丁砍运木植饭银，应用钉铁等项价值，共估需银五千六百二十二两零，于库贮备用项下照数动支等语。齐齐哈尔木城，是否因年久损坏，应行修建？著禄成于到任后，覆加查勘明确，据实具奏，再行办理。将此谕令知之”③。此时黑龙江将军德英阿与绥远城将军对调，可能是德英阿已动身赴任，在禄成没有到任时，由松宁兼署黑龙江将军。松宁这一奏请，清廷于三年二月初五（1823 年 3 月 7 日），“修筑齐齐哈尔城基土坝。从吉林将军松筠请也”④。

松宁在黑龙江将军任上，多是执行皇帝交办的事情，其政绩尤为平常。松宁虽然两次任黑龙江将军，但是对江省建设发展并没有发挥多大的作用。

（孙文政）

春生保

春生保（？—1829），亦称春升保，努叶勒氏，满洲镶黄旗人。世居吉林。嘉庆元年（1796 年 ）九月，由领催随副都统赛冲阿赴陕西剿匪；十月，将军明亮上其功，赏戴蓝翎。四年（1799 年），补骁骑校。六年（1801 年）六月，升补防御，赏换花翎。十一年（1806 年），升佐领。十五年（1810 年），升协领。十六年，兼公中佐领。二十三年（1818 年）十二月，擢升齐齐哈尔副都统。二十五年(1820 年)四月，署理黑龙江将军。道光八年(1828 年)，降三级调用。九年（1829 年），卒。

①《清实录·宣宗实录》卷 34，617 页，北京，中华书局，1986。
②《清实录·宣宗实录》卷 37，669 页，北京，中华书局，1986。
③《清实录·宣宗实录》卷 47，837 页，北京，中华书局，1986。
④《清实录·宣宗实录》卷 49，867 页，北京，中华书局，1986。

嘉庆二十三年十二月十八日（1819年1月13日），“以三姓副都统春升保，为齐齐哈尔副都统”①。二十五年四月二十三日（1820年6月3日），清廷“以镶红旗满洲都统奕颢为黑龙江将军”。在新任黑龙江将军奕颢未到任前，由时任齐齐哈尔副都统春生保署理黑龙江将军。②

道光元年（1821年）二月，春生保与将军奕颢一起上奏弹劾墨尔根佐领台清阿：“领运接济口粮，擅行代卖之佐领等官，请革职解任严审。得旨：佐领台清阿，著革职，副总管托克托恩、骁骑校车登，著解任。”③二年（1822年）正月，黑龙江将军奕颢上奏，以东北为清朝发祥地，士马骁腾，甲于天下，一切操练，不能工于式样走过场，说：“齐齐哈尔虽有火器营建制，并无实在兵丁，每年春秋两季操练，临时从八旗甲兵中抽调，事毕归旗当差。”④奕颢建议从“齐齐哈尔八旗兵甲内，挑取四百五十名，拨归火器营参领管辖，进行训练”⑤。清廷接到奏折时，奕颢就已调任乌里雅苏台将军。二年二月十二日（1822年3月5日），上命“春生保详察覆议”⑥。十二月，春生保上疏：“齐齐哈尔八旗额设甲兵二千一百七十名，所有春秋操演、放鸟枪，向由八旗操练，事毕仍归各旗当差。若遽归火器营管辖，遇有别项差务，不免顾此失彼，唯有遵照成规，认真训练。上是之。”⑦道光帝采纳春生保的建议，原黑龙江将军奕颢的奏请没有允准。

道光二年（1822年），齐齐哈尔发生水灾，粮食歉收。八月，春生保奏“齐齐哈尔被水冲淹，所收粮石无多，请将嘉庆二十五年被灾借给接济银粮，暂行缓俟道光三年秋收后再行起扣”⑧。八月初六（9月20日），清廷根据齐齐哈尔实际情况，“如所请，缓征齐齐哈尔被水屯丁嘉庆二十五年借支银粮”⑨。

道光八年（1828年）二月，时任黑龙江将军禄成因派兵不公，及将自家私马让驿站喂养，然后变价出卖，事发后，交部议处，四月革职。春生保与将军同城，未能及时据实奏参，受牵连，“下部严议，降三级调用”⑩。齐齐哈尔副都统一职由玉英接任。

① 《清实录·仁宗实录》卷352，644页，北京，中华书局，1986。
②章伯锋：《清代各地将军都统大臣等年表》（1796—1911），14页，北京，中华书局，1965。
③ 《清实录·宣宗实录》卷14，269～270页，北京，中华书局，1986。
④⑤ 《清实录·宣宗实录》卷29，527～528页，北京，中华书局，1986。
⑥⑦⑧⑩ 《清国史》（嘉业堂钞本）第八册，217页，北京，中华书局，1993。
⑨ 《清实录·宣宗实录》卷39，699页，北京，中华书局，1986。

春生保因功累升至齐齐哈尔副都统，一度署理黑龙江将军，从嘉庆二十三年（1818 年）到道光九年（1829 年），在齐齐哈尔任职 15 年。任职期间，齐齐哈尔发生水灾后，作为齐齐哈尔地方行政长官，积极上疏朝廷，减缓债务，为保障地方民生付出了很大努力。

（孙文政）

奕颢

奕颢（？—1843），清宗室，满洲镶蓝旗人。固山贝子绵溥之子。嘉庆六年（1801 年）十一月，袭镇国公爵，在散佚大臣上行走。十年（1805 年），以误班革去散秩大臣。十一年（1806 年），复授散秩大臣。十八年（1813 年），在乾清门行走。十九年（1814 年）二月，授镶黄旗蒙古副都统；九月，调正蓝旗满洲副都统；十二月，授左翼前锋统领。二十一年（1816 年），授宗人府右宗人，寻擢升镶红旗满洲都统。二十三年（1818 年）十一月，调正蓝旗蒙古都统。二十四年（1819 年）六月，授内大臣；九月，调镶白旗汉军都统；十二月，调镶红旗满洲都统。二十五年（1819 年）四月，授黑龙江将军。道光二年（1822 年）正月，调任乌里雅苏台将军。三年（1823 年）六月，召回京。四年（1824 年）闰七月，任绥远城将军。七年（1827 年）闰五月，调盛京将军。十年（1830 年）六月，授乌里雅苏台参赞大臣；十月赏副都统衔，任库伦办事大臣。十一年（1831 年）正月，补镶白旗蒙古副都统；十二月，调正蓝旗满洲副都统。十二年（1832 年）三月，署盛京将军。十三年（1833 年），授正白旗汉军都统。十四年（1834 年）四月，擢镶红旗满洲都统；七月，署工部尚书，调署礼部尚书；九月，兼署都察院左都御史；十一月，升左都御史，仍署礼部尚书。不久又调兵部尚书；十二月，充经筵讲官。十五年（1835 年）八月，复兼署左都御使；十二月，兼署礼部尚书。十六年（1836 年）六月，署户部尚书；七月，命管理户部三库事务；九月，署盛京将军。十七年（1837 年）十月，署正白旗领侍卫内大臣。道光十八年（1838 年）闰四月，调兵部尚书；九月，赏还公爵；十一月，充崇文门监督；十二月，为其子拣选正白旗佐领辗转嘱托，事发革职，发往盛京效力赎罪。二十年（1840年）二月，得旨加恩释回；十二月，授理藩院右侍郎，旋因两耳重听，原品休致。二十三年（1843年）十二月，卒。

奕颢从嘉庆二十五年四月二十三日（1820年6月3日），“以镶红旗满洲都统奕颢为黑龙江将军”①，到道光二年正月二十四日（1822年2月15日），“调黑龙江将军奕颢，为乌里雅苏台将军”②，前后在黑龙江任职时间不足两年，时间很短，加之奕颢比较平庸，任内没有做出有影响的事迹。

道光元年三月初二（1821年4月3日），道光帝接到黑龙江将军奕颢等奏参领运接济口粮，擅行代卖之佐领等官，请革职解任严审的奏折，道光帝依据奕颢所请，对“佐领台清阿，著革职，副总管托克托恩、骁骑校车登，著解任”③，并要求黑龙江将军奕颢，“提同案内人证，秉公严讯定拟具奏，毋稍宽纵”④。又问同案内的“副都统色玉慎，因何不行查办”⑤。从此案的上奏情况来看，奕颢只将佐领台清阿等下级官员参奏革职，而没将与此案有关的副都统参奏查办。道光帝对此有所不满，遂要求奕颢，“此时毋庸先交部议处。著查明于定案时，一并参奏”⑥。

道光元年三月十八日（1821年4月19日），户部将黑龙江将军奕颢，奏请征收烟酒麻等物杂税一折，上奏给道光帝，户部认为奕颢在黑龙江再行征收烟酒麻等物杂税不妥，“应毋庸议”。道光帝看了奏折后，说：“部驳甚是，黑龙江专征牛马税课，奉行已久，上年偶被水灾，短收税课，该处公费，尽有备用银款，不致拮据。”⑦于是让户部转谕奕颢“该将军所请兼收杂税之处，著不准行”⑧。道光帝为了防止奕颢等私自收取各种杂税，给各族人民带来沉重的生活负担，说：“如该地方官有私收扰累情弊，并著该将军严查惩办。”⑨实际上就是警告奕颢，不准以各种名义收取各项杂税。

奕颢在调离黑龙江前夕，还上奏称：“齐齐哈尔城原设有火器营，向于春秋二季操练时，由八旗暂行挑拨甲兵演习，操毕仍归各旗当差，并无实在兵丁。

① 《清实录·仁宗实录》卷369，882页，北京，中华书局，1986。
② 《清实录·宣宗实录》卷28，511页，北京，中华书局，1986。
③④⑤⑥ 《清实录·宣宗实录》卷14，269～270页，北京，中华书局，1986。
⑦⑧⑨ 《清实录·宣宗实录》卷15，283页，北京，中华书局，1986。

请于齐齐哈尔八旗甲兵内，挑取四百五十名，拨归火器营参领管辖，并于八旗官员内，选择佐领、防御兼管，协同训练，并请将所属黑龙江、墨尔根城、呼伦贝尔，原设有鸟枪之处，一体在于各城甲兵内，照数挑取，专事操练。”[①] 道光二年二月十二日（1822 年 3 月 5 日），道光帝览阅后，说："鸟枪为军营利器，固宜时加训练，唯向既未设专营，其由八旗调来演习甲兵，操练回旗后，自有应当差务。若于八旗甲兵内挑取多名，拨归火器营管辖，其各该旗甲兵别项差务，是否足敷派拨，不致有顾此失彼之虑，折内未经声叙明晰。现在奕颢已经调任，著松箖等详细查明，另行核议具奏，再降谕旨。”[②]松箖到任后，按照道光帝的谕旨查明后，上奏称："东三省官兵，首重骑射，鸟枪为行伍利器，均宜练习，唯历来俱系匀派操练，兵丁兼攻群艺，于武备自有裨益，又何必更改成规？转致有名无实。”道光帝上谕："奕颢等请挑甲兵拔归火器营之处，著毋庸办理。”[③]奕颢在黑龙江任上的最后奏请，也被后继将军和道光帝给否定了。

奕颢在黑龙江任将军期间，没有什么作为，所奏的几件事，都没有得到道光帝的认可，反而遭到质疑和否定。奕颢工作不踏实，做表面文章，为私利请求征收杂税，这些都为以后在其儿子拣选正白旗佐领时，丧心病狂地拉关系、走后门，而被革职埋下了祸根。

（孙文政）

禄　成

禄成（1773—1828），赫舍里氏，蒙古正红旗人。嘉庆元年（1796 年），任委署前锋校。二年（1797 年）正月，任骁骑校，戴蓝翎；五月，任防御；十月，迁佐领；十二月，任协领。八年（1803 年），迁山东德州城守尉。十四年（1809 年），擢升熊岳副都统。二十一年（1816 年），调任吉林副都统。二十三年（1818 年），擢升绥远城将军。道光二年（1822 年），调任黑龙江将军。八年（1828 年），

①②《清实录 · 宣宗实录》卷 29，527 ～ 528 页，北京，中华书局，1986。
③《清实录 · 宣宗实录》卷 42，748 页，北京，中华书局，1986。

缘事革职查办，嗣于取供后，自杀身亡。

道光二年十二月二十日（1823 年 1 月 31 日），禄成由绥远城将军调任黑龙江将军。道光三年正月初六（1823 年 2 月 16 日），道光帝按照禄成奏折上所言，齐齐哈尔城和墨尔根城遭受水灾，谕："贷黑龙江齐齐哈尔城、墨尔根城，二处上年被水旗丁籽种粮石。"①四月十九日（5 月 29 日），道光帝依据先前松箖等人的奏请，经禄成复加查勘后，明确齐齐哈尔木城确因年久倾坏，谕："修筑齐齐哈尔木城，从黑龙江将军禄成请也。"②道光四年正月初二（1824 年 2 月 1 日），道光帝根据禄成的奏请，"贷齐齐哈尔、黑龙江、墨尔根三处上年被灾旗丁籽种粮石"③。九月十一日（11 月 1 日），禄成上奏道光帝："拿获越边俄罗斯一名，并带来物件，照例送至库克多博卡伦交回。"④十月十七日（12 月 7 日），道光帝谕："缓征黑龙江、墨尔根、打牲等处旗人上年续借口粮银。"⑤道光五年七月二十七日（1825 年 9 月 9 日），道光帝同意禄成等人的奏请，"修黑龙江失火延烧北门城楼，从将军禄成等请也"⑥。十月十日（11 月 19 日），道光帝谕："免齐齐哈尔等处歉收军田谷石，暂缓前借口粮银。"⑦道光六年（1826 年）七月至八月间，道光帝命令黑龙江将军禄成挑选精兵良将千余人，陆续派往伊犁将军辖区（今新疆维吾尔自治区），与其他各路大军会师于新疆西部的阿克苏，共同镇压新疆伊斯兰教白山派首领张格尔叛乱。道光七年九月十八日（1827 年 11 月 6 日），道光帝谕："以齐齐哈尔等四处秋收歉薄，缓种地兵丁应缴前借银粮。"⑧十月二十日（12 月 8 日），又谕："贷黑龙江墨尔根城歉收贫民口粮。"⑨禄成均奉旨办理。道光八年四月十五日（1828 年 5 月 28 日），道光帝派吏部尚书文孚和刑部侍郎英瑞前往黑龙江调查禄成派兵草率不公、私自变卖交战牧养马匹、家丁徐添桂扰民等事情。道光帝谕："黑龙江将军禄成于上年派兵时，借口日期紧急，并不亲赴公所考验，

---

① 《清实录·宣宗实录》卷 48，790 页，北京，中华书局，1986。
② 《清实录·宣宗实录》卷 51，809 页，北京，中华书局，1986。
③ 《清实录·宣宗实录》卷 64，2 页，北京，中华书局，1986。
④ 《清实录·宣宗实录》卷 73，170 页，北京，中华书局，1986。
⑤ 《清实录·宣宗实录》卷 74，194 页，北京，中华书局，1986。
⑥ 《清实录·宣宗实录》卷 86，383 页，北京，中华书局，1986。
⑦ 《清实录·宣宗实录》卷 90，445 页，北京，中华书局，1986。
⑧ 《清实录·宣宗实录》卷 126，202 页，北京，中华书局，1986。
⑨ 《清实录·宣宗实录》卷 128，235 页，北京，中华书局，1986。

复于派定后，任意更换数人，且将马匹发交站丁喂养，并交给马匹代为变价，又不能约束家丁，致有短发物价情弊。禄成著即革职，并著文孚等，将伊任所赀财什物，一概严行查封，候旨施行，断不准令其隐匿偷漏，即提同全案人证，严加审讯，务得确情，据实具奏，不可稍有含混。”①禄成在被提审之后，便自杀身亡。道光帝得知这一消息后，谕：“禄成所供各款，若就现在情节而论，其挑派出征官兵，陆续更易数名，祇系听受阿勒精阿等恳求，并无贿嘱情弊；交站养马、变价，亦祇见小图利；即其家人徐添桂于出示驱逐流民时，因贾锦义央求暂缓，乘机诈骗，亦非伊自行勒索，虽有应得之咎，何致于取供后遽尔轻生？恐查讯各情，尚有不实不尽，现在禄成业已身故，正可向其家人徐添桂及案内人证，逐细严究，并须加以开导，勿再代为隐饰，期得实情，以成信谳。”②文孚等人复审此案之后，上奏道光帝说：“究明已革将军禄成，实系忿悔交加，自寻短见，并无别项情弊。”③五月十日（6月21日），道光帝谕：“此案，禄成于取供后，自戕身死，既据文孚等复向伊家人徐添桂等、及被累之流民贾锦义、撤退之兵丁诺们济尔噶勒等，隔别讯问，反复开导，均坚执原供不移，是尚无不实不尽之处，禄成业经身故，所有查封家产，即行发还，交伊亲属具领。”④道光帝此举以示皇恩浩荡。

综观禄成一生，作为带兵打仗的将军，其勇猛可嘉，获勇号逊勇阿巴图鲁。作为封疆大吏，在黑龙江将军任上，算是基本称职，虽然能够体恤民情，但是却不善民事，最终也没有什么可称道的作为。

（王　宇）

苏冲阿

苏冲阿（？—1829），亦称苏崇阿，伍弥特氏，蒙古正黄旗人。西安将军德楞泰之子。嘉庆四年（1799）二月，由六品荫生，授蓝翎侍卫；十月，迁三等侍卫。五年（1800年）四月，升二等侍卫，在乾清门行走。六年（1801年）

①《清实录·宣宗实录》卷135，66页，北京，中华书局，1986。
②《清实录·宣宗实录》卷135，68页，北京，中华书局，1986。
③④《清实录·宣宗实录》卷136，79页，北京，中华书局，1986。

正月，升头等侍卫。七年（1802年）十二月，赏给副都统职衔。八年（1803年）闰二月，褫副都统衔；寻以父功，赏复副都统衔；八月，授奉宸苑卿，补镶红旗汉军副都统。十年（1805年）四月，擢内阁学士，兼礼部侍郎衔；八月，调上驷院卿。十一年（1806年）六月，以副都统管理健锐营事务。十三年（1808年）五月，授武备院卿；十一月，复擢内阁学士，兼礼部侍郎衔。十四年（1809年）三月，袭一等继勇侯，授正红旗护军都统；六月，擢升理藩院右侍郎；十二月，调镶红旗满洲副都统。十五年（1810年），转左侍郎。十六年（1811年）六月，调镶蓝旗副都统；十一月，革去侍郎、护军都统、副都统，仍赏给头等侍卫，在大门上行走。十七年（1812年）正月，授镶红旗蒙古副都统；二月，复迁内阁学士，兼礼部侍郎衔；四月，授武备院卿；十月，授库伦办事大臣。十九年（1814年），复升理藩院右侍郎。二十年（1815年）四月，转左侍郎；十月，召回京。二十一年（1816年）二月，补正白旗护军统领；四月，被革职，留世袭职及头等侍卫；五月，降为二等侍卫；九月，授镶黄旗汉军副都统。二十二年（1817年），调正蓝旗护军统领。二十四年（1819年）十月，革护军统领及副都统，留侯爵、头等侍卫。二十五年（1820）三月，授镶红旗汉军副都统；十月，调成都副都统。道光三年（1823年）十二月，署成都将军。四年（1824）闰七月，命回京简用；十一月，署镶红旗蒙古副都统。五年（1825年）三月，镶蓝旗汉军副都统。六年（1826年）八月，调任盛京副都统。八年（1828年）二月，署黑龙江将军；四月，回盛京副都统任。九年（1829年）十二月，卒。

道光八年二月十九日（1828年4月3日），黑龙江将军禄成因派兵不公、私马交驿站喂养，遭到议处。清廷“以盛京副都统苏冲阿，署黑龙江将军”①。清廷虽于四月十五日（1828年5月28日），“调绥远城将军果齐斯欢，为黑龙江将军”②，但果齐斯欢没有到任，就于九月二十八日（11月5日），因病去世，当天清廷又调绥远城将军特依顺保为黑龙江将军。在特依顺保没有到任前，仍由苏冲阿署理黑龙江将军。十二月十八日（1829年1月20日），“谕内阁：苏崇阿奏，患病恳请赏假。并据玉英奏，接管将军印信各一折”③。清廷赏给

①《清实录·宣宗实录》卷133，34页，北京，中华书局，1986。
②《清实录·宣宗实录》卷135，201页，北京，中华书局，1986。
③《清实录·宣宗实录》卷149，280页，北京，中华书局，1986。

苏冲阿一个月病假，调养身体，待病好后，回盛京副都统任，结束署理黑龙江将军的任职。

苏冲阿署理黑龙江将军这年，黑龙江各地大旱，粮食歉收。苏冲阿上奏朝廷，要求减免税赋。九月二十一日（10月29日），清廷“以黑龙江各属被旱歉收，免呼兰官庄屯兵应交钱粮，并暂缓齐齐哈尔、黑龙江、墨尔根、打牲乌拉四处兵丁旧借粮银”①。十月二十七日（12月3日），清廷依照苏冲阿的奏请，贷给“齐齐哈尔、黑龙江、额裕尔、墨尔根、博尔多、打牲乌拉等处歉收旗营、官庄人等银粮有差”②。苏冲阿为保障各城救济粮食的供给，上奏清廷要求将各城的仓贮粮食，按数补足。十二月初六（1829年1月10日），清廷接到苏冲阿等奏，筹补各城仓贮一折。“齐齐哈尔、黑龙江、墨尔根三城，公备仓贮粮石，现多缺额。”③清廷根据苏冲阿奏请，按照历年筹补的惯例，让其量为变通。道光帝谕令内阁：“著照所请，准于明春，先将呼兰仓粮三万一千五百余石，分别挽运、带运、分贮三城，并自道光十年为始，齐齐哈尔、黑龙江二城，按年各以粮六千石归补，墨尔根城以粮三千石归补。每年共计需粮一万五千石，呼兰挽运六成，各城采买四成，俟归补足额，即奏明停止。”④

苏冲阿署黑龙江将军时间虽然短暂，但任内关心人民生活，注重民生，遇有灾害之年，积极上奏清廷，要求减灾赈灾，这在当时社会来说，是很难得的。

（孙文政）

富僧德

富僧德（？—1846），瓜尔佳氏，满族镶黄旗人。初由亲军擢授蓝翎侍卫。乾隆六十年（1795年）四月，随福康安入川镇压苗民起义，因功升三等侍卫。嘉庆元年（1796年）六月，赏葛尔萨巴图鲁名号。二年（1797年）六月，升二等侍卫。三年（1798年）三月，升头等侍卫。七年（1802年）四月，赏副都统衔；七月，补授镶黄旗汉军副都统。八年（1803年）九月，

---

①《清实录·宣宗实录》卷143，191页，北京，中华书局，1986。
②《清实录·宣宗实录》卷145，225页，北京，中华书局，1986。
③④《清实录·宣宗实录》卷148，265～266页，北京，中华书局，1986。

调镶黄旗蒙古副都统。十年(1805年)八月,调熊岳副都统。十四年(1809年)三月,调西安副都统。十七年(1812年)三月,署西安将军。二十年(1815年)九月,充塔尔巴哈台参赞大臣。二十一年(1816年)十月,改领队大臣。二十三年(1818年)九月,授正黄旗汉军副都统;十一月,兼镶蓝旗护军统领。二十四年(1819年)十二月,调任盛京副都统。二十五年(1820年)四月,署盛京将军;十月,授正红旗护军统领;十二月,命在乾清门行走。道光二年(1822年)六月,为正红旗汉军副都统。三年(1823年)十二月,调任正蓝旗满洲副都统。四年(1824年)三月,任镶白旗满洲副都统;十二月,革护军统领职,留副都统,在乾清门行走,罚俸六个月。五年(1825年),管善扑营事。六年(1826年)正月,管理健锐营事务;九月,授右翼前锋统领。八年(1828年)六月,调正黄旗蒙古都统;十月,赏在紫禁城骑马。十年(1830年)正月,充总谙达;三月,授黑龙江将军。十四年(1834年)十二月,调西安将军。十九年(1839年)九月,因收受馈送,革将军职,赏给头等侍卫,在大门上行走。二十一年(1841年)九月,以副都统衔在山海关防堵英军;十二月,授正蓝旗蒙古副都统。二十二年(1842年)十月,调任正蓝旗护军统领。二十六年(1846年)九月,卒。赐祭葬。"谥武壮。"①

道光十年三月二十七日(1830年4月19日),"以正黄旗蒙古都统富僧德为黑龙江将军"②。富僧德任职黑龙江将军之时,正值新疆南路各城吃紧。九月初五(10月21日),富僧德接到道光帝的上谕,让"富僧德挑备黑龙江官兵一千五百名……不动声色,豫先妥密筹备,俟续奉谕旨,再令起程前往"③。九月初八(10月24日),道光帝又让富僧德先行挑派精壮兵一千,派副都统一员,派得力带兵官员,迅速带领官兵,乘骑本处马匹,分批启程,并"饬令赶紧来京。候旨带往,并将启程日期,速行具奏,其余五百名,著仍各行挑备,听候谕旨"④。因为富僧德是身经百战的将军,所以道光帝让富僧德带兵前往新疆剿匪。九月十日(10月26日),道光帝上谕:"命黑龙江将军富僧德,驰驿来京陛见,以前任乌鲁木齐都统英惠,

①《清国史》(嘉业堂钞本)第九册,321页,北京,中华书局,1993。
②《清实录·宣宗实录》卷166,580页,北京,中华书局,1986。
③④《清实录·宣宗实录》卷173,688页、696页,北京,中华书局,1986。

署黑龙江将军”。[1]九月二十五日（11 月 10 日），“黑龙江将军富僧德等奏，官兵起程”。至于最后是否带兵到新疆打仗，没见史料记载，期间，十月初七，“以前任黑龙江将军富僧德署理镶红旗蒙古都统”[2]。富僧德应于十一年（1832 年）夏天之前回到黑龙江任所，到十四年十二月十四日（1835 年 1 月 12 日），“调黑龙江将军富僧德为西安将军”[3]，一直任黑龙江将军。

富僧德任职黑龙江期间，在整顿吏治、惩治贪污腐败、巩固边防方面做了许多事情，道光十年十月初六（1830 年 11 月 20 日），清廷接到富僧德奏请“将呼伦贝尔税务长，征短报之佐领革职鞭责，并将不行据实呈报官员分别议处，定拟请旨一折”[4]。道光帝谕令：“呼伦贝尔承办税务佐领乌尔棍保，私将九年征收税银截留六百余两，以少呈报，殊属无耻，胆大妄为，著即照所奏，革职鞭责示警。”[5]对未按实禀报税收银两的佐领倭克精额、多尔济扎布、骁骑校车登，及在工作中不认真核实的副总管蒙库济尔噶勒、佐领德布什库、署总管台清阿等全部交部分别议处治罪。对前任将军特依顺保、副都统玉英，以失察罪交部分别议处。十一年九月十七日（1831 年 10 月 22 日），“谕内阁：富僧德奏参，未经查出俄罗斯牛马进卡之总管，及获牲未报私行给回之卡伦官员一折”[6]。原来总管泰清阿在巡查边卡时，因所骑马匹疲乏，没有全面巡查到，致使俄罗斯牲畜进卡没有发现，道光帝认为泰清阿纯属玩忽职守，于是按照富僧德所请，“泰清阿著交部严加议处”[7]，对骁骑校车登巴勒、骑都尉博津保，拿获俄罗斯牲畜后，不经汇报，擅自还给俄罗斯，又不按规定办理接收手续，道光帝也按富僧德所请，“车登巴勒、博津保俱著交部议处”[8]。十四年十一月初四（1834 年 12 月 4 日），刑部议奏富僧德弹劾齐齐哈尔镶蓝旗协领金宝柱，在署呼伦贝尔副都统衔总管期间，“于披甲色克进保等收受马匹，虽经谕令退回，唯事前既轻听请托，事后又不查究所送马匹有无退回，致令该犯等撞骗得赃”[9]，最后清廷将“金宝柱著革职，发往乌鲁木齐效力赎罪”[10]。

道光十一年十一月二十九日（1832 年 1 月 1 日），“谕军机大臣等：禧

① 《清实录·宣宗实录》卷 173，701 页，北京，中华书局，1986。
② 《清实录·宣宗实录》卷 176，755 页，北京，中华书局，1986。
③ 《清实录·宣宗实录》卷 261，984 页，北京，中华书局，1986。
④⑤ 《清实录·宣宗实录》卷 176，751 页，北京，中华书局，1986。
⑥⑦⑧ 《清实录·宣宗实录》卷 198，北京，中华书局，1986。
⑨⑩ 《清实录·宣宗实录》卷 260，959 页，北京，中华书局，1986。

恩等奏，据黑龙江呈进貂贡之副总管富星等呈称，现在打牲乌拉无饷之打牲人夫，将及二千四百名之多，力皆疲乏，恐日后不得貂鼠，有误贡项，其无饷之打牲人等，所交貂贡，或准其豁免，或准数人合交一张，转行请旨一折”①。道光帝认为要想保证“此事必能经久行之，不致另生弊端”②，应认真核实，根据实际情况办理。于是命令将禧恩等所奏原折抄录一份，交给富僧德，让富僧德调查核实办理。富僧德接旨后，按照道光帝的要求，对打牲处无饷牲丁拮据情况进行了调查。十二年二月十日（1832年3月11日），道光帝接到富僧德调查情况的奏折后，“谕军机大臣等：前据富僧德奏，查明打牲处所无饷牲丁拮据情形，请将历年应交貂皮五千余张内，量减一千余张，以纾丁力，当交军机大臣议奏”③。富僧德在奏折中提出“于无饷牲丁二千七百余名内，拣择一千二百名，责令与食饷牲丁一体捕貂，每年即可减交貂皮一千余张等语”④，道光帝觉得富僧德的这一做法过于含糊，不明确。“著富僧德将现在应交貂皮之食饷牲丁若干名，及入册无饷牲丁若干名，现年应交貂皮五千有零，计数若干张，可减貂皮一千有零，计数若干张，详细查明具奏。”⑤让富僧德详细查明后，再确定如何办理。三月初四（4月4日），清廷收到“富僧德奏，查明布特哈处应交貂皮，及可减貂皮各数一折”⑥。根据富僧德奏折所请，“准其于八旗无饷牲丁内，挑选壮健娴习骑射者一千二百名，作为定额，责令采捕貂皮，此外无俸世职官四十八员，无饷牲丁一千五百二十七名，准其裁减。此项官丁名下，应交貂皮一千五百七十五张，并著免其交纳，以示体恤”⑦。经过富僧德认真调查核实，积极向清廷争取，减少了布特哈无饷牲丁向清廷贡貂皮的数量，减轻了负担，缓解了压力。

道光十二年闰九月十八日（1832年11月10日），“富僧德奏，黑龙江军政官员内，现任职官副都统衔总管特松阿等五十五员，世袭职官骑都尉百岁等十一员，年已逾岁，精力未衰，尚能骑射”⑧，道光帝谕令：“著照所请，俱准其留任。”⑨十三年八月初三（1833年9月16日），富僧德奏请的“修黑

①②《清实录·宣宗实录》卷201，1163～1164页，北京，中华书局，1986。
③④⑤《清实录·宣宗实录》卷205，27～28页，北京，中华书局，1986。
⑥⑦《清实录·宣宗实录》卷207，49页，北京，中华书局，1986。
⑧⑨《清实录·宣宗实录》卷222，311页，北京，中华书局，1986。

龙江木城，并墨尔根城关帝庙”[①]得到了道光帝的肯定。十四年五月初八（1834 年 6 月 14），富僧德奏请“修呼兰、齐齐哈尔各城运粮船只”[②]，在“呼伦贝尔与俄罗斯交接处所，设立卡伦”[③]。这两项奏请都得到了道光帝的允许，“从黑龙江将军富僧德等请也”[④]。

富僧德任职黑龙江将军四年多，在整顿吏治、巩固边疆、保障民生等方面多有建树，是当时前后几任将军中较为突出的一位，为黑龙江的发展和边疆的稳定作出了贡献。

（孙文政）

奇明保

奇明保（？—1843），乌扎拉氏，满洲正白旗人。热河驻防。嘉庆十年（1805 年），由蓝翎长升前锋校。十一年（1806 年），迁骁骑校。十六年（1811 年），擢升佐领。二十二年（1817 年），军政卓异。二十三年（1818 年），升协领。道光元年（1821 年），经都统松筠保奏，交军机处记名。二年（1822 年），迁保定府城守尉。四年（1824 年）十二月，擢任锦州副都统。十五年（1835 年）二月，署黑龙江将军；闰六月，再次署黑龙江将军；十二月，回锦州副都统任。十九年（1839 年）三月，擢升杭州将军，二十二年（1842 年）二月，召回京；五月，年老休致。二十三年（1843 年），卒。

道光十五年正月二十六日（1835 年 2 月 23 日），清廷对各省驻防将军进行了部分调整，“调盛京将军宝兴为成都将军，黑龙江将军奕经为盛京将军，吉林将军保昌为黑龙江将军，以伊犁参赞大臣苏清阿为吉林将军”[⑤]。当时黑龙江将军奕经刚任命为黑龙江将军，还没有赴任，就改任盛京将军，而新任吉林将军苏清阿远在新疆伊犁，一时不能到任，吉林将军保昌得等到苏清阿到任后，才能到黑龙江赴任。在这种情况下，清廷于二月十一日（3 月 9 日），“以锦州副都统奇明保，署黑龙江将军”[⑥]。吉林将军苏清阿，未及赴任就卒于途中，

① 《清实录·宣宗实录》卷 242，621 页，北京，中华书局，1986。
②③④ 《清实录·宣宗实录》卷 252，813 ～ 814 页，北京，中华书局，1986。
⑤ 《清实录·宣宗实录》卷 262，18 ～ 19 页，北京，中华书局，1986。
⑥ 《清实录·宣宗实录》卷 263，25 页、33 页，北京，中华书局，1986。

所以清廷又“调黑龙江将军保昌为吉林将军，以镶黄旗满洲副都统祥康为黑龙江将军”①。祥康未及到黑龙江赴任，清廷就于闰六月初九（8月3日），“调吉林将军保昌为乌里雅苏台将军，黑龙江将军祥康为吉林将军，广州将军哈丰阿为黑龙江将军，哈丰阿未到任前，仍以锦州副都统奇明保署理”②。

奇明保署理黑龙江将军期间，重视对设立在中俄边界卡伦的管理，对卡伦值班各级官员，迟到早退等旷误行为，进行严格惩治。奇明保署理将军不久，就对驻卡官员佐领那丹察不按时接送公文，使公文晚了4天送到的情况，对其原住班之骁骑校多尔济奔博诺依不等接班人员到岗就借口提前下班的现象，上奏参劾。七月十九日（9月11日），道光帝接到奇明保奏参卡伦值班旷误之各员的奏折。道光帝说：“俄罗斯边设立卡伦，专为防守俄罗斯，关系甚要。乃佐领那丹察，接受派班文书并不赶紧往送，迟至四日，殊属懒惰糊涂，其原住班之骁骑校多尔济奔博诺依，不候换班人员，遽行借口下班，亦属非是。”③道光帝对“佐领那丹察、骁骑校多尔济奔博诺依，均著交部分别严加议处”④。九月十八日（11月8日），甲辰，道光帝又接到奇明保对总管沙克都尔车棱、副总管车棱多尔济轻率调用卡伦官员的参奏。道光帝说：“俄罗斯交界卡伦，甚为紧要，不容一日旷误，该总管沙克都尔车棱、副总管车棱多尔济，率行派传卡伦官员，致旷紧要卡伦之班，甚属不晓轻重。”⑤于是将“沙克都尔车棱、车棱多尔济，均著交部议处”⑥。

这年十二月，黑龙江将军哈丰阿到任后，奇明保解署任，回到锦州副都统任上。奇明保任职黑龙江时间虽短，但任内重视边疆卡伦建设，为加强边防管理，防止沙俄的入侵作出了贡献。

（孙文政）

祥　康

祥康（？—1843），清宗室，满洲正蓝旗人。嘉庆四年（1799年），补宗

① 《清实录·宣宗实录》卷263，25页、33页，北京，中华书局，1986。
② 《清实录·宣宗实录》卷268，117页，北京，中华书局，1986。
③④ 《清实录·宣宗实录》卷269，138页，北京，中华书局，1986。
⑤⑥ 《清实录·宣宗实录》卷271，180页，北京，中华书局，1986。

人府效力笔帖式。十四年（1809 年），补七品笔帖式。十九年（1814 年），署主事。道光四年(1824 年)，补副理事官。五年(1825 年)，升理事官。六年(1826 年)，充杀虎口监督。八年(1828 年)，京察一等，奉旨记名遇缺题奏。九年(1829 年)，迁光禄寺少卿；九月，授归化城副都统。十年（1830 年），署绥远城将军。十二年(1832 年)正月，调盛京副都统；二月授盛京刑部侍郎。十四年(1834 年)五月，调刑部右侍郎，授镶白旗蒙古副都统；九月，充翻译副考官；十二月，调镶黄旗满洲副都统。十五年（1835 年）二月，迁黑龙江将军；闰六月调吉林将军；七月，因查阅山西、陕西营伍未能整饬，降为盛京副都统。十六年（1836 年）四月，署吉林将军。二十二年（1842 年），以足疾请开缺回旗调理。二十三年（1843 年）九月，卒。

祥康从道光十五年二月二十九日（1835 年 3 月 27 日），任黑龙江将军，到闰六月初九（8 月 3 日），调任吉林将军，前后在黑龙江任职不到 5 个月，没有任何相关史料记载，说祥康到任奏事，当时黑龙江将军印务有奇明保署理，祥康很可能没有到任，就改任吉林将军。祥康在吉林将军任上，对今黑龙江省双城市有所贡献。清廷命祥康查明双城堡有外地旗丁私自耕作一事，祥康根据实际调查的情况，上奏："双城堡地方该旗丁渐招有眷民人甚多，如不早为查禁必碍旗人生计，如有携眷居住者立即驱逐，其内地只身民人亦必查系，实在雇与旗人佣工者方准留住。"①祥康的建议得到了道光帝的认可。十七年（1837 年），道光帝据祥康等查奏，谕言"双城堡界外荒地，系留备将来接济京旗及本地屯丁之用，相沿已久，何以历年经手各员，少圈多报，私垦之弊仍然"，"将派查含混具报之员交部议处"。②十八年（1838 年）三月，奏请"将双城堡协领一缺，挑为满洲额缺"③，又奏请于吉林财库拨银二万两，以备松花江防守卡伦官兵口粮不足。十九年（1839 年），祥康上奏说：凉水泉封禁官地有民私垦，且有三处卡伦无兵防范。上谕将失察之员严查具奏。二十年(1840 年)，伯都讷副都统巴雅尔奏劾祥康私令全省官兵十名进京当差官兵摊银帮贴，每名进京之员岁给二百两。上以"妄行援引办理""滥行摊扣"议处夺职，并

①③ 李桓：《国朝耆献类征》卷 323，《三十三种清代人物传记资料汇编》（第 20 册），647 ～ 648 页，济南，齐鲁书社，2009。
② 长顺：《吉林通志》卷 3，85 页，长春，吉林文史出版社，1984。

派署将军禄普、副都统辑瑞查明所扣饷银实数，于库贮项下按名给所垫银两，著与祥康名下追赔还款。[1]后来“上加恩，赏给蓝领侍卫”[2]。任内无作为。

祥康作为宗室，本应报效皇帝，却借机搜刮钱财，受到降调、夺职等处分。其在任期间也并没有大的作为，然而也不能说他一无是处，在维护清朝统治者的利益方面，还是作了一些贡献的。

（孙文政）

哈丰阿

哈丰阿（？—1840），富察氏，满洲镶黄旗人。嘉庆元年（1796年）九月，由健锐营前锋，随护军统领阿尔萨郎协剿湖北教徒。四年（1799年）正月，为天津镇总兵。五年（1800年）六月，为泰宁镇总兵官。六年（1801年）正月，为江南提督。九年（1804年）正月，赏二等侍卫，授叶尔羌办事大臣；二月，改任伊犁领队大臣。十一年（1806年）十一月，哈喇沙尔办事大臣；十二月，复任伊犁领队大臣。十二年（1807年），任贵州定广副将。十四年（1809年）正月，为库尔哈喇乌苏领队大臣；二月，授哈喇沙尔办事大臣；十月，为喀什噶尔帮办大臣。十六年（1811年）九月，为伊犁总兵官。十七年（1812年）三月，任镇远镇总兵官。道光元年（1821年）九月，调任浙江处州镇总兵。六年（1826年）八月，调甘肃凉州镇总兵。八年（1828年）十月，授陕西汉中镇总兵；十一月，擢升乌鲁木齐提督。十年（1830年）八月，授云骑尉世职。十三年（1833年）二月，任广州将军。十五年（1835年）闰六月，调黑龙江将军。十九年（1839年）九月，复任广州将军；十一月，改任西安将军。二十年（1840年）九月，卒。“祭葬。谥悫勤。”[3]

道光十五年闰六月初九（1835年8月3日），清廷调哈丰阿为黑龙江将军，由于广州到黑龙江路途遥远，在没有到任前由锦州副都统奇明保署理。哈丰阿由广州到黑龙江赴任途中，经过北京，于十月二十六日（12月15日），入

①② 李桓：《国朝耆献类征》卷323，《三十三种清代人物传记资料汇编》（第20册），647～648页，济南，齐鲁书社，2009。

③《清实录·宣宗实录》卷339，156页，北京，中华书局，1986。

觐道光帝，道光帝赐紫禁城骑马。哈丰阿到任后，首先考察黑龙江时政，阅看本城春操情形，十六年（1836 年）三月，哈丰阿向清廷奏报说："该处屡被歉收，数年以来，兵丁马力不足，未免拮据。"①而且黑龙江各城官兵，"向系春秋二季操演，初冬打围"②，哈丰阿奏请以后"除春季照例操演，一至初冬，即带领官兵出野围猎，以资练习"③，二十六日（5 月 11 日），兵部得旨，"著照所请，该部知道。"④九月二十五日（11 月 3 日），"谕内阁：哈丰阿奏……齐齐哈尔等四城，除原设委官外，历任将军等浮额委放至一百余名之多"⑤。道光帝看了奏折后，认为实属冒滥，于是下令将"所有历任浮放委官之将军、副都统、城守尉，俱著交兵部分别议处"⑥。哈丰阿当天还奏请，"黑龙江系极边驻防之地，旗员差务纷烦，不敷差遣，请于原设委官外酌添委员"⑦。道光帝让兵部研究确定，后经过兵部研究："准其仿照盛京之例，除原设委官七十员之外，添设三十员，给与七品虚衔，仍食本身粮饷，随同骁骑校等当差，以期练习。"⑧十月十二日（11 月 20 日），哈丰阿奏："布特哈无饷牲丁，每岁交纳皮张，生计疲累，定额无可裁减，急应量为调剂。"⑨请求"由盛京户部备存银两内借银十万两，交奉天府府尹，自明年正月起发商，每月一分生息，每年生息银一万二千两，遇闰加征银一千两。布特哈无饷牲丁，自道光十八年起，每岁给银六两，每年共需银七千二百两，于年终该处领取俸饷之便，领回发给"。哈丰阿借款调剂牲丁，体恤边军的奏请，清廷考虑所借银两十万之多，让盛京将军"奕颢体察情形，据实具奏"⑩。清廷虽然当时没有马上批准哈丰阿奏请，但于十月二十日（11 月 28 日），"暂缓黑龙江、齐齐哈尔、墨尔根城，三处积歉旗丁旧欠粮银"⑪。后来，盛京将军奕颢调查具奏时说："奉天所属商贾，多系流寓民人，殷实之家较少……不敢令其承领。"⑫于是清廷决定"著哈丰阿等另行筹划，妥议具奏"⑬。随后，哈丰阿经过调查布特哈实际情况，上奏说"布特哈原设牛马银六千两，历年借给无力耕种之户，置立牛具，请于六千两内酌拨二千两，津贴无力牲丁置马之资。拨除二千两，津贴贫苦牧丁作购马之资"。

①②③④《清实录·宣宗实录》卷 280，325 ～ 326 页，北京，中华书局，1986。
⑤⑥⑦⑧《清实录·宣宗实录》卷 289，460 ～ 461 页，北京，中华书局，1986。
⑨⑩⑪《清实录·宣宗实录》卷 290，475 页、479 页，北京，中华书局，1986。
⑫⑬《清实录·宣宗实录》卷 291，507 ～ 508 页、503 页，北京，中华书局，1986。

十一月二十三日（12 月 30 日），哈丰阿的奏请，得到道光帝的认可，“下部议，从之”[①]。这样缓解了布特哈牧丁生产所需资金，保障了布特哈打牲兵丁的生产生活。十七年十月二十二日（1837 年 11 月 19 日），清廷还同意哈丰阿奏请“蠲缓齐齐哈尔、黑龙江、墨尔根三城，被灾屯田新旧额赋有差，并贷给旗丁口粮”[②]。

哈丰阿在黑龙江将军任内，很关心军队建设，根据调查到黑龙江分驻各城的八旗兵，遇有调遣，都以马队取胜的情况，奏请清廷，借款添设旗兵马匹。道光十六年十一月十七日（1836 年 12 月 24 日），道光帝同意了哈丰阿的奏请，“著照所请，准其在于本年扣还积欠粮银内，动支银一万六千两，分拨齐齐哈尔、黑龙江、墨尔根、呼兰、布特哈五处。查明无马兵丁，每名借给银八两，自行置备马匹，官验烙印。”[③]

道光十八年（1838 年）六月，黑龙江将军驻地齐齐哈尔发生了银库被窃案。哈丰阿率领主事、协领等到齐齐哈尔银库调查，发现“并无被窃形迹，何以丢失银千两之多？难保非库丁兵役人等有通同窃情弊，必应彻底根究”[④]。于是哈丰阿将“佐领诺尔胡善、骁骑校巴彦保、主事平惠、九品笔帖式年满仓官巴彦德勒格尔等，均著先行革职，归案严审。兼库行走协领诺们德勒格尔、察凌阿，佐领富成额等，均著解任”[⑤]，然后将这一案件前期调查审理情况上奏清廷。六月十三日（8 月 2 日），谕内阁：“著哈丰阿讯饬所属各城旗营驿站各员，严密查拿窃犯务获，归案审办，按律定拟，毋任漏网。”[⑥]清廷认为哈丰阿“未能先事防范，所请交部议处，著俟定案后，再降谕旨”[⑦]。哈丰阿经过调查、审讯后，将案件审理结果上奏清廷说：“此案银库，讯系银库笔帖式特克伸保等伙窃，西朗阿知情分赃……特克伸保等应消除旗档，依例问拟满流，从重发往新疆当差；西朗阿亦拟满流，从重发往驻防地当差。”[⑧]哈丰阿对这一案件的处理意见，得到了道光帝的认可，十九年二月初八（1839 年 3 月 22 日），谕内阁：“下部议，监守自盗，俱计入己之数科罪，特克伸保等伙窃库银，应各照入己数问拟流二千里，原拟满流，与例不合，余如所议完结。从之。”[⑨]

①② 《清实录·宣宗实录》卷 291，507 ～ 508 页，503 页，北京，中华书局，1986。
③ 《清实录·宣宗实录》卷 302，711 页，北京，中华书局，1986。
④⑤⑥⑦ 《清实录·宣宗实录》卷 311，844 页，北京，中华书局，1986。
⑧⑨ 《清实录·宣宗实录》卷 319，986 ～ 987 页，北京，中华书局，1986。

哈丰阿行武出身，早年东征西讨，为清朝各地的平叛作出了贡献。在黑龙江将军任上，体察民情，多次为民请命，使当地的民生状况得到好转。道光皇帝说："哈丰阿以武员出身，乃能秉公持正，不避嫌怨，诚不愧为满洲大员。"①赏加太子少保衔，可见其对哈丰阿的认可和高度评价。

（孙文政）

棍楚克策楞

棍楚克策楞（1779—1847），博尔济吉特氏，满洲镶黄旗人。父亲富连是散秩大臣。棍楚克策楞初由六品荫生，于嘉庆十五年（1810 年），授散秩大臣。十九年（1814 年），授正白旗蒙古副都统。二十年（1815 年），历署正蓝旗护军统领 、满洲副都统、正黄旗护军统领、镶红旗满洲副都统。二十一年（1816 年），署镶红旗护军统领、镶白旗汉军副都统；六月，察哈尔副都统；十月，缘事降三级留任。二十二年（1817 年）十月，以失察总管伯克扎布等，革副都统职，回京任散秩大臣。二十五年（1820 年），赏蓝翎侍卫，守护昭陵。道光六年（1826 年），召回京，仍在蓝翎侍卫上行走。九年（1829 年），迁三等侍卫，充喀拉沙尔办事大臣，寻调英吉沙尔领队大臣。十一年（1831 年），赏头等侍卫。十四年（1834 年）十一月，赏副都统衔，充塔尔巴哈台参赞大臣；十二月，授镶白旗蒙古副都统。十五年（1835 年），迁内阁学士，兼礼部侍郎衔。十六年（1836 年）五月，擢任镶蓝旗满洲副都统。十七年（1837 年）十月，召回京；十二月，擢升绥远城将军。十九年（1839 年）九月，调黑龙江将军。二十七年（1847 年）十一月，卒。赐祭葬。"谥简悫"②。

道光十九年九月十五日（1839 年 10 月 21 日），清廷以"绥远城将军棍楚克策楞为黑龙江军……"③，二十七年十一月，棍楚克策楞卒于黑龙江将军任上，总共在黑龙江任职八年多，是清代黑龙江将军任职时间较长的一位将军。任内多次上奏清廷，说明水旱灾害，要求减免赋税。在加强边疆防务，净化

① 《清国史》（嘉业堂钞本）第九册，317 页，北京，中华书局，1993。
② 《清国史》（嘉业堂钞本）第九册，349 页，北京，中华书局，1993。
③ 《清实录·宣宗实录》卷 326，920 页，北京，中华书局，1986。

社会风气，整顿吏治等方面做了许多对黑龙江发展有益的事情。

棍楚克策楞在赴任黑龙江将军前，于道光十九年十二月初八（1840 年 1 月 12 日），到京觐见道光帝请训，道光帝赐“在紫禁城内骑马”①。二十年正月初五（1840 年 2 月 7 日），清廷根据御史瑞旹所奏吉林地方官民因缘为奸，让棍楚克策楞在赴任黑龙江将军，“路过吉林时，沿途明察暗访，倘该处果有此等恶习，并该管各衙门得规包庇情事，即行据实具奏，毋稍徇隐”②。三月初一（1840 年 4 月 2 日），棍楚克策楞将沿途查访的情况奏报给清廷，说：“同知衙门未经审结案件，尚有一百余起。开场聚赌，久干例禁，该协领查管街道，并不实力严缉，以致兵丁听嘱朦蔽，咎有应得，至未结案件积至一百余起。该同知宴安怠玩已可概见，又纵役徇隐赌局，殊乖职守。”③清廷依据棍楚克策楞奏报的情况，将吉林协领魁福、同知庆年，著交部分别议处。对吉林将军和副都统，不查明参办，也照例给予议处。

棍楚克策楞到黑龙江任职后，对黑龙江的不良社会风气进行了整治，狠杀赌博之风。二十年八月二十五日（1840 年 9 月 20 日），道光帝看了棍楚克策楞所奏，“城守尉借贷所属铺户钱文，并与属员、铺民等赌钱”④的奏折，认为城守尉恩福，以专城三品大员，不知洁己率属，所行种种不端。并邀属员、铺民进署赌钱，实属有玷官箴。⑤于是道光帝命令将“恩福著即行革职，照赌博本例枷号三个月，满日从重发往乌鲁木齐效力赎罪”⑥，棍楚克策楞以此整顿吏治，警示教育那些行为不端的各级大小官员。十二月十四日（1841 年 1 月 6 日），棍楚克策楞在审明甲兵讦告副都统偏袒徇私各款一案后，上奏清廷说：“墨尔根城副都统鄂尔托彦，以专城二品大员，种种偏袒徇私，致被兵丁控告。”⑦上谕将鄂尔托彦“交部严加议处，骁骑校巴扬阿著交部议处，鄂尔托彦之长子鄂尔精阿，据该将军察其马步尚优，年力精壮，著免其议处。次子海凌阿、三子海兴阿，著革去前锋，回黑龙江本旗挑差”⑧。此案对整顿黑龙江吏治很有影响。二十三年十月二十九日（1843 年 12 月 20 日），棍楚克

---

① 《清实录・宣宗实录》卷 329，1060 页，北京，中华书局，1986。
② 《清实录・宣宗实录》卷 330，2～3 页，北京，中华书局，1986。
③ 《清实录・宣宗实录》卷 332，29 页，北京，中华书局，1986。
④⑤⑥ 《清实录・宣宗实录》卷 338，144 页，北京，中华书局，1986。
⑦⑧ 《清实录・宣宗实录》卷 342，213 页，北京，中华书局，1986。

策楞上奏称“云骑尉乌尔卿阿，于流民潜入禁地，搭铺捕鱼，既经，查出，并不实力驱逐，辄敢受馈私容，具结捏报”①，奏请将受馈捏报之云骑尉革职，道光帝同意了棍楚克策楞的奏请，降旨将“乌尔卿阿著即革职。城守尉常山，率请令旗丁等在禁地立网捕鱼，殊属不知大体，著开缺来京”②，道光帝谕令棍楚克策楞“务即遴派妥员，将该处房屋窝铺渔具，拆毁净尽，嗣后仍不时严查，按季结报”③。在边防管理上，棍楚克策楞也特别重视。道光二十二年六月二十三（1842 年 7 月 30 日），棍楚克策楞参奏佐领诺木保，擅自给中俄交界处卡伦兵丁，放假离开卡伦，奏折中说："俄罗斯界卡伦，关系紧要，佐领诺木保，因马甲那木萨赖等往取盘费，擅自给假，辄离卡伦。"④道光帝依据棍楚克策楞所奏，下令将诺木保交部议处，并严谕各卡伦官兵加强边疆防务。二十六年二月十三日（1846 年 3 月 10 日），棍楚克策楞再次上奏，对未能周查俄罗斯边卡各员，及给假卡伦兵丁，提出严厉惩罚措施。棍楚克策楞在奏折中说："俄罗斯边卡最关紧要，总管达克丹、佐领玉木达什，系专派巡察卡伦之员，若因河水流澌难渡，自应俟冰结后，周遍巡查。兹既未巡查。复捏报已查，实属怠玩。"⑤棍楚克策楞提出将不按时巡查边境，反而虚报说已经巡查过的总管达克丹、佐领玉木达什给予处分。另外还说："佐领玛什巴图，因兵丁断绝口粮，给假离卡，遣回游牧处所。殊属不合。"⑥上谕内阁：将“总管达克丹、佐领玉木达什，俱著交部严加议处。佐领玛什巴图，著交部议处”⑦。

棍楚克策楞在任黑龙江将军期间，关心百姓生活，多次上奏清廷，要求对水旱灾地区的各族人民给予生活救济或减免税赋。棍楚克策楞到任的当年，就奏请要求减免被水旱灾害公田额赋。二十年十一月初一（1840 年 11 月 24 日），清廷同意了棍楚克策楞的奏请，决定“免黑龙江、墨尔根城，两处被水屯丁应交粮石，并贷口粮，给房屋修费。暂缓黑龙江、墨尔根城、打牲乌拉、齐齐哈尔等处站丁旧欠银粮”⑧。二十一年十月二十一日（1841 年 12 月 3 日），清廷决定“缓征齐齐哈尔、墨尔根城歉区旧欠银”⑨。二十二年十月二十日

①②③《清实录·宣宗实录》卷 399，1136 页，北京，中华书局，1986。
④《清实录·宣宗实录》卷 376，772 页，北京，中华书局，1986。
⑤⑥⑦《清实录·宣宗实录》卷 426，347 页，北京，中华书局，1986。
⑧《清实录·宣宗实录》卷 341，181～182 页，北京，中华书局，1986。
⑨《清实录·宣宗实录》卷 360，500 页，北京，中华书局，1986。

（1842年11月22日），清廷决定“暂缓齐齐哈尔、黑龙江、墨尔根、布特哈四处歉收贫民积欠银”①。二十三年十月二十九日（1843年12月20日），清廷决定缓征“齐齐哈尔、黑龙江、墨尔根、布特哈四处，歉收田亩应交粮石有差，并贷口粮”②。二十四年十一月初一（1844年12月10日），棍楚克策楞根据“本年齐齐哈尔、黑龙江、墨尔根、布特哈等处田禾，因入秋以后，霪雨连绵，加以嫩江、井奇里、赣河河水漫溢，是以收割分数不同”③的实际情况，上奏请求“将上年借支接济粮银分别归还，其余粮银，恳请展限”④还给。道光帝上谕：“著照所请，所有呼兰城收割六分、齐齐哈尔城收割四五分之养育兵、屯丁等应交粮石，及呼兰城新增屯丁十九名，除应交满数粮石内一半全行入仓收贮外，其余一半，著照例变价售卖，以归原支钱文及采买等款。其齐齐哈尔、墨尔根二城收获三分有零，黑龙江城收获三二分之养育兵、屯丁等应交额粮。著照例蠲免。黑龙江城库木尔等驿，因被水灾收获三二分，所有口粮不足人等，著接济口粮。”⑤道光帝还说，如果“仍不敷粮石，著于备仓所贮粮内动支借给，以资接济”⑥。对“齐齐哈尔、黑龙江、墨尔根、布特哈四处及墨尔根等驿，所欠接济口粮银两，著展限一年，于明年秋成后依限归还”⑦。二十五年十一月二十二日（1845年12月20日），棍楚克策楞根据“本年齐齐哈尔、黑龙江、墨尔根、布特哈自入秋以后，阴雨连绵，又值黑龙江河水盛涨，以致收获分数不齐”⑧的现实情况，奏请清廷说：“齐齐哈尔等处收获田谷，分数不齐。请将上年借过口粮银两，分别展限接济乏食人等口粮。”⑨道光帝同意了棍楚克策楞的奏请，“著照所奏，呼兰城收获六分之官屯额丁应交粮石，及新增设十九官屯之额丁满交粮石内，以一半交仓收存，外以一半变价弥补曾经动用卖牛等款。至齐齐哈尔、黑龙江、墨尔根三城三分有余，及收获三分之养育兵、官屯额丁应交额粮，照例宽免”⑩。从而使各地区的人民生产生活有了保障。

棍楚克策楞心系百姓生活，多次奏请清廷减免税赋，积极整顿吏治，加强边防，在黑龙江将军中是一位尽责的将军。棍楚克策楞去世后，道光帝谕“黑龙江将军棍楚克策楞历任将军以来，办事勤慎，现在病故，殊堪轸惜。著加恩，赏加

① 《清实录·宣宗实录》卷383，901页，北京，中华书局，1986。
② 《清实录·宣宗实录》卷399，1136页，北京，中华书局，1986。
③④⑤⑥⑦ 《清实录·宣宗实录》卷411，150～151页，北京，中华书局，1986。
⑧⑨⑩ 《清实录·宣宗实录》卷423，315～316页，北京，中华书局，1986。

太子太保衔”[①]。这是道光帝对棍楚克策楞在黑龙江将军任内工作的肯定。

（孙文政）

英　隆

英隆（？—1866），字劲堂，号菊人，清宗室，满洲镶红旗人。奉恩将军英章阿长子。嘉庆十六年（1811年），以父荫袭奉恩将军。十七年（1812年），授正黄旗三等侍卫。二十一年（1816年），补上驷院侍卫。二十三年（1818年），授本枝宗室佐领。道光元年（1821年），补正黄旗六班委侍卫班领。四年（1824年），补二等侍卫班领。八年（1828年），补头等侍卫办事章京。十一年（1831年），记名副都统。十二年（1832年）二月，授盛京副都统，旋调山东青州副都统。十七年（1837年），调广州副都统。二十一年（1841年），调齐齐哈尔副都统。二十七年（1847年）二月，升江宁将军；四月，调绥远城将军；十一月，调黑龙江将军。咸丰四年（1854年）二月，调盛京将军。五年（1855年）十二月，授热河都统。七年（1857年）五月，调镶白旗蒙古都统；十月，充武职六班大臣；十二月，年力衰休致。同治五年（1866年），卒。

英隆曾任齐齐哈尔副都统，了解黑龙江情况，到任后不久，适逢穆拉维约夫担任东西伯利亚总督，宣称要把解决“黑龙江问题”作为自己“在西伯利亚活动中高于一切的中心问题”。[②]英隆针对沙俄的侵略图谋，于道光二十八年（1848年），“奏请添设军营抬枪”[③]，以防御沙俄的入侵。三十年正月十四日（1850年2月25日），道光帝去世。二十四日（3月6日），穆拉维约夫得知道光帝去世的消息，立即向沙皇尼古拉一世献策：“利用中国目前的事件，趁英国人尚未完全统治中国之际，增兵俄中边境地区。”[④]调两艘巡航战舰到黑龙江口的计划得到了沙俄政府的批准。七月初六（8月13日），涅维尔科伊上校率水兵侵入我国黑龙江口的庙街，强迫附近的费雅克居民集合，鸣放枪炮，升起俄国军旗。咸丰元年（1851），沙俄利用洪秀全在广西起义之机，加

①《清国史》（嘉业堂钞本）第九册，349页，北京，中华书局，1993。
②④ 张向凌：《黑龙江历史编年》，253、260～262页，哈尔滨，黑龙江人民出版社，1989。
③《清国史》（嘉业堂钞本），卷56，432页，北京，中华书局，1993。

快了侵略黑龙江流域的步伐。四月初七（5月7日），理藩院接到俄国枢密院咨文“黑龙江口屡有外国兵船出现，为敝国所不容，盖因阿穆尔河发源于我国境内，故决不允许外船在该河航行，及占有该河河口”①。沙俄以此为借口，炮制出《外贝加尔哥萨克军条例》，大量扩军于中俄边界。清廷鉴于此，于四月十九日（5月19日），批准了英隆添设军营抬枪的要求，于是英隆“拟添造抬枪八十杆，于内外火器营检派熟习火器章京一员，挑选抬枪二杆，及随用器械，并带工匠数名前往盛京。如式制造，分拨各处，加意训练，以重操防”②。同时为了解黑龙江的外国船只活动情况，五月二十四日（6月23日），英隆派呼伦贝尔佐领敖昌兴等前往黑龙江口和乌第河等处，调查外国船只活动情况和巡察外兴安岭边界。十月二十二日（12月14日），英隆向清廷报告，没有发现外国船只在黑龙江口航行。咸丰二年五月二十六日（1852年7月13日），沙俄向清廷提出，索要3名“逃犯”。经过英隆调查，所谓3名“逃犯”，即道光三十年（1850年）私自越境，被鄂伦春人击毙的3名沙俄“考察队员”。③之后，英隆“以俄兵窥伺，派将弁扼守要隘”④，并向朝廷晋奏“疏请本年军政展限举行”⑤。清廷认为“纷纷派员防守要隘，若令俄罗斯闻之，岂不转生疑惧”⑥。鉴于“有俄罗斯兵往东边一带行走，谕令英隆留心探访，暗地防范，不许稍事张皇”⑦。咸丰三年八月初四（1853年9月6日），“理藩院收到俄国枢密院来函，要求会同中国官员在格尔必齐河及黑龙江下游近海地方设立界牌”⑧。八月十六日（9月18日），清廷令黑龙江将军英隆派员查明“究系有无界碑，以及近海一带地方，应否立界之处？详细查明具奏”⑨。十二月二十日（1854年1月18日），英隆为加强边防，还从“黑龙江各城旗营、驿屯的闲散人丁中，挑选团练1 600人，以备调拨”⑩。十二月二十四日（1854年1月22日），清廷又谕“俟明年春融时，再行派员查明”⑪。与外国分立界碑，事关重大，英隆在第二年春天即派员勘察。此外英隆在整顿黑龙江吏治

① 《清代中俄关系档案史料选编》（第三编，上册），6页，北京，中华书局，1979。
② 《清实录·文宗实录》卷32，3～4页，北京，中华书局，1985。
③⑧ 张向凌：《黑龙江历史编年》，253、260～262页，哈尔滨，黑龙江人民出版社，1989。
④⑥⑦ 《清实录·文宗实录》卷64，5～6页，北京，中华书局，1985。
⑤ 赵尔巽等：《清史稿》，3231页，北京，中华书局，1977。
⑨ 《清实录·文宗实录》卷103，34～35页，北京，中华书局，1985。
⑩ 《清实录·文宗实录》卷115，46～47页，北京，中华书局，1985。
⑪ 《清实录·文宗实录》卷116，19页，北京，中华书局，1985。

方面也有所举措，对官员赌博给予惩治，道光二十八年九月十七日（1848年10月13日），英隆参奏：“齐齐哈尔镶蓝旗骁骑校齐明阿，与水手张福同赌，实属有玷厥职”[①]。将齐明阿革职。对旷班饮酒沉醉滋闹之职官进行了惩治，道光二十九年十二月初二（1850年1月14日），英隆等参奏：“恩骑尉巴图，于派守火药库重地，胆敢旷班饮酒，且复在街沉醉滋闹，竟将前锋号衣撕毁，实属不法已极”[②]。将恩骑尉巴图革职，发往乌鲁木齐充当苦差。

英隆在黑龙江任职六年，积极预防沙俄的入侵，发现沙俄有入侵迹象，就派兵把守要隘。应该说是很称职的封疆大吏，同时对黑龙江吏治的清明也作出了一定的贡献。

（孙文政）

奕　格

奕格（1805—1858），清宗室，满洲正黄旗人。怡亲王允祥曾孙，绵誉第三子，道光帝侄。道光二十四年（1844年）三月，袭固山贝子；十一月，为散秩大臣。二十五年（1845年）二月，为正红旗汉军副都统；四月，署镶黄旗满洲副都统；寻兼镶红旗护军统领。二十六年（1846年）二月，署行在正黄旗领侍卫内大臣，寻调为镶白旗满洲副都统；三月，调为左翼前锋统领；五月，署正白旗领侍卫内大臣。二十八年（1848年）十一月，署正黄旗领侍卫内大臣。二十九年（1849年）正月，调任乌里雅苏台将军，寻署镶白旗汉军都统。咸丰二年（1852年）六月，署镶蓝旗汉军都统；九月调任正红旗汉军都统；十一月，署銮仪卫掌卫事。三年（1853年）正月，为御前大臣；三月，为镶红旗蒙古都统。四年（1854年）二月，任黑龙江将军。五年（1855年）十二月，因病解职。六年（1856年）五月，调为镶黄旗蒙古都统；十二月，署镶蓝旗蒙古都统。八年（1858年）二月，卒。

咸丰四年二月二十四日（1854年3月22日），清廷“调黑龙江将军英隆为盛京将军，以镶红旗蒙古都统奕格为黑龙江将军”[③]。三月二十七日（4月

① 《清实录·宣宗实录》卷459，18页，北京，中华书局，1985。
② 《清实录·宣宗实录》卷475，33页，北京，中华书局，1985。
③ 《清实录·文宗实录》卷122，101页，北京，中华书局，1986。

24日)，清廷令奕格派兵1 000名去山东防堵太平军。六月初二（6月26日)，清廷谕黑龙江将军奕格，要求各坐卡官员对所经过之俄船要严密防查，如俄人有扰及内地事情，需晓以大义，谨慎从事，不准起衅生事。十二月二十六日（1855年2月12日)，清廷谕令奕格既已将俄国船只放行，不准阻其归路，“如该国前此经过之船，仍由黑龙江等处驶回，果于沿途地方，不致骚扰，即著听其归国，毋庸拦阻。若再有续来之船……此后断不可再从黑龙江行驶”①。五年三月二十一日(1855年5月6日)，清廷政府复照俄国，提出俄方不应违约，两国之间一切事均应循照旧章方好，并且拒绝俄方武装航行黑龙江的无理要求，同时谕令奕格、景淳（吉林将军）等，不准俄船由黑龙江驰。“并据奕格奏称，库伦、吉林、黑龙江三处复员，已于七月初七日（8月19日）在黑龙江会齐，初八日起程前往。”②九月十三日（10月23日)，俄船陆续自黑龙江回返，其中一批被冻阻于瑷珲（今黑河市瑷珲区）以北200多公里处，不能行驶。俄方向中国方面提出借马并通驿站分送该国公文的要求。奕格等奏“以夷情诡诈，难保无窥探别情，若陆路程途，复令通晓，设有事端更难两顾”③。十月初二（11月11日)，清廷下令不准向俄国人借马及由驿路行走，可以提供口粮，帐篷，由奕格选派干员率官兵看守照料，不许彼等擅离江岸，一俟春暖冰化，即令其开船回境。十一日（20日)，咸丰帝谕令奕格“于齐齐哈尔等处挑选精壮余丁共五百名”④，派员勤加操练，以便候调补湖北。“查分界立牌之事”是中俄矛盾的焦点。“据景淳奏：十三日始晤木哩斐幅（穆拉维约夫)，和同商酌，该夷取伊国图式，指称，原定界址，自格尔必齐河长起，至兴安岭阳面各河长止，俱系俄罗斯属界。今应取和，将黑龙江左岸以及海口分给该国守护等语。”⑤十六日（25日)，清廷闻穆拉维约夫提出将黑龙江左岸及海口划给俄国的要求甚为震惊，指示景淳等告知俄人：上述地区向为中国领土，据我国法律，守边大臣断不敢将尔等之言入奏，以招罪责。至于阔吞屯所盖房屋，目的既在防堵英人，止可暂行借住，费雅客人等在其地居住年久，断

①《清实录·文宗实录》卷155,688页,北京,中华书局,1986。
② 万福麟监修、张伯英总纂:《黑龙江志稿》卷31,2724页,哈尔滨,黑龙江人民出版社,1992。
③《清实录·文宗实录》卷179,1001页,北京,中华书局,1986。
④《清实录·文宗实录》卷180,1010页,北京,中华书局,1986。
⑤ 贾桢:《筹办夷务始末（咸丰朝)》卷12,425页,北京,中华书局,1980。

难令其移居。二十二日（12 月 1 日），咸丰帝指示军机大臣等将上述旨意“分寄黑龙江将军奕格、库伦办事大臣德勒克多尔济等，并复谕景淳，仍遵前降谕旨，酌量妥办，断不可使别生枝节”①。十一月初一（12 月 9 日）奕格亦以此事上报朝廷：“俄夷不遵旧章情形。即系景淳所奏之事。而声叙较详。如所称兴安岭山阳流水之源，皆系中国属地。山阴流水之处，始是该国地面可见兴安岭阳面本非该国分界。即据该夷声称，亦知景奇里西里木的牛满各河等处为大国地界。唯因该夷陆路往来不便，故欲分给伊国。其狡赖情形，显然可见。”②与此同时，俄国又以助华防英为由，带重兵军械，协济火药，行至东海。对此，库伦办事大臣德勒克多尔济上书朝廷：“可否即由理藩院行文，阻止该夷不得带兵前往，一面由黑龙江、吉林两处将军于各要隘加意防范。”③针对此事，奕格也曾奏报朝廷：“俄兵船自黑龙江行驶，请敕理藩院令其仍由外海行走。”④而且他还极言“夷人性情诡诈，其言疑难凭信”。然此时清廷奉行“外敦信睦，隐示羁縻”的外交政策，即为避免决裂，采取“一切迁就”的方针。因此，咸丰帝谕令，“仍著遵照前旨，作为奕格、景淳、德勒克多尔济三人之意，会衔公具文移，知照该国，告以此次勘定分界，只可将先前未设界碑（牌）之地商酌勘定，若将已定界地混行分拨，我等将获重罪，于尔国亦属无益”⑤。同时，又指示奕格等不动声色，密加防范，不可激切起衅，随时将该国情形及时密奏。十一月初七（12 月 15 日），根据奕格奏报，黑龙江上俄人已由陆路回国，并声言明年仍有船只前来。清廷指示黑龙江地方仍需密加防范，“其留存养病各夷人，著妥为照料，毋致有所借口”⑥。早在九月二十七日（11 月 6 日），上从西凌阿等请调闲散余丁之奏，命将军奕格挑选备调，奕格遵选齐齐哈尔 350 名，墨尔根 50 名，呼兰 100 名，并拣协领等官 12 员，领催前锋等 20 名，以备带兵前往。十一月，奕格以全省兵不满万，屡次征调，现存仅 4 000 余名，不敷设防，奏准缓派。十一月二十四日（1856 年 1 月 1 日），布特哈总管佛尔庆阿等爱国官兵联名向黑龙江将军呈请：鉴于俄国不断入侵，黑龙江军械库缺乏，情愿捐银 4 200 两，购置硬弓 600 张，梅花箭 8 万支。

① 《清实录·文宗实录》卷 181，1024 页，北京，中华书局，1986。
② 《清实录·文宗实录》卷 182，1033 页，北京，中华书局，1986。
③④⑤ 贾桢：《筹办夷务始末（咸丰朝）》卷 10，385 ～ 392 页，北京，中华书局，1980。
⑥ 《清实录·文宗实录》卷 182，1040 页，北京，中华书局，1986。

十一月二十六日（1856 年 1 月 3 日），咸丰帝批准黑龙江、吉林将军及库伦办事大臣会衔致俄国枢密院的照令，要求俄方恪守《尼布楚条约》，不得侵犯中国领土。十二月初一（1 月 8 日），“奕格奏称，黑龙江地区仅剩病员四千余名，不敷应用，请求将挑选备余五百名留本省备用”①。清廷表示同意：“著即停其调拨，留于黑龙江防堵，以重地方。其呼伦贝尔副都统衔总管依成额，即据该将军奏称，年近七十。恐致贻误地方，即著奕格，于总管协领内，择其堪胜之员，开单请简。”②

咸丰五年十二月十八日（1856 年 1 月 25 日），奕格因病解任，奕格任职黑龙江将军时间虽然不长，却是其一生中浓墨重彩的一笔。奕格在与俄方会勘中俄边界时，以中俄《尼布楚条约》为依据，将先前未设界碑之地详加勘定，并立界碑。奕格在任期间，曾与齐齐哈尔副都统那敷德奏请组织打牲八旗官兵及鄂伦春人等以固边陲，奏折中奕格极言夷人之诡诈，“去岁夷船驶至之时曾有鄂伦春骁骑校莫尔格纳被夷人胁逼私行导引，已治罪在案，不得不从权筹备，以防不测”③。而清廷却以“宜示以镇静，不可先露防备情形，亦不可使鄂伦春人等失业，方为妥善”④为由加以驳斥。不难看出，此时的清廷，已是风中残烛，根本无力抵挡俄国的侵略步伐。国家羸弱，奕格又才智平庸，所以在黑龙江将军任上只能顺从奉行羁縻政策，无所作为。不得不承认，奕格很懂得明哲保身，在俄罗斯大敌压境之际，请求离职，虽然没有担上“卖国将军”的骂名，却也为后人所不耻。可以说，终其一生，是屈辱和哀怨的悲剧命运。奕格的悲剧，既是时代的产物，也是其个性使然。

（耿立伟）

奕　山

奕山（1790—1878），字静轩，清宗室，满洲镶黄旗人。恂郡王允禵四世孙，道光帝侄子。道光元年（1821 年），充三等侍卫。四年（1824 年）升二等侍卫，

①②《清实录·文宗实录》卷 185，1062 ～ 1063 页，北京，中华书局，1986。
③ 贾桢：《筹办夷务始末（咸丰朝）》卷 12，438 页，北京，中华书局，1980。
④《清实录·文宗实录》卷 184，1057 页，北京，中华书局，1986。

在乾清门行走。六年（1826年）七月，赴新疆军营当差。八年（1827年）四月，绘画紫光阁，升头等侍卫。九年（1829年）三月，赏穿黄马褂，在御前侍卫上行走。十一年（1831年）三月，署察哈尔奈曼领队大臣；十月，为武备院卿；十二月，任伊犁领队大臣。十三年（1833年）十月，调任塔尔巴哈台领队大臣。十五年（1835年）正月，授镶蓝旗汉军副都统，寻授伊犁参赞大臣；二月，调镶黄旗满洲副都统；四月，补正红旗护军统领。十六年（1836年）正月，办理巴尔楚克查（今新疆巴楚）开垦事宜。十七年（1837年）五月，调正蓝旗护军统领；十月，署伊犁将军。十八年（1838年）四月，实授伊犁将军，寻授正红旗汉军都统。二十年（1840年）九月，任正白旗领侍卫大臣，在御前大臣上学习行走；十一月，在紫禁城内骑马。二十一年（1841年）正月，为御前大臣；寻任靖逆将军，赴广州督师；五月，议定丧权辱国的《广州条约》。二十二年（1842年）十月，革职。二十三年（1843年）八月，释放回家；十月，任和阗办事大臣。二十五年（1845年）十一月，任伊犁参赞大臣。二十七年（1847年）八月，补授叶尔羌参赞大臣；十月，赏给二等镇国将军，戴双眼花翎。二十八年（1848年）三月，为镶黄旗蒙古副都统。二十九年（1849年）正月，兼正黄旗护军统领；二月，为镶白旗满洲副都统。三十年（1850年）十二月，任伊犁将军。咸丰五年（1855年）十二月，改任黑龙江将军。六年（1856年）正月，授御前大臣职衔。八年（1858年）五月，签订《瑷珲条约》。九年（1859年）五月，革职；八月，革御前大臣职衔，召回京。十一年（1861年）九月，署镶蓝旗汉军都统；十月，任镶白旗蒙古都统，寻复御前大臣。同治三年（1864年）七月，晋封一等镇国将军。四年（1865年）五月，署正红旗都统。五年（1866年）三月，署镶红旗满洲都统。七年（1867年）十月，上书房总谙达。十三年（1874年）正月，署镶白旗满洲都统；六月，乞休。光绪四年（1878年）六月，卒。"谥端毅。"[①]

咸丰五年十二月十八日（1856年1月25日），清廷"调伊犁将军奕山，为黑龙江将军"[②]。奕山任黑龙江将军之时，正值沙俄政府利用第二次鸦片战争机会，向中国东北地区疯狂扩张之际。咸丰六年（1856年）三月，沙俄政

① 赵尔巽等：《清史稿·奕山传》卷373，11539～11540页，北京，中华书局，1977。
②《清实录·文宗实录》卷186，1087页，北京，中华书局，1986。

府在克里米亚战争失败后，立即实施“失之西方，取之东方”的计划，把侵略矛头指向中国，决定继续执行“黑龙江航行，必要时不惜动用武力”[1]的政策。在这种情况下，腐败无能的清政府，于三月二十六日（4月30日），谕令奕山“遇有俄国船只，驶至该处地面时，务须暗为设防，随机应付，勿令激生事端”[2]。奕山遵照清廷旨意，上疏“阳抚阴防之策”[3]。五月二十六日（6月28日），清廷采纳了奕山提出的“阳抚阴防及穆拉维约夫到后与之谈判的建议。谕令不可稍有张皇和大意，要遇事相机，妥为驾驭。且勿起衅端，日后也不可漫无限制”[4]。七月二十四日（8月24日），咸丰帝再次诏示奕山等“不可轻启衅端，亦不可漫无限制……应外示羁縻，内加防范”[5]，奕山的阳抚阴防做法，得到了咸丰帝的肯定，在给奕山的上谕中称：“不激不随，尚属得体。”[6]然而奕山的阳抚阴防政策助长了沙俄的嚣张气焰，沙俄东西伯利亚总督穆拉维约夫指挥俄军，公开沿黑龙江而下，入侵黑龙江。七年五月二十六日（1857年6月17日），沙俄到达瑷珲江面，派人入城要求准许由满洲地方去京，奕山“奉上命拒之”[7]。五月二十八日（6月19日），俄军七八百名在亚兹科夫率领下，分乘木筏驶入海兰泡登岸，建房20处，对准黑河屯安设大炮，胁逼通商。咸丰帝在回复奕山奏请时说：“即名言贸易，尤应羁縻，不可激生事端。”[8]让奕山设法拒绝，妥善办理严加防范。十一月十四日（12月29日），英法联军攻陷广州，沙俄政府决定利用英法侵华之机，加紧向黑龙江移民，并建立哨所和民居点，对黑龙江左岸实施军事占领，迫使清政府屈服。十一月二十三日（1858年1月5日），沙俄政府委托穆拉维约夫为对清政府谈判全权代表，八年二月初八（1858年3月22日），清政府理藩院照会俄国枢密院，中俄边境议题应与黑龙江将军会商。咸丰帝对俄使提出以黑龙江左岸为俄国边界，中国满汉人等悉移右岸；又提出以乌苏里江为界等，表示“断难迁就允准”。指示奕山等：“如该使遵谕折回黑龙江，即著奕山据理与之辩论，务当恪守旧约，不可听其狡饰之词。”[9]三月十六日（4月29日），俄使普提雅廷照会清政府，

①⑧ 张向凌：《黑龙江历史编年》，265～270页，哈尔滨，黑龙江人民出版社，1989。
② 《清实录·文宗实录》卷194，102页，北京，中华书局，1987。
③④ 故宫博物院明清档案部编：《清代中俄关系档案史料选编》（第三编，上册），243～244页，北京，中华书局，1979。
⑤ 《清实录·文宗实录》卷204，222页，北京，中华书局，1987。
⑥ 《清实录·文宗实录》卷206，250页，北京，中华书局，1987。
⑦ 赵尔巽等：《清史稿·奕山传》卷373，11539～11540页，北京，中华书局，1977。
⑨ 《清实录·文宗实录》卷245，787～788页，北京，中华书局，1987。

要求俄国在通商口岸享有与英法同等权利，清政府应将黑龙江江北、乌苏里江以东地区让给俄国，以免他国窥伺，并表示俄方愿意出银10万两，供中国居民移居江右之费用，帮助清政府抵御其他列强侵略和镇压太平天国运动。清政府幻想沙俄政府调停中法关系，传谕奕山，如穆拉维约夫果能在黑龙江“真心查办，即与秉公会勘，倘肆意侵占，奕山只能随时防范”①。同时咸丰帝说：“未定地界，只有乌第河一处，可以谈判，勘定。”②奕山按照清廷旨意与穆拉维约夫于四月十一日（5月23日），正式谈判，俄方首先提出“以黑龙江、乌苏里江为国界等6条无理要求，奕山则根据《尼布楚条约》据理论辩，要求俄方及早将人众撤回”③，第一轮谈判不欢而散。四月十二日（5月24日），穆拉维约夫装病不出来，由彼罗夫斯基拿出单方拟订好的条约草案，扬言说：“以河为界，绝不能改动。”④奕山将军说：“乌苏里江一带系吉林将军管辖，本将军无权作出决定，奕山坚决反对以河为界的无理要求。”⑤沙俄的以河为界目的未能得逞，谈判陷于僵局。四月十四日（5月26日），穆拉维约夫亲自出马，用最后通牒的方式，提出条约的“最后文本”，并以英国可能出现于黑龙江上相威胁，逼迫奕山在文本上签字，奕山据理力争，并断然拒绝“以河为界，最后穆拉维约夫勃然大怒，拂袖而去，行前限期明日画押。当天夜里，夷船火光明亮，枪炮声不断，势在有意寻衅”⑥。第二天在俄方军事威胁下，奕山被迫屈服，同意俄方修正草案，但必须删去“以乌苏里江为界的内容，穆拉维约夫表示可以接受，但要将乌苏里江以东地区改为两国共管”⑦。四月十六日（5月28日），奕山放弃了维护祖国领土主权原则，为安夷人豺狼之心，允其所请，与穆拉维约夫签订不平等的《瑷珲条约》，将黑龙江以北、外兴安岭以南60万平方公里的领土划给俄国，乌苏里江以东约40万平方公里的中国领土划为中俄共管之地，还让沙俄在黑龙江、乌苏里江享有航行权。奕山慑其兵威，与穆拉维约夫签订丧权辱国的卖国条约，遭到中国人民的强烈反对，奕山是难推其责的，后来奕山在关于《瑷珲条约》的奏报中为自己进行辩解，说：“势处万难，若不从权酌办，换以文字，必致夷酋愤激，立起衅端，势难安

① 《清实录·文宗实录》卷245，787～788页，北京，中华书局，1987。
②③④⑤⑥⑦张向凌：《黑龙江历史编年》，265～270页，哈尔滨，黑龙江人民出版社，1989。

抚，只好妥协，以缓眉急。”[1]十二月二十一日（1859年1月24日），清廷接到奕山等奏，遵查绥芬、乌苏里地界，并俄国具字要挟情形一折。奕山奏称：“绥芬至三姓交界，宽平千余里，并无与俄国接壤之处。乌苏里河自北而南，相距一千四百余里，距兴安岭甚远，亦无接壤俄国处所。是该二处，不特原定分界甚遥，且近接三姓、宁古塔等处，实已深入内地。”[2]清廷以乌苏里江、绥芬河一带系我国内地，俄方蓄意侵占是“违背合约，中国断难再让”，谕令奕山等向穆拉维约夫据理执辩，晓以利害。但要求奕山在与俄交涉中，“不宜过于激烈，致起衅端，亦不可一味软弱”[3]，然而，奕山在与穆拉维约夫交涉中，仍“不思力图挽救，不敢与俄方定义，继续主张权宜办理，暂且姑容”[4]。大理寺卿殷兆镛参劾奕山时说：“以边地五千余里藉称闲旷，不候谕旨，拱手授人，始既轻诺，继复受人所制，无能转圜。”[5]九年五月初六（1859年6月16日），清廷下令对奕山革职留用。七月二十一日（8月29日），下令革去奕山御前大臣职衔，令其回京当差，结束了其在黑龙江四年任职黑龙江将军的政治生涯。

奕山作为宗室皇族，仕途可谓一帆风顺，深受皇帝的信任，但其昏庸腐朽、愚昧无能，致使在对沙俄交涉中，一味妥协退让。特别是在俄军恐吓逼迫下，割去100万平方公里的国土，对此，奕山有着不可推卸的责任，所以被后人称为卖国将军。笔者认为，说奕山是卖国将军还有失公允，奕山在签订《瑷珲条约》时，有些地方还是坚持原则的，奕山只是奉清廷之命与沙俄签订条约，对清廷还是忠心的，但其在俄军的逼迫下放弃主权，割让国土的投降行为是确凿的，所以称其为投降将军还是比较贴切的。但把一切责任都归咎于奕山一个人身上也是不对的，应该说奕山执行的是清政府的投降路线，当时清朝处于内忧外患的包围之中，咸丰皇帝没有看清沙俄的侵略本性，而是抱着侥幸的心理，想借助沙俄的力量达到“以夷制夷”的目的，可以说不平等的《瑷珲条约》，既是腐败落后的清政府妥协政策的必然产物，也是咸丰帝和奕山等投降派一手促成的产物。奕山任黑龙江将军不久，向咸丰帝报告俄国在其边界情况时，咸丰帝御批“该国情形，不过预作

① 张向凌：《黑龙江历史编年》，265～270页，黑龙江人民出版社，1989。
②③《清实录·文宗实录》卷272，1216～1217页，北京，中华书局，1987。
④《筹办夷务始末（咸丰朝）》卷38，46页，北京，中华书局，1980。
⑤赵尔巽等：《清史稿·奕山传》卷373，11539～11540页，北京，中华书局，1977。

通商地步，现在固不可不严为之防，尤不可稍露形色，唯使该国受我羁縻，不能尽遂其所愿方妥。此批唯汝三人知之，不可宣示，密之"①。当奕山签订不平等的《瑷珲条约》之后，咸丰帝对大臣们说："自系从权办理，限于时势不得已也。"②咸丰帝还为奕山的卖国行为开脱，从这点来看，奕山是咸丰帝投降政策的执行者。奕山的卖国将军罪名，很大成分是替咸丰帝背黑锅。

（孙文政）

特普钦

特普钦（1801—1887），张氏，字忍庵，盛京汉军镶红旗人。嘉庆十一年（1806年），入塾读书，后多次乡试失败。道光七年（1827年），投笔从戎，以诸生考取翻译官，改充旗下委官，擢牛庄防御、佐领等职。道光十二年（1832年），赏戴蓝翎。二十二年（1842年），升凤凰城守尉。咸丰元年（1851年），授帮办协领。三年（1853年）八月，奉旨驻防临洺关。五年（1855年），调补金州水师营协领。六年（1856年），调补旅顺水师营协领。七年（1857年）二月，诏以副都统用；九月，署吉林副都统。九年（1859年）正月，署吉林将军；八月，署黑龙江将军；十一月，授正白旗蒙古副都统，仍署黑龙江将军。同治元年（1862年）十月，实授黑龙江将军。六年（1867年）十月，因病开缺。光绪十三年（1887年）十月，卒。"赐祭葬，谥刚介。"③

咸丰九年八月初二（1859年8月29日），因奕山办理中俄分界失宜，清廷"明降谕旨，将奕山革去御前大臣，令其来京当差，特普钦暂署黑龙江将军，前往办理夷务"④。并谕令特普钦在与俄人办理交涉事宜时，"不可含糊了事，再蹈奕山覆辙"⑤。特普钦暂署黑龙江将军之际，正是黑龙江面临着内外交困局面之时。八月二十五日（9月21日），清廷谕令"黑龙江地方要紧，特普钦著即赴署任，无庸来京陛见"⑥。并谕令特普钦在与俄穆拉维约夫会晤中，要

① 《清实录·文宗实录》卷203，198页，北京，中华书局，1987。
② 《清实录·文宗实录》卷253，923页，北京，中华书局，1987。
③ 《清实录·德宗实录》卷248，342页，北京，中华书局，1987。
④⑤ 《清实录·文宗实录》卷290，249～250页，北京，中华书局，1987。
⑥ 《清实录·文宗实录》卷292，279～282页，北京，中华书局，1987。

坚持《尼布楚条约》，阔吞屯、奇集两处许俄人借住，入海船只允其由黑龙江往东走，至于乌苏里江、绥芬河等处，则“断不可应许”俄人居住，要求俄方速行撤回。①八月二十七日（9月23日），清廷接到沙俄递交照会，称“木哩斐幅等，约于九月二十日前后，到黑龙江以会商履勘为词……欲将黑龙江左岸，让与伊国”②。八月二十八日（9月24日），咸丰帝又谕特普钦等，“如与俄人会勘地界时，对黑龙江左岸之地，只许将该国现在占据之处，划清界限，立定四至，不得将左岸空旷之地完全许给俄人，争取能挽回几分就挽回几分”③。九月初七（10月2日），特普钦、景淳会奏为防止俄人侵入，将绥芬河、乌苏里江一带山场开禁，“令揽头招募人夫，前往保护，听其自谋生计。该处地方山深，伐木、打牲、采药、捕鱼……似此厚集人力，渐壮声威，俄人当不俟驱逐而自退”④。清廷认为“以中国之旷土，居中国之民人，利之所在，自必群相保卫，可杜外人强占之计，不烦兵力而足御外侮，因地制宜，所筹不为无见”⑤。于是让特普钦“催调揽头，赶紧劝办，著再悉心筹划”⑥。十月十四日（11月8日），清廷在副都统富尼扬阿会晤穆拉维约夫时，俄方“骄恣已极”，一再侵逼，在这种情况下，清廷让特普钦“密令城乡团练，及赶紧招募揽头人等，作为居民不依，欲与该国相抗，然后官方调处，使该国知众怒难犯，不致得步进步，无所底止”⑦。二十日（11月14日），特普钦到达黑龙江城，约定与穆拉维约夫会晤，“俄员布色依称木氏即可到城”，然而木氏“绕越江城，由左岸经赴海兰泡”⑧，特普钦此次未能与穆拉维约夫会晤上，后派黑龙江副都统爱伸泰，到海兰泡与之会晤，与之“详加开导”，然而，穆拉维约夫惯用伎俩，虚言恫吓，并在“黑龙江对岸建房安炮”⑨，还散发传单“威逼居民归顺俄国，要求交换粮食、牲畜”⑩，特普钦针对沙俄的侵略行径，为防止俄人入侵，于十一月初八（12月1日）奏报：“拟将该城养育兵二百八十余名，并挑备西丹，与官兵一起操练。复由墨尔根、布特哈备兵五百名，统归署副都统那尔胡善管带”⑪，以此加强防御，清廷同意了特普钦的奏请，并

①③⑩ 张向凌：《黑龙江历史编年》，272～276页，哈尔滨，黑龙江人民出版社，1989。
② 《清实录·文宗实录》卷292，279～282页，北京，中华书局，1987。
④⑤⑥ 《清实录·文宗实录》卷294，300页、302页，北京，中华书局，1987。
⑦⑧⑨ 《清实录·文宗实录》卷297，351页，北京，中华书局，1987。
⑪ 《清实录·文宗实录》卷300，385页，北京，中华书局，1987。

令其“联络该处旗民团练，以壮声势。将官兵扮作民间团练，如俄人先启兵端，即督饬兵勇抵御，乃借称民心不服，然后官为转寰，使俄方知众怒难犯，稍戢凶锋”[①]。十一月二十九日（12 月 22 日），俄人百余名强占乌鲁苏牡丹卡伦，十二月十八日（1860 年 1 月 10 日），特普钦奏：“乌鲁苏牡丹卡房，虽在许借俄国界址之内，而设立在康熙年间，且系要隘处所，岂容任外人占据？”[②]俄国以此卡为占其左岸借居之地，“突令密奇达将卡房烧毁”[③]。十二月二十五日（1 月 17 日），特普钦奏：“俄人因乌鲁苏牡丹卡房被毁后，重新修整，欲令拆移江右。爱伸泰面见俄员布色依，开导不允，旋派俄官绰罗呢等四人，带领俄众三十余名，并传集附近居民，各带器械，将重修卡房，肆意砍毁。”[④]特普钦认为“该处并无屯居旗户，非厚集兵力，难与较量”[⑤]。于是特普钦奏请“拟将卡暂移江右霍罗绰地方，与阿敦吉林卡伦接续，可期无误文报”[⑥]，特普钦这一权宜之计，被清廷采纳。

咸丰十年正月初七（1860 年 1 月 29 日），清廷拒绝俄方以乌苏里江划界的无理要求，中俄边境谈判破裂后，“俄方代表伊格纳切夫软硬兼施，强要以乌苏里江为两国国界”[⑦]。清廷令特普钦、景淳开导俄员，如俄人强占乌苏里江以东地方，则必遭民众反抗，反伤和好，冀消其觊觎之心。正月二十八日（2 月 19 日），俄方在呼伦贝尔一带一再越界、修建房屋，公然要求到呼伦贝尔西 40 余里罕台附近砍运松木，并扬言前来军事演习，遭到特普钦的严正拒绝。三月初四（3 月 25 日），特普钦奏请，拟从齐齐哈尔、墨尔根、布特哈和呼兰四城的八旗官屯、营站闲散余丁内挑选 500 名，作为步队，遣戍瑷珲，扮作民间团练，与当地官兵协力防城。清廷同意了这一奏请，并命特普钦在呼伦贝尔增设 4 处卡伦，加派官兵坐守，并与呼伦贝尔、珠尔特依卡伦会哨巡查。五月，沙俄军队武装占领了海参崴，并改名为符拉迪沃斯托克（俄意控制东方）。七月二十一日（9 月 6 日），特普钦拣派总管珠尔格纳、三都克多尔济统领马队官兵 2 000 名，驰赴通州，听候调遣。八月初九（9 月 23 日），

① 《清实录・文宗实录》卷 300，385 页，北京，中华书局，1987。
②③ 《清实录・文宗实录》卷 303，435 页，北京，中华书局，1987。
④⑤⑥ 《清实录・文宗实录》卷 304，444 页，北京，中华书局，1987。
⑦ 戴逸、李文海：《清通鉴》，6619 页，太原，山西人民出版社，2005。

因英法联军进逼北京，咸丰帝逃往承德，清廷命黑龙江挑选的马队余丁猎户2 000人不再去通州，转赴承德护驾。十月初二（11月14日），中俄签订《北京条约》，将乌苏里江以东地区划归俄国，并使俄国获得单方面的最惠国待遇。是年，清廷批准黑龙江将军特普钦关于招民试垦呼兰所属蒙古尔山等处奏折，从此以后，清廷的“封禁政策”宣告解体。①

十一年正月十七日（1861年2月26日），穆拉维约夫以黑龙江不执行《北京条约》中两国交界处居民随便交易不纳税条款为名，咨文清廷要求更换黑龙江将军和黑龙江城副都统。为此，咸丰帝上谕：“黑龙江未与俄通商，断无遽更换将军之理。”②著令特普钦以将军名义晓谕商民与俄人互相交易纳税，以免俄人借口。十一月初七（12月8日），“特普钦奏请，自本年起，由每年派兵巡查格尔必齐河口改为赴额尔古纳河口巡查。将咸丰四年（1854年）为防御俄人入侵黑龙江而设立的13处卡伦裁撤7处（大黑河屯、阿敦吉林、四家子、喀路山、胡勒固尔布拉、木口子、格尔钦），其余各要隘卡伦照旧巡防”③。

同治元年正月二十七日（1862年2月25日），上从都兴阿奏调黑龙江、吉林马队赴扬助剿之请，特谕议政王等寄信前来。至是，特普钦遵谕，核计所属，除呼兰存营兵数无多，未经挑选外，现由齐齐哈尔挑选年壮、枪箭熟练精兵50名，并严饬黑龙江、墨尔根、呼伦贝尔、布特哈等4城副都统、总管等认真加意挑选年力精壮、技艺娴熟精兵各50名，配齐军装，各带膘壮马匹，不得以老幼病弱充数。共挑派兵250名，拣派齐齐哈尔城奖赏花翎协领托克吞为营总，并派佐领、骁骑校等职5员，共为一起，于二月二十一日由省起程，自茂兴站出境，前赴扬州军营助剿。阿勒楚喀荒山嘴子等地农民200多人，在张玉率领下起义，渡过松花江，直抵呼兰城一带。清廷令景淳、特普钦联合镇压，尽早肃清。闰八月十一日（10月4日），署黑龙江将军特普钦奏准，在呼兰城各旗闲散（满语称苏拉）西丹挑选200名作为“副甲”（正式甲兵的候补者），以补该城484名额兵之不足。每人月给工食钱3吊，遇有正兵缺出即由其拨补。十一月，将军特普钦奏

①③ 张向凌：《黑龙江历史编年》，272～276页，哈尔滨，黑龙江人民出版社，1989。
② 戴逸、李文海：《清通鉴》，6700页，太原，山西人民出版社，2005。

派记名协领伊能额管带马队官兵250名，赴陕助剿，并报碍难劝捐马匹情形。同月，将军特普钦又奏，挑选精壮官兵258名，交由吉林花翎副都统衔协领德云管带，前赴直东一带防剿，[1]十二月初六（1863年1月24日），根据特普钦奏报，清廷决定在呼兰城北百里的荒凉处，移住京旗300，编为10屯。先报民下代垦，待京旗到后，所垦之田半归旗下，半归民下。二年四月十六日（1863年6月2日），特普钦奏报，海兰泡俄官布色依等不听拦阻，擅赴齐齐哈尔要求通商，并借道前往吉林。又欲在黑龙江右岸的中国领土上垦地打草等情。清廷令特普钦等随时防范，对俄人要求，“当依据条约严词阻止，不可稍事犹豫”。十二月十一日（1864年1月19日），因黑龙江地方鸦片烟馆逐渐增加，已波及军营，并影响马队的战斗力。清廷令特普钦等恪遵前旨，设法严禁。八月初四（9月16日），因特普钦奏请回旗省亲，清廷决定赏假两月，命盛京副都统宝善署理黑龙江将军。五年五月初四（1866年6月16日），俄使要求黑龙江内地通商。清廷令黑龙江按照“边境百里以内照章贸易，百里以外不能通商”的原则办理。富明阿与特普钦分别上书反对与俄国陆续通商。六月初二（7月13日），清廷令特普钦调黑龙江马队500名，由副都统安住管带，均取道张家口，前往回疆进剿。六年正月初五（1867年2月9日），命将军特普钦先期挑派马队兵200名，备齐军装，以便穆图善派员接提，借资防剿。二月初一（3月6日），将军特普钦奏，遵旨饬备壮丁，听候山东委员到省招募，并请援，照征调西丹成案，一体发给整装、养赡各银两。十一月二十五日（12月20日），将军特普钦奏，遵谕将前备官兵202名作为一起，交由穆图善迎提委员记名副都统穆克德布管带起程，赴甘助剿。[2]

黑龙江与俄接壤，边防至关重要。特普钦署理黑龙江将军时，黑龙江正值外患深重、财源枯竭之际。面对内外交困的局势，特普钦认为自强之策在于“储饷足兵”，边防最关紧要，必须做好对沙俄武装进犯的防卫准备。特普钦筹办江右团练，从墨尔根、布特哈挑选备兵557名，勤加操练，如有军情，即开赴黑龙江城策应。又从齐齐哈尔、墨尔根、布特哈、呼兰4城旗民中挑选500壮丁，作为步队，遣戍黑龙江城。并将库玛尔等5路鄂

---

①② 万福麟监修、张伯英总纂：《黑龙江志稿》，1391页、1416页，哈尔滨，黑龙江人民出版社，1992。

伦春人编为团练，分布要隘以防俄军。此外，他还派兵添设台卡，巡守瞭望，并禁止黑龙江沿岸居民卖粮食给俄人。这些措施对阻止沙俄入侵起到了一定的作用。同治元年（1862 年），在巴彦苏苏地方设置呼兰厅同知、巡检各 1 员，管理招垦充饷、赋课刑名及旗民交涉事件，此为黑龙江设立民官之始。这一切经过努力实行，使黑龙江摆脱了财政上的困境，加强了边防，对阻止俄军入侵作出了贡献。

（孙文政）

宝 善

宝善（？—1897），爱新觉罗氏，满洲正白旗人。三等辅国将军惠略次子。咸丰五年（1855 年）五月，以知府补用。八年（1858 年）二月，任奉宸苑丞；十一月，赏头等侍卫，在乾清门行走。同治元年（1862 年）九月，以镶黄旗汉军参领，署正黄旗汉军副都统，寻调任镶黄旗蒙古副都统。二年（1863 年）二月，署镶黄旗护军统领，寻署正黄旗护军统领；四月，署正白旗满洲副都统；六月，署右翼前锋统领；八月，署正红旗满洲副都统；九月，调盛京副都统。三年（1864 年）八月，署理黑龙江将军；十月，回盛京副都统任。四年（1865 年）二月，调任齐齐哈尔副都统，寻兼署墨尔根副都统。五年（1866 年）正月署理黑龙江将军；四月，因病解职。七年（1867 年）七月，袭奉国将军。光绪二十三年（1897 年），卒。

宝善两次署理黑龙江将军，第一次署理黑龙江将军是同治三年八月十六日（1864 年 9 月 16 日），“谕议政王军机大臣等：本日据特普钦奏请回旗省亲，业经明降谕旨，赏假两月……黑龙江将军特普钦乞假省亲，以盛京副都统宝善署黑龙江将军”①。宝善第一次署理黑龙江将军期间，清廷于四年二月初四（1865 年 3 月 1 日），“调盛京副都统宝善为齐齐哈尔副都统”②。在宝善担任齐齐哈尔副都统期间，五年（1866 年）正月，特普钦戴孝百日，清廷再次让

① 《清实录·穆宗实录》卷 112，495 页，北京，中华书局，1987。
② 《清实录·穆宗实录》卷 129，62 页，北京，中华书局，1987。

宝善署理将军印务，这是宝善第二次署理黑龙江将军。

宝善第一次署理黑龙江将军，正值清廷调黑龙江兵，前往新疆平定叛乱。同治三年十月初三（1864 年 11 月 1 日），清廷决定从“黑龙江挑拨官兵及西丹闲散一千名”[①]前往新疆。宝善到任后，根据清廷的要求，十月二十七日（11 月 25 日），奏报了调兵遣将的情况。宝善奏称：“拟由齐齐哈尔挑兵一百名，黑龙江挑兵一百名，墨尔根城挑兵五十名，呼伦贝尔挑兵一百五十名，布特哈挑兵一百名，共五百名，俟奉到谕旨，即行起程。”[②]清廷看了宝善的奏报，“著照所拟，先行挑齐，仍著暂驻各本城候旨拨调”[③]。十二月二十二日（1865 年 1 月 19 日），清廷决定：“黑龙江挑派官兵五百名，分为两起，前赴新疆助剿……著宝善饬令迅速起程，取道张家口，交联捷统带进剿。”[④]四年正月初一（1865 年 1 月 27 日），同治帝再次“谕令宝善，让此项官兵迅速取道张家口，交联捷统带进剿”[⑤]。正月二十八日（2 月 23 日），同治帝接到宝善的奏报，“黑龙江挑备官兵五百名官兵，已于正月十九、二十一等日起程”[⑥]。至此，宝善完成了这次调兵任务。

宝善第二次署理黑龙江将军，时值盛京将军管辖内的开原、铁岭等地爆发了大规模农民起义。五年正月初五（1866 年 2 月 19 日），起义军首领王起、马振隆率部直扑双城堡，清军溃败，双城堡被起义军占领。初九（23 日），起义军进逼阿拉楚喀，并占领该城，随后起义军连续攻克五常、拉林等城，吉林省城告急。十五日（3 月 1 日），清廷得知吉林各城相继失守的消息后，因伯都讷、双城堡距黑龙江较近，于是谕令署黑龙江将军宝善“速派将领，前往防堵，毋令贼踪窜扰，益滋蔓延”[⑦]。宝善接到清廷的谕令后，遵旨于正月十八日（3 月 4 日），先调黑龙江马队 1 000 名，归吉林将军德英等调遣。二月二十五日（4 月 10 日），宝善调墨尔根副都统、布特哈总管乌里布，与在黑龙江调养的原杭州将军富明阿，统带官兵，前往吉林剿匪。由于宝善及时派兵遣将，使得这次农民起义很快就被镇压下去了。

---

①《清实录·穆宗实录》卷 117，590 页，北京，中华书局，1987。
②③《清实录·穆宗实录》卷 119，637～638 页，北京，中华书局，1987。
④《清实录·穆宗实录》卷 125，750 页，北京，中华书局，1987。
⑤《清实录·穆宗实录》卷 126，2 页，北京，中华书局，1987。
⑥《清实录·穆宗实录》卷 128，54 页，北京，中华书局，1987。
⑦《清实录·穆宗实录》卷 166，5 页，北京，中华书局，1987。

宝善是清代皇族，为维护其统治尽心尽力。两次署理黑龙江将军，没见他做了什么别的事情，只是调兵遣将，镇压起义，平定叛乱，为维护清朝的统治作出了贡献。

（孙文政）

富明阿

富明阿（1806—1882），字治安，袁氏，明兵部尚书袁崇焕后裔，黑龙江汉军正白旗人。道光七年（1827年），由马甲随征喀什噶尔，因功保前锋委笔帖式。十三年（1833年），补七品屯官。十七年（1837年），期满以武职调补。二十一年（1841年），补骁骑校。二十五年（1845年），升佐领。咸丰二年（1852年），随钦差大臣琦善，出师扬州驻防。三年（1853年），在洞清铺战役中受伤，因功升协领。四年（1854年），赏戴花翎，管带宁古塔官兵。五年（1855年），保加副都统衔。六年（1856年），署宁古塔副都统。七年（1857年），以副都统记名，充江北军翼长。八年（1858年），授宁古塔副都统。九年（1859年），诏许开缺，命原品休致。十一年（1861年），召回京，命训练京营。同治元年（1862年），授正红旗汉军都统；八月，在扬州帮办军务。二年（1863年）九月，迁荆州将军。三年（1864年）四月，赏黄马褂，授江宁将军；五月，赏骑都尉世职；十月，署漕运总督。四年（1865年）五月，因腿伤，请开缺，诏允回旗调养。五年（1866年）二月，授吉林将军。九年（1870年）九月，因病解职回旗。光绪八年（1882年）十月，卒。谥“威勤”①。

同治四年（1865年），富明阿因腿伤复发，请假在北京治疗。因“两次假满伤病未愈”②，富明阿再次申请开缺回旗调养，闰五月二十四日（7月16日），得到同治帝的允许，富明阿回旗调养。在富明阿回黑龙江调养期间，盛京将军管辖内的开原、铁岭等地爆发了大规模农民起义，清朝政府称之为马贼，起义很快蔓延到吉林。十二月二十九日（1866年2月13日），起义军首领马振隆、许占

① 万福麟监修、张伯英总纂：《黑龙江志稿》卷52，2314页，哈尔滨，黑龙江人民出版社，1992。
② 《清国史》（嘉业堂钞本）第七册，933页，北京，中华书局，1993。

一率部攻打长春未下，遂北上攻克农安，进兵伯都讷，捕获署伯都讷副都统。同治五年正月初五（1866年2月19日），起义军首领王起、马振隆率部直扑双城堡，清军溃败，双城堡被起义军占领。初九（23日），起义军进逼阿拉楚喀，并占领该城。随后起义军连续攻克五常、拉林等城。吉林省城告急。十五日（3月1日），清廷得知吉林各城相继失守的消息后，因伯都讷、双城堡距黑龙江较近，于是谕令署黑龙江将军宝善“速派将领，前往防堵，毋令贼踪窜扰，益滋蔓延”①。二十六日（3月12日），清廷在不知道富明阿病情是否痊愈的情况下，因“吉林待援孔亟，非得有知兵大员前往督剿”②，上谕：“著富明阿与宝善筹商，酌带官兵，即日驰赴吉林剿贼，毋以病辞。”③这则史料实质是让富明阿与副都统宝善在黑龙江将军特普钦穿孝百日未满期回任的时间里，共同署理黑龙江将军事务。于是《黑龙江志稿》以此，在卷44《职官志表》中将富明阿列于同治五年下，为黑龙江将军。④后来的《龙江县志》记载富明阿为黑龙江将军，也应该是依据《黑龙江志稿》而写的。所见魏毓兰《龙城旧闻》的不同版本，记载不一，其中有《齐齐哈尔市志资料》版本，在《清黑龙江将军任期表》中记载“富明阿，同治五年至七年”⑤为黑龙江将军。但其在富明阿传中没有任职黑龙江将军的记载。另在《齐齐哈尔建置史料选编》中，记载“富明阿，同治五年至八年”为黑龙江将军。⑥目前未见其他史料记载富明阿实授、署理、护理过黑龙江将军。关于富明阿是否担任过黑龙江将军，很有争议，从实际情况来看，正月二十六日（3月12日），富明阿接寄谕后，当日从原籍起程，前往省城齐齐哈尔，即行使将军职权，钦遵办理赴吉林助剿事务。富明阿以将军职权，调兵遣将，奏请“墨尔根城副都统乌里布统领官兵随同前往，随派省城副都统衔协领萨英额前赴该城，接署副都统印务，即著乌里布妥为预备”⑦。之后，富明阿为以纾丁力，又奏请“已革副都统吉拉明阿、已革三等侍卫吉勒图善、已革佐领特尔清阿及发遣废员绍恒，自备资斧，随营效力”⑧。由于黑龙江之兵“均系散处庄屯，务农为业”⑨，招集需一段时间。富明阿在筹备赴吉进剿期间，清廷于二月二十五日（4月7日），“以前任江宁将军富明阿为

①《清实录·穆宗实录》卷166，15页，北京，中华书局，1987。
②③《清实录·穆宗实录》卷167，32页，北京，中华书局，1987。
④ 万福麟监修、张伯英总纂：《黑龙江志稿》卷44，1838页，哈尔滨，黑龙江人民出版社，1992。
⑤ 魏毓兰等：《龙城旧闻》，见《齐齐哈尔市志资料》（第一辑），106页，齐齐哈尔市志编审委员会办公室编印，1982。
⑥齐齐哈尔地方志办公室、齐齐哈尔市档案馆：《齐齐哈尔建置史料选编》，14页，1988。
⑦⑧⑨ 万福麟监修、张伯英总纂：《黑龙江志稿》卷31，1408～1409页，哈尔滨，黑龙江人民出版社，1992。

吉林将军”[①]。三月十九日（5月3日），富明阿奉谕从黑龙江省城齐齐哈尔出发，“带官兵五百余名起程，”[②]前往吉林赴任，直到同治九年（1870年）因病休致回旗。这样看来，《龙城旧闻》和《齐齐哈尔建置史料选编》关于富明阿为黑龙江军的记载，似乎就不能成立了。但根据《清实录》记载富明阿从正月二十六日接到上谕，著其与宝善筹商剿匪事宜，到三月十九日率军离开齐齐哈尔，这段时间里，富明阿行使黑龙江将军职权，调兵遣将，应视为实质性的黑龙江将军，《黑龙江志稿》的作者也应是这样考虑，才在《职官志表》里把富明阿列为黑龙江将军的。

富明阿戎马一生，骁勇善战，是清军中的一员悍将。在平定叛乱、维护祖国统一方面，为清廷作出了贡献。卒后，清廷为其在吉林和扬州分别建立个人专祠，是对其一生的肯定。

（孙文政）

德　英

德英（？—1874），字润堂，何图哩氏，蒙古正蓝旗人。道光二十二年（1842年），以奉天文生第一名，任吉林驻防笔帖式。咸丰二年（1852年），参与镇压太平天国运动，转战徐州、扬州等地。四年（1854年），赏戴蓝翎。五年（1855年），留补骁骑校。七年（1857年）五月，赏戴花翎，加升佐领。八年（1858年）随剿北路捻军，因功赏给协领遇缺即补。咸丰九年（1859年），因病开缺回旗，次年病痊销假。同治元年（1862年）补协领，二年（1863年）正月，署阿勒楚喀副都统。同治三年（1864年），赏加副都统；七月，授阿勒楚喀副都统。四年（1865年）九月，入朝觐见，署吉林将军。六年（1867年）十月，署黑龙江将军，九年（1870年）九月，实授黑龙江将军。十三年（1874年）正月，卒。谥“庄毅”[③]。

同治六年十月十六日（1867年11月11日），“黑龙江将军特普钦因病解职。以吉林副都统德英署黑龙江将军”[④]，十三年（1874年）正月卒于任，总共在黑龙江将军任上近七年，是任职时间较长的一位黑龙江将军。

---

① 《清实录·穆宗实录》卷170，76页，北京，中华书局，1987。
② 《清实录·穆宗实录》卷172，110页，北京，中华书局，1987。
③ 《清实录·穆宗实录》卷362，803页，北京，中华书局，1987。
④ 《清实录·穆宗实录》卷214，784页，北京，中华书局，1987。

同治七年三月十四日（1868 年 4 月 6 日），清廷同意德英上奏所请巴彦苏苏（今巴彦县）地区因受灾害，要求减缓税赋，决定“缓征黑龙江巴彦苏苏等处被雹被虫地方上年租赋，并贷黑龙江齐齐哈尔、墨尔根两城被旱地方旗下籽种和口粮”①。使受灾旗民的生活有了保障。九月十日（10 月 25 日）军机大臣等商议：“据德英奏称，遇有甲兵缺出。不愿赴挑。若陈饷不能补放。新饷不能关领。恐致兵心涣散。”②研究决定“即著照户部所议，由部库先借拨银十万两。著德英即派员赴部领取。并著官文督饬藩运各司，于旗租盐课项下欠解东三省俸饷银内，各提银五万两，解赴盛京户部，由德英派员领解。奉天、吉林，均不得任意截留。致误要需。”③这样，黑龙江所需军饷得到了解决，对稳定军心，加强边防起到了作用。为了保证军需供应，德英在任职黑龙江将军期间，多次催要军饷。八年三月初二（1869 年 4 月 13 日），清廷下旨：“添铸黑龙江管理齐扎雅等九台、哈克鄂莫等八台图记，博尔济哈台、察普钦台、鄂多尔图台、布拉克台、扎喀和硕台、呼兰台、新安台各台记。从署将军德英请也。”④通过新添的九台，方便了黑龙江地区的交通，对于巩固边防起到了重要的作用。十年二月二十五日（1871 年 4 月 14 日），同治帝根据德英奏称，“杜尔伯特旗协理台吉那逊乌尔吉等，擅将该蒙古旗荒招垦，经德英及该盟长叠次阻止，仍敢抗不遵办”⑤。下令“理藩院传知署哲里木盟长吉克丹旺固尔，严饬杜尔伯特贝子，将现在所招民众，驱逐出境，妥为弹压”⑥。对事件的直接责任人那逊乌尔吉，“著德英咨查，严参惩办”⑦。四月十三日（5 月 31 日），经德英参奏，清廷又决定将那逊乌尔吉等 3 人全部革职，永不叙用。

德英为了加强对边疆的防御，多次在催要各省所欠军饷的同时，要求给八旗军队添置武器装备。同治十一年四月三十日（1872 年 6 月 5 日），“补造黑龙江额设腰刀三千把。梅铁箭十八万枝。鸟枪三百杆。从将军德英等请也”⑧。以此提高黑龙江军队的战斗力。德英为了加强对布特哈地区的管理，于十一月初六（12 月 6 日），上奏请求，“布特哈满洲总管一缺，管辖地方甚广，

① 《清实录·穆宗实录》卷 226，328 页，北京，中华书局，1987。
②③ 《清实录·穆宗实录》卷 242，357 页，北京，中华书局，1987。
④ 《清实录·穆宗实录》卷 254，537 页，北京，中华书局，1987。
⑤⑥⑦ 《清实录·穆宗实录》卷 306，57～58 页，北京，中华书局，1987。
⑧ 《清实录·穆宗实录》卷 332，399 页，北京，中华书局，1987。

事务亦繁，该员执掌关防，所有官兵牲丁，皆资统率，请援照呼伦贝尔掌关防总管之例，赏加副都统衔，以崇体制等语”[①]。同治帝同意了德英的请求，“著照所请，布特哈满洲总管一缺，赏加副都统衔”[②]。

德英在任黑龙江将军期间，始终心系国家安危与各族人民的利益。为了防御沙俄的入侵，加强军队建设；关心百姓利益。终积劳成疾，卒于任上。作为封建官吏是同时期官员的楷模，值得尊敬与钦佩，当被历史铭记。

（吴丽华）

依克唐阿

依克唐阿（1833—1899），字尧山，扎拉里氏，满洲镶黄旗，吉林省伊通县人。咸丰二年(1852年)以马甲从征江南,镇压捻军。七年(1857年)十一月,破王家溜子集贼有功，赏戴花翎；十二月，破安徽亳州赵家七屯，晋骁骑校。九年（1859年）二月，剿贼于河南水县朔坡，赏换花翎。十一年（1861年）八月，随钦差大臣僧格林沁剿贼山东沂州，升防御。同治元年（1862年），补三姓满洲镶黄旗佐领。五年（1866年）正月，赏加副都统衔，并以协领即补。七年（1868年），存记副都统简用。八年（1869年）九月，授墨尔根城副都统。十一年（1872年），调黑龙江城副都统。十三年（1874年）正月，护理黑龙江将军。光绪五年（1879年）七月，任呼兰城副都统。六年（1880年）六月，请假回旗丁忧。七年（1881年）五月，调补珲春副都统。十五年（1889年）二月，擢升黑龙江将军。二十年（1894年）七月，率兵入朝作战，参加中日甲午战争；十月，兵败革职。二十一年（1895年）三月，赏头品顶戴；五月，授镶黄旗汉军都统；八月，调任盛京将军。二十五年（1899年）三月，卒。“谥诚勇。”[③]

《嫩江县志》记载：“依克唐阿上任后，整顿旗务，修缮兵甲，屯田戍边，聘请博学者开发文化，多有建树。”自《瑷珲条约》签订以来，沙俄向精奇

①② 《清实录·穆宗实录》卷344，529页，北京，中华书局，1987。
③ 王钟翰：《清史列传》卷59，53～54页，北京，中华书局，1987。

里江一带平原地区大量移民，还多次组织军事演习。沙俄在沿江屯落，强制发行俄国卢布，俗称羌帖，致使羌帖充溢数百万，以空纸一张换取中国实银或粮食及土特产品，给边民生活带来困难。依克唐阿“简从渡江”与俄交涉，争回银票，边民称赞：“惜民者依将军也。”①光绪二年（1876 年），“以黑龙江协领以下各官缺员甚少，请变通成例叙补，以扩仕途，许之”②，补充了一批佐领、防御、骁骑校等官员，为守疆保国作出了贡献。四年（1878 年），协领巴德率兵前往额尔古纳河查边时发现，在雅克萨夹心滩有俄人耕地，巴德等督兵平毁。黑龙江城副都统依克唐阿派佐领桂连等前往海兰泡交涉，指出自同治七年至今，夹心滩耕地种十年期满，俄人必须撤出，俄方答允。明年不准在雅克萨及附近中国地方耕种。十月初四等日，有自下江上驶俄船 5 只，大船 1 艘，驶入瑷珲停泊官船江岔处所，不听阻拦，要求在当地过冬。依克唐阿与俄方按约理论，俄官伊万诺夫声称“严饬所管俄人，下年再不准违约妄行”。五年（1879 年），黑龙江将军丰绅奏保依克唐阿为囊办夷事（俄国事务）交涉人员，任呼兰副都统。奏折称：“呼兰、巴彦苏苏、北团林子三城之三姓、阿勒楚喀，西距省会千余里。匪出没频繁，兵单力薄，乌苏里江边境吃紧，呼兰城守尉似觉太微，遇事不足弹压，缺少大员统率。”依克唐阿不负重任，“下车观风，甲乙其文，优奖之，士始彬彬向学。治盗严，治蠹役亦严。一切文告，所规划甚远”③。七年（1881 年）正月，曾纪泽赴俄与俄国签订了《伊犁改订条约》，俄人认为此约有“违言”，边境局势一时紧张，“乌里雅苏台参赞大臣喜昌夙念依克唐阿谙战术，请敕就近募猎户守珲春。会吉林戒严，依克唐阿遂募兵五千择隘分守，而自率驻其地。其东南海参崴，俄尤数窥伺，廷议设副都统镇之，于是又改调珲春”。④

光绪十五年正月十七日（1889 年 2 月 16 日），清廷任命“珲春副都统依克唐阿为黑龙江将军”⑤。依克唐阿任黑龙江将军后，正值呼兰一带“江盗”聚集 500 多人，抢劫运往三姓等处官粮。黑龙江将军衙门咨文呼

① 孙文良：《满族大辞典》，440 页，沈阳，辽宁大学出版社，1990。
② 王钟翰：《清史列传》卷 59，53 ～ 54 页，北京，中华书局，1987。
③ 万福麟监修、张伯英总纂：《黑龙江志稿》，2161 页，哈尔滨，黑龙江人民出版社，1992。
④ 赵尔巽等：《清史稿》卷 461，12722 ～ 12723 页，北京，中华书局，1977。
⑤《清实录 · 德宗实录》卷 265，545 页，北京，中华书局，1987。

兰、伯都讷、阿勒楚喀副都统和靖边水师等合力截击。九月二十四日（10月18日），依克唐阿奉旨视察呼兰情况后奏称："筹通肯（今海伦县）荒地开禁招垦30余万垧，有利无弊。嗣御史杨晨奏请，将山东灾民送东三省垦荒。一并交议，下所司议。"①十六年（1890年）二月奏："呼兰、巴彦苏苏、绥化三城，地方辽阔，向为盗贼渊薮。上年十二月，经派翼长吉尔洪额整顿搜山，焚毁贼巢二十余处，擒斩积匪一百数十名，请奖出力员弁。"八月奏："黑龙江军，自练新兵。虽有马队，仅为常川捕盗之需；虽有步军，仅为试办屯田之计。各城原设制兵大小官员，均有守土之责，亦即均有教兵之权。此后倘遇缓急，宜责成督率制兵，以期保固地方，不得稍形疏懈。用副设官养兵之意。"②依克唐阿奏设"镇边军，皆为边防"。镇边军本由练军归并，而亦兼招汉民。十七年（1891年）七月，会同副都统增祺奏："整顿呼兰等处一切事宜：拟清丈浮多，仅加浮多之照，而不索已往之租。流民私垦，清查勘丈，按垧作价，发照纳租。嗣后，倘有买卖，随时报税立契。至如何清词讼以恤贫农，济旗丁以资养赡，随时查看，相机筹办。"③十九年（1893年），以墨尔根分扎镇边军四营，该城设立电报局。五月二十日（6月3日），依克唐阿奏："奴才准会典馆咨，钦奉上谕，开办会典所撰图说，于直省沿革，疆域天度，城署山水，乡镇屯站各条，均须详实。又奏请于黑龙江城修筑城垣炮台，以严门户而资防守。"④二十年（1894年）二月，因依克唐阿建议对鄂伦春不宜强令编旗当差而应顺情抚绥，应撤原设总管，于墨尔根、黑龙江、呼伦贝尔、布特哈各增协领1员，专管鄂事，5路原设佐领不变。升布特哈总管为副都统，仍归将军节制，获清廷批准。关于鄂人生业维艰，暂停进贡1 000张貂皮的奏请获准。光绪二十年（1894年）初，朝鲜全罗道爆发了东学党起义，朝鲜政府请求清廷派兵"速来代剿"。七月初一（8月1日）中日甲午开战。黑龙江将军依克唐阿"所带马、步八营共三千"，"于八月初五日率队渡松花江，入吉林境，遵旨，进九连城"。⑤鸭绿江江防之战始于十月二十四日，因日军聚集义州，有渡江之势，而依克唐阿军力单弱，清廷命吉林将军长顺

① 《清实录·德宗实录》卷274，662页，北京，中华书局，1987。
②③④⑤ 万福麟监修、张伯英总纂：《黑龙江志稿》，2161～2162页，哈尔滨，黑龙江人民出版社，1992。

选三四千军队驰援，并归依克唐阿调遣。当时部署在鸭绿江边北岸清军共82营28 000人。日军山县有朋大将统帅的第一军3万人。日军先于九连城上游的平安河口泅水过江成功，占领黑齐字练军倭恒额所部阵地。在战事紧要关头，依克唐阿调遣各路军队进行反击，收复失地。当夜，日军又在虎山附近的鸭绿江中游架起浮桥，清军竟未觉察。二十五日晨6时，日军越过浮桥向虎山清军阵地发起进攻，清军守将马金叙、聂士成率部奋勇还击，因势单力孤，伤亡重大，被迫撤出阵地。据《黑河地区志》记载："依克唐阿所部在草河口之东的草河岭一带与日军展开激战，枪炮轰鸣，'声震山谷，如迅雷疾发，终日不止'。"这一仗，击毙日军军官数人，士兵40余人，清军取得重大胜利。齐齐哈尔市富裕县三家子满族村《唐世家谱》记载："1894年甲午之战还有士兵在依克唐阿部下保卫过奉天。"反攻凤凰城失利，下令退兵，诏革职，留军中以观后效。二十八日，日军从海城分路进犯，先后攻牛庄、取营口、陷田庄台，仅10天，清军100余营6万多大军便从辽河东岸全线溃退。"诏责长顺（吉林将军）守辽阳，依克唐阿助之"，二将"议以攻为守，乃集诸将置酒，取刀刺臂血，搅而饮之，相矢以死"，战胜日军。"依军遂进取海城，军腾鳌堡、耿庄，数战弗胜。会荣和军至，亟趋之出……是役以千人抗日军数千，故依军声誉远出诸军上"。[①]上谕"依克唐阿此次统军御敌，奋勇力战，将士颇能用命"等语。二十二年（1896年），清廷电令依克唐阿，鉴于黑龙江防兵单弱，前调之镇边军8营立即调回本省。依克唐阿任盛京将军"又条上练兵队、筑炮台、修铁路、制枪械、开矿山、治团练六事"[②]。清查厘税，剔除中饱，"岁增饷银数十万两"。二十四年（1898年）三月，俄人强迫租借旅顺、大连。5月7日，中俄双方代表在彼得堡签订《续订旅大租地条约》，7月6日中俄签订《东省铁路公司续订合同》7条，正式决定铺设中东铁路支线，终点到旅顺口和大连湾。俄以共同防日为借口，俄舰"德米特里顿斯号"驶进大连湾强占庙岛。依克唐阿上奏："庙岛断难归入租借，不能久作隙地致损主权，恳请朝廷断然拒绝。"并签订《中俄勘分旅大租借地条约》，庙岛主权仍归中国所有。

---

① 赵尔巽等：《清史稿》卷461，12722～12723页，北京，中华书局，1977。
② 孙文良：《满族大辞典》，440页，沈阳，辽宁大学出版社，1990。

《清史稿》对依克唐阿有很高的评价，说“依克唐阿勇而有谋，性仁厚，不嗜杀，每有俘获，不妄戮一人”[①]。依克唐阿转战吴、皖、鲁、豫，先后救出难民以十数万计。为维护祖国统一，反对外来入侵，作出了应有的贡献。光绪二十一年十二月初一（1896 年 1 月 15 日），在巴彦中兴镇为黑龙江将军依克唐阿建了东、西功德牌坊，以志不朽，来纪念这位爱国将军。

（杨玉清）

丰　绅

丰绅（1825—1898），吴扎拉氏，字汉文，满洲正黄旗人。丰绅的父辈奉命从金州迁到双城屯垦，安家新镶白旗头屯。丰绅先后当过双城堡右屯右翼骁骑校、拉林正黄旗防御。随都兴阿镇压太平天国起义，因功迁协领。随穆图善镇压甘肃回民起义，因功晋副都统。同治十年（1871 年）四月，任锦州副都统。十三年（1874 年）正月，擢任黑龙江将军；十二月，被授为建威将军。光绪五年（1879 年）十一月，任绥远城将军。十年（1884 年）闰五月，调任江宁将军。二十四年（1898 年）十一月，卒。谥威壮。因事追削，后改谥威介。[②]同治十三年正月二十九日（1874 年 3 月 17 日），丰绅被任命为黑龙江将军，因事未到任，由墨尔根副都统依克唐阿护理，十一月二十六日（1875 年 1 月 3 日），才到任奏事。

丰绅在黑龙江将军任上五年，剿匪就持续了近三年之久。光绪元年正月十五日（1875 年 2 月 20 日），呼兰厅发生了监狱被劫一案，从万金率数十人与呼兰狱中囚禁的农民起义军陈起湝等里应外合，越狱劫走犯人 47 名。从、陈随即组织起义队伍和清军辗转作战，打出了“义聚强勇”、“杀富济贫”的旗帜。丰绅将此事上奏清廷：“本年正月十五日，突有外来盗匪，劫去狱囚。要犯陈起湝等逃脱。”[③]二月十一日（3 月 18 日），上谕“即著丰绅、托克湍，饬令该处文武员弁，会同派出官兵将逃逸人犯，悉数弋获，不准一名漏网”[④]。丰绅按

① 赵尔巽等：《清史稿》卷 461，12722 ～ 12723 页，北京，中华书局，1977。
② 阿拉腾奥其尔等：《清代新疆军府制职官传略》，11 页，哈尔滨，黑龙江教育出版社，2011。
③④《清实录·德宗实录》卷 4，128 页，北京，中华书局，1987。

照光绪帝的谕令，查明原因，对涉及该案文武各员，先事既失于察觉，临时又不能实力防范的狱官巡检沈增高革职拿问，对呼兰厅同知郁文、署巴彦苏苏武营委协领富隆阿，均著先行革职。对已获罪犯左振邦处斩枭示。丰绅将这一处理结果上报朝廷，三月初八（4月13日），上谕“仍著丰绅等，严拿逸犯务获，不准一名漏网”[①]。五月（6月），孔广才、阎兆仁、李春领导三姓挖金工人起义。义军分两路出击。一路由孔广才、阎兆仁领导，经乌斯浑山，过松花江，沿途连克各驿站，焚烧大小木兰达，攻进巴彦苏苏，焚毁协领衙署，砸狱释囚，开仓放粮，乘胜向呼兰城进军。[②]丰绅上奏“本年五月间，突有贼匪数百名，由松花江南窜入巴彦苏苏，焚毁衙署，肆行抢掠，复东扑呼兰河汛地，经署城守尉参领成庆，督带官兵，驰抵罗家窝棚屯，与贼接仗，擒斩多名，该匪向东逃窜”[③]。六月初九（7月11日），谕军机大臣等：“著丰绅，严饬派出各员，会合兜剿，务将此股窜匪，悉数歼除，倘任令匪势蔓延，为害地方，定惟丰绅等是问。”[④]这年冬天，黑龙江将军丰绅以“假猎搜山”名义，派齐齐哈尔副都统托克湍带领布特哈、墨尔根、呼兰、呼伦贝尔等5城官兵1 000余名，对追随孔广才攻占巴彦苏苏、被官兵打败藏匿于黑山之中的起义军残部进行围剿。“剿匪”捷报频频传来，“匪贼”也被追得无处藏身。渐渐地，江省“窜匪”情形也随之基本安定下来。朝廷自然不会忘记嘉奖丰绅，照“三等军功例，给予军功纪录三次”[⑤]。三年十一月二十七日（1877年12月31日），丰绅接到各处“剿匪”官兵的报告，说官兵拿获“盗匪”万戴青、姚有、韩福云、徐广量、朱万海等多名，均经讯明，就地正法。[⑥]紧接着，丰绅又接到副都统恩合的报告：青黑两山“盗匪”一律肃清，邻省会剿获胜。丰绅探知江南吉林省有“股匪”复起，当即命恩合查看江南消息，再相机撤队。[⑦]

在任期间，饷银成了丰绅发展建设江省军务的掣肘之患。光绪元年二月十二日（1875年3月19日），丰绅递交《奏陈边防重要兵穷实情折》。直陈江省兵力日衰的严重后果：“在江省份内事上，如果因循缄默，不以边防重

① 《清实录·德宗实录》卷5，145页，北京，中华书局，1987。
② 张向凌：《黑龙江省志·大事记》，284页，哈尔滨，黑龙江人民出版社，1992。
③④ 《清实录·德宗实录》卷11，214页，北京，中华书局，1987。
⑤⑥⑦ 邢玉林主编：《光绪朝黑龙江将军奏稿》（上），北京，全国图书馆文献缩微复制中心，1993。

要，据实上达，就有愧于心。”“兵可百年不用，不可一日无备。黑龙江风气刚劲，素出名将。向来兵极精悍，故而奉调他省皆为劲旅。”以前任署宁夏将军之时，就知道江省的官兵较勇，和穆图善督兵甘肃，屡战屡胜，都是仰赖吉林、黑龙江马队之力。以为官兵不能在外省为壮士，在本省就是弱卒，况且“东三省近在畿辅，亟须加强防御”①。“查奉吉两省饷没有不足。奉省与盛京户部同在一城，其饷一季不足，则截留他省。”直言有拨应征而未能征的，有奉命拨他省而先顾本省的，封疆大吏也有万不得已的苦衷。②三月十一日（4 月 16 日），丰绅接到朝廷的谕旨，大意是：黑龙江官兵俸饷向有各省按年提解，以资支放。历年以来，各省欠解甚多。直隶欠解银十八万二千五百两，江苏欠解银二万两，河南欠解银三十万两，山东欠解银四万两，合之各省前欠一百三十余万两，共计一百九十三万余两之多。现在黑龙江省官兵俸饷支绌异常，应速行拨解，以资接济。“嗣后应解黑龙江官兵本年俸饷务于年终解齐，其积年所欠分别多寡按年搭解三分之一。”③六月二十七日（7 月 29 日），因命黑龙江将军丰绅及署吉林将军穆图善，将署盛京将军崇实所请以每年七十万两作为东三省饷需之数是否敷用，统筹全局，核实具奏。并谓黑龙江营伍空虚，亟宜简练军旅，以壮声势，著丰绅等于在武兵丁实练 6 000 名，西丹兵丁添练 4 000 名，分旗调考骑射枪箭，务当实力操防，不得稍涉松懈。④二年二月初二（1876 年 2 月 26 日），即日本强迫朝鲜缔结《江华条约》的第二天，清廷决定拨神机营洋枪 2 000 杆，配齐火药、铅丸，交黑龙江将军丰绅应用。四月二十日（5 月 13 日），据丰绅咨兵部文称，本省额兵 11 081 名，除出征正兵 3 500 多名外，于全省各城在伍正兵 7 500 多名内，抽练 6 000 名；又由八旗、未补甲西丹内抽练 4 000 人，以补出征兵额，每年春秋二季在本地演习枪、箭 60 日。八月（9 月），丰绅奏：“江省火药，赴部请领，往返需时，吉林产硝，奉天出磺，就近制造，一省运费，一供急需。”⑤九月（10 月），奏推广税务大概章程。又奏：呼兰存粮逾额，诸照旧章粜给兵丁。⑥经户部同意，为增加国课以裕兵饷，黑龙江将军衙门定于本日起，在省城设立总局，征收烟、

①②③ 邢玉林主编：《光绪朝黑龙江将军奏稿》（上），北京，全国图书馆文献缩微复制中心，1993。
④ 戴逸、李文海：《清通鉴》卷 232，7385 页、7499 页，太原，山西人民出版社，1999。
⑤⑥ 万福麟监修、张伯英总纂：《黑龙江志稿》卷 49，2158 页，哈尔滨，黑龙江人民出版社，1992。

酒、油、麻、木耳、蘑菇、鹿茸、皮张、榛子等税，统以卖价每吊纳税30文征收，另纳课税钱6文。九月十三日（10月29日），呼兰大小铺户因清廷颁布征税纳课章程而闭门“歇业”，“齐心罢市”。经地方官员开导劝谕，十五日（31日）“应允售卖零星货物、食物，仍不全开铺板”。城守尉惠安呈报将军衙门，二十日（11月5日），将军衙门下令将有关官员笔帖式、副管等摘去顶戴后，大小铺户于二十二日开业。五年八月二十五日（1879年10月10日），丰绅进《奏核明呼兰等处新设官兵俸饷折》，向朝廷提议，请将呼兰等处新陈官兵应支俸饷均照巴彦苏苏那样由地租钱内划拨。①丰绅严令所属各城军营一体破除情面，力加整顿，以期纪律严明；认真训练，务期精益求精。经过他的一番努力，“江省饷糈虽经久缺，兵丁勇敢之气尚甲于他省”②，江省军队具备充实武力，保卫边疆抵御外侮，成为有用之师。

光绪二年七月十一日（1876年8月29日）《黑龙江将军丰绅等为省城捐修竣工事奏折》记载：黑龙江省初设木城，因规模狭隘，康熙年间筑土城；雍正十三年（1735年）照章重修，迄今170余年，坍塌不堪，只五门前于道光二十九年（1849年）略加补葺，余因工大未动。同治十三年（1874年）冬初，“奴才丰（丰绅）到任，阅城之余，目击木城疏落歪斜，只虚设，乃急置关键，分内外土城，则四面就墟，仅存基址，询之奴才托（托克湍），何以凋敝如此，始知久欲重修而无款可筹，辄中止，为之同忧且虑”。“今欲修城，固欲为朝廷守疆土，亦欲为众庶保身家，捍御足资公私兼顾，远虑无有切于此者。”“及上年五月间，松花江南大股马贼窜入巴彦苏苏、呼兰河一带，兼有扑省消息，奴才丰驻省布置，奴才托督兵截击，而合城文武、老幼、男女，以及远近商买，则惊惶走告，谓贼如猝来，一无屏蔽，何以为计？”“八旗水师营分为九段，各修各界，各管各事，拉连江边于土潦泥，搀和杂草，堆砌成墙，周围一千六百二十丈，高一丈，底宽四尺五寸，顶宽二尺五寸……计兴工于光绪元年七月十三日（1975年8月13日），竣事于二年闰五月十日（1876年7月1日）。”③

光绪三年十二月初六（1877年1月19日），丰绅奏报：自前年十月至去年秋，

---

①② 邢玉林主编：《光绪朝黑龙江将军奏稿》（上），北京，全国图书馆文献缩微复制中心出版，1993。
③ 中国第一历史档案馆满文部、黑龙江省社会科学院历史研究部：《清代黑龙江历史档案选编》（元年—七年）104～106页，哈尔滨，黑龙江人民出版社，1988。

先后有俄人50名，10次持照越界，前往呼伦贝尔贸易；14名俄人两次往鄂尔顺河博木地方换鱼；30名俄人分7起往巴尔虎界寿宁寺贸易；73名俄人，分为12起，经墨尔根前往黑龙江，皆被遣交俄官。此外，还有俄人越境种地等情。四年九月二十八日（1878年10月23日），丰绅咨文总理各国事务衙门称：协领巴德率官兵前往额尔古纳河查边时发现，在雅克萨夹心滩有俄人耕地，在英阿喀、鄂尔多河对岸等处也有俄人耕田，巴德等督兵平毁之。黑龙江副都统依克唐阿派佐领桂连前往海兰泡交涉，指出自同治七年至今，夹心滩耕种十年期满，俄人必须撤出，明年不准在雅克萨及附近中国地方耕种。俄方答允。五年十二月十日（1879年1月2日），丰绅咨文总理各国事务衙门称：有自下江上驶俄船5只，大船1艘驶入瑷珲停泊官船江岔处所，不听拦阻，要求在当地过冬。经与俄方按约理论，俄官伊万诺夫声称“严饬所管俄人，下年再不准违约妄行”。乃令坐卡官兵妥为照料，不准闲散人等上船滋事。①三年五月初六（1877年6月16日），丰绅上《遵旨筹办查禁吸食鸦片栽种罂粟折》，大意是：“黑龙江地处极边，居处尽属旗仆，原来鲜有吸食鸦片之人，亦无栽种罂粟之户，近因属界呼兰河、巴彦苏苏等处招垦佃民以来，良莠不齐，其间不肖渔利之徒，吸食鸦片者有之，栽种罂粟者有之。自己莅任后，多次出示晓谕，饬属严行查禁。”②向朝廷汇报了江省鸦片烟的来源及禁烟情况。规定省内“由协领、佐领、防御、骁骑校及袭职荫监、营站屯厅文武各官，以次递查，凡有吸食鸦片、栽种罂粟者，一体认真查禁，以文到之日起，示限三年，多制戒烟方药施散，以期积害尽除。倘三年期满，仍有吸食、栽种而不知悔改者，即将违犯之人拿获，由本将军衙门按律治罪；查禁不力之该管官从严参劾”；各处禁烟情况，“本将军派人前往抽查，勿视为具文”。③三年十二月（1878年1月），丰绅等奏，查明呼兰厅属巴彦苏苏等四段田禾被灾，请求朝廷分别暂缓额租，以纾民力。光绪皇帝批示：“从之”。④四年二月（1878年3月），丰绅奏，齐齐哈尔旗营屯站，田禾歉收，请借仓粮二万石，以作籽种口粮之需。又奏，呼兰厅属之巴彦苏苏去岁被灾，请加赈以恤灾黎。朝廷均“从之。”⑤十月（11

① 万福麟监修、张伯英总纂：《黑龙江志稿》卷49，2158页，哈尔滨，黑龙江人民出版社，1992。
② 邢玉林主编：《光绪朝黑龙江将军奏稿》（上），北京，全国图书馆文献缩微复制中心，1993。
③ 中国第一历史档案馆满文部、黑龙江省社会科学院历史研究部：《清代黑龙江历史档案选编》（元年—七年），151～152页，黑龙江人民出版社，1988。
④《清实录·德宗实录》卷64，892页，北京，中华书局，1987。
⑤《清实录·德宗实录》卷68，45页，北京，中华书局，1987。

月），丰绅等奏，黑龙江各属收成分数，请分别征免，并黑龙江墨尔根各城被灾，接济银粮；齐齐哈尔城青黄不接，借欠未缴籽粮，均请暂缓至来年秋后缴还。皇帝曰："从之。"①五年十一月（1879 年 12 月），丰绅等奏，查明各城收成分数，分别征免接济，并请展缓前借银粮一折。朝廷谕示："本年黑龙江齐齐哈尔等处收成歉薄，缺乏口粮，自应分别接济。加恩著照所请……著于明年秋季起，分限四年，按季坐扣，抵充本省俸饷。"②

光绪四年(1878 年)，兵部奉旨"依议"，批准将呼兰城守尉改为呼兰副都统，其官二品，管辖 3 路：中路呼兰城、南路巴彦苏苏（今巴彦县）、北路北团林子（今绥化市）。各路都设两翼八旗十二佐。呼兰副都统辖区是黑龙江最早招集汉族流民垦荒的地区。后呼兰城、呼兰厅（巴彦苏苏）、绥化厅（北团林子）统称"呼兰三城"，成为黑龙江经济最发达的地区。丰绅此举，对发展黑龙江地区的经济起到了十分重要的作用。

在黑龙江将军任上，丰绅练兵筹饷、加强边防、垦田兴学、实行教化，颇顺民意。整饬军务、训练民兵、兴办学校，修缮齐齐哈尔旧城。江省为之大治，民心喜悦。每有闲暇，辄回乡省亲，每近村堡，即下马落轿，趋步而行，旦遇老者文士，极尽谦恭。尤其是光绪四年据理收回俄人强占之额尔古纳河古城岛，边民大振。

丰绅最后因呼兰惠安案而结束了自己在黑龙江的政治生涯。光绪四年（1878 年），呼兰属境巴彦苏苏发生一场教案，记名副都统、呼兰城守尉惠安被卷入其中。该案的起因是，光绪三年（1877 年），居民陶有才因结伙抢劫旗丁乌成宁阿家的银钱衣物，被捕正法，并没收房地财产。次年（1878 年）春，陶有才之弟陶有德外出回家，将此事诉于官府，结果给还其房地，其余财物则未返回。陶不肯就此甘休，一怒之下，投入巴彦苏苏法国天主教堂。八月（9 月），法国教士纳依而然干涉教民陶有德讼事，逼审乌成宁阿，乌答财产已入官，纳称："向官索要，须令作证。"纳依而然率教民 18 人找城守尉，指使教民殴伤领催常瑞，并将惠安打得头破血流，衣裂履失。由此激起众怒，衙役将教士连同教民王忠义、陶有德等 4 人拿获。混乱中，教士纳依而然亦受轻伤，

---

①《清实录・德宗实录》卷 80，221 页，北京，中华书局，1987。
②《清实录・德宗实录》卷 103，534 页，北京，中华书局，1987。

惠安对其好言抚慰后释放。此案未了，惠安又成为额勒和布案的被告。四年（1878年）春，呼兰发生大饥，将军檄出南仓积谷贷各兵，新谷无多，陈谷腐朽不可食。惠安售谷于商，而后均其价以赈之，兵沾实惠，市价亦平。有额勒和布，以骁骑校署佐领因“占匿民财，被控，安黜之”。丰绅委倭什洪阿查办，倭先将惠安的两仆抓起来追问，屯兵巴彦仓时署佐领趁机逼迫惠安交出官印和钥匙。惠安本来清白无辜，这两起冤案使他愤郁不堪，于十月初三（10月28日）自沉于呼兰河。“事闻，诏命吉林将军铭安、刑部侍郎冯誉骥驰驿查办。”在这前后，法国使臣还就此教案发出照会，给清廷施加压力。结果查明额勒和布案确系诬告，“额勒和布、倭什洪阿、巴彦仓俱遣戍，恩和（驻扎巴彦苏苏的墨尔根副都统）革职，将军丰绅降三级调用”。呼兰教案有关人犯都隐匿不知去向，故只取乌成宁阿的口供结案。城守尉惠安以“三品大员便服斗殴”，交部议处。教士纳依而然干预讼事，听令教民先殴长官，应由该国自行处理。教民王忠义等仍由各该管官严缉归案。惠安并以擅离汛守，部议革职。“次年春，冰解，得惠安尸。”因惠安案，丰绅被朝廷责以昏聩糊涂而革职留任。

丰绅是典型的封建官僚，在行政、军事等方面的许多作为，都反映了清末地方官员的基本情况。值得特别说明的是，丰绅一生“大小接仗七百余战”，从没打过一次败仗。尤其是在中日甲午战争失利之后的国事危急之时，镇守京城门户通州地区，迫使日寇未敢贸然行动，在保卫国家主权方面作出了贡献。

（何绍波）

定　安

定安，字静村，生卒年不详，叶赫那拉氏，满洲镶黄旗人。咸丰三年（1853年），由文生员被赏戴五品顶戴。同治五年（1866年），任伯都讷副都统，后改调密云副都统。七年（1868年）正月，署绥远城将军。光绪六年（1880年）二月，署黑龙江将军；三月，实授黑龙江将军。七年（1881年）十二月，因病休致。十三年（1887年）十一月，授为钦差大臣。十四年（1888年），任正白旗汉军都统。二十一年（1895年）五月，因病乞休。

光绪六年二月二十五日（1880 年 4 月 4 日），定安署理黑龙江将军，三月十九日（4 月 27 日）实授黑龙江将军，七年十二月初八（1882 年 1 月 27 日），因病免职。其在黑龙江将军任内，积极筹备黑龙江边防事宜。光绪六年三月初八（1880 年 4 月 16 日），定安奏筹备黑龙江边防事宜一折。他认为“以布置边防，必须马步队相辅，方能得力”。遂请“拟添练马队一二千名，现在饷需支绌，即著添练一千名”，以及拨给黑龙江边防所需军火。①清廷对他的提议进行商讨，并批准其添马队 1 000 名的奏请，令户部照拨所要求的饷银 10 万两，应需军火如抬枪、洋炮、子母炮、爬狗炮及火药、铅丸、轰药等物则由神机营拨付。②以后，定安根据黑龙江边防实际情况，再次向朝廷提出一些请求。七月二十七日（9 月 1 日），定安奏请调员差委一折。他考虑“黑龙江现在筹办边防，需人差遣。”朝廷“著济禄饬令密云防御增祺迅即前往该省，听候定安委用并由该副都统咨明兵部，照例发给勘合，以利遄行”③。十月十九日（11 月 21 日），定安奏，遵查黑龙江难筑炮台情形。得旨：据奏江岸势难修筑炮台，自系实在情形。该将军惟当督饬官兵相机防范力求实际，以备不虞。④

黑龙江边防主要是防范邻境俄国。光绪六年七月二十六日（1880 年 8 月 31 日），清廷“闻俄国现有兵船，由烟台至大连湾。并闻俄人注意松花江行船至伯都讷一节，中国如不见允，即拟三路进兵：一系由大连湾；一系由日本海口；一系由黑龙江等情”。朝廷认为，这件事“虚实虽未可尽信，而先事预防，实万不可缓”。要求定安“懔遵历次谕旨整军经武，严密防维，不得稍涉大意”⑤。八月初一（9 月 5 日），黑龙江将军定安等咨文总理各国事务衙门称：本年五月二十九日（7 月 6 日）有俄人八九名携犁到江东六十四屯段山子屯强垦。黑龙江副都统文绪派员交涉，予以制止。并会同俄方设立分界封堆 44 个，东归俄人，西归段山子屯，互换“字据”，俄方保证“永不侵犯”。⑥定安于黑龙江设置练军的同时，着手处理军队所需银两事情。六月二十日（7 月 26 日），定安等奏，查明积欠西丹口分马乾银两，请分别提解停解、开单呈览一折。其

① 《清实录·德宗实录》卷 111，第 53 册，623 ～ 624 页，北京，中华书局，1987。
②⑥ 黑龙江省地方志编纂委员会：《黑龙江省志·大事记》，288 ～ 290 页，哈尔滨，黑龙江人民出版社，1992。
③⑤ 《清实录·德宗实录》卷 116，第 53 册，701 ～ 702 页，北京，中华书局，1987。
④ 《清实录·德宗实录》卷 122，第 53 册，760 页，北京，中华书局，1987。

主要内容是："黑龙江前练西丹及购用马匹，所有口分马乾银两，山东、河南两省除解到外，尚欠解银二十五万五千两。历年挪借应用，并积欠未发，为数颇多。"黑龙江省"库款支绌。现在添练马队，又须设法办理，自应由各省补解欠饷，俾资清款"。朝廷要求山东、河南两省"迅速筹解，毋再迟延"①。"黑龙江官兵俸饷，自咸丰四年至光绪五年，各省欠解银二百三十余万两。部拨整装银两，除河南从前报解，途次被劫。山东报解，经奉省截留外。各省欠解银九万七千余两。部拨山东应解围装银两，除解到二万两，及本年应解一万四千余两，外历年积欠银二万九千余两。"目前，"黑龙江官兵，需饷操练，各省欠解甚钜，日形窘迫。现值防务紧要，待饷孔殷"。为此，光绪六年八月己酉，定安等奏，各省积欠黑龙江官兵俸饷暨欠解整装银两，及山东应解围装银两，请旨饬催，开单呈览各折。清中央政府下令"迅速筹解，以济兵食，毋稍延缓"②。

定安在黑龙江将军任内增设佐领，骁骑校名缺，以此加强地方管理。光绪七年五月初四（1881 年 5 月 31 日），定安等奏呼兰副都统衙门请添笔帖式等缺。"从之。"③五月初六（6 月 2 日），先是黑龙江将军定安奏请于呼伦贝尔设副都统，下部议准。至是以萨克慎为呼伦贝尔副都统。④六月初一（6 月 26 日），黑龙江将军定安等奏鄂伦春一部，生长山林，未履城市，其习尚与索伦相同。新设佐领骁骑校各缺，请归索伦总管专辖。"从之。"⑤

另外，黑龙江将军定安也比较重视地方教育，创设义学、学馆，准旗营屯站子弟，一体就学。光绪七年正月二十八日（1881 年 2 月 26 日），定安等奏请设立呼兰厅民籍武童学额二名。⑥八年三月初一（1882 年 4 月 18 日），根据定安乞休前的决定，在齐齐哈尔设立义学，由户司等拨银 5 000 两，发商生息，作为义学经费。下设文艺、经义、说约、启蒙 4 个馆，各聘明师 1 人，共招生 100 人。无论旗、营、屯、站子弟有愿就读者准其送读。除薪、修等项官之外，生徒每年出钱 3 吊，津贴官师，并助炕火、茶水之费。⑦

---

① 《清实录·德宗实录》卷 114，第 53 册，678 页，北京，中华书局，1987。
② 《清实录·德宗实录》卷 117，第 53 册，713 ～ 714 页，北京，中华书局，1987。
③④ 《清实录·德宗实录》卷 130，第 53 册，867 页，北京，中华书局，1987。
⑤ 《清实录·德宗实录》卷 131，第 53 册，884 页，北京，中华书局，1987。
⑥ 《清实录·德宗实录》卷 126，第 53 册，810 页，北京，中华书局，1987。
⑦ 黑龙江省地方志编纂委员会：《黑龙江省志·大事记》，288 ～ 290 页，哈尔滨，黑龙江人民出版社，1992。

定安曾跟随僧格林沁征讨捻军，因战功升为一品顶戴，并赐产张家口。后在张家口堡选址修建了威武煊赫的“定将军府”。坐落于张家口市堡子里鼓楼西街，这个院落还与左右五个院落相通相连，人称“六连环四合院”。

定安在黑龙江将军任职期间，积极做事。他十分注重防务和军队训练的业绩。黑龙江练军之兴肇于光绪元年将军定安遵筹边防。此外，他在担任东北三省练兵大臣之时，采取各种措施，加大其兵力，增强三省军队的实力。由此可见，定安将军在东北三省军事建设方面作出了较大的贡献。

（周　彦）

文　绪

文绪（1828—1900），字殿元，赫舍里氏，盛京满洲镶黄旗人。永陵防御恩常子，世居沈阳南桃仙屯。少学章句，善骑射，投笔从戎，以军功累迁防御、佐领。同治四年（1865 年）六月，以功授盛京正红旗协领。光绪五年（1879 年）七月，授瑷珲副都统。七年（1881 年）十二月，署理黑龙江将军。十年（1884 年）四月，实授黑龙江将军。十二年（1886 年）五月，因病解职。二十六年（1900 年），卒。

光绪七年十二月初八（1882 年 1 月 27 日），黑龙江将军定安因病乞休，清廷以“黑龙江副都统文绪署将军”[①]。文绪到任后，处理的第一件事就是：十二月二十五日（2 月 13 日）御史英俊奏称：“黑龙江呼兰所属之科阴地方有荒地百余万垧，外有封禁者六十余万垧，如招佃垦种，该处半系遣犯流民，深恐奸究溷迹，潜滋后患，不若尽归旗丁垦种，亦寓兵于农。”[②]清廷对英俊的建议，没有直接采纳，著“文绪察看情形，酌议具奏”[③]。文绪特别重视对垦荒的管理，派员进行详加考察，考虑到黑龙江的荒地越来越少，为防止土地极度开发，于八年四月十七日（1833 年 6 月 2 日），上奏“仍请照旧封禁”[④]。此后，在文绪任黑龙江将军期间，英俊和内阁学士尚贤再次分别条陈招民垦荒，

---

①《清实录·德宗实录》卷 140，1006 页，北京，中华书局，1987。
②③《清实录·德宗实录》卷 141，1022 页，北京，中华书局，1987。
④《清实录·德宗实录》卷 145，55 页，北京，中华书局，1987。

说“黑龙江荒地甚多，拟将京师旗仆，拨往屯垦”①，清廷让文绪“就地方情形，悉心体察，妥议具奏”②。文绪经过三个多月的详细调查，于十年十一月二十六日（1885年1月11日），上奏说：“黑龙江所属可以招垦地方，业经先后查明，唯克音、通肯围场，久为封禁之区，奸民诡请垦荒，敛钱惑众，前经御史英俊两次条陈，业经查出佃民潘廷思贿通情事。”③文绪认为，若再议招民认垦，流弊甚多，建议朝廷继续封禁。清廷令文绪“随时稽查，不准刁民借词牟利，致滋事端”④。

光绪八年（1882年）初，隶于布特哈总管衙门之下雅发罕（满语为马上的意思）鄂伦春的库玛尔路骁骑校烈多（钦）泰，因不堪忍受征貂的谙达（满语，意为伙伴、朋友，鄂伦春人称布特哈总管派熟悉鄂伦春境内世情的征貂官员为谙达）“肆意欺凌，视同奴畜”，联络其他四路人（按：清廷将兴安岭内外鄂伦春划分为五路，库玛尔河流域为库玛尔路，阿力河流域为阿力路，多布库尔河流域为多布库尔路，托尔河流域为托尔路，毕拉尔河流域为毕拉尔路），上书黑龙江将军文绪，要求撤销“谙达”制度，建议增设总管，专门管理鄂伦春事务，以此摆脱盘剥，减轻徭役。将军文绪根据实际情况，于八年四月二十三日（1882年6月8日），上奏清廷，拟请撤销布特哈总管，添官建治，另设兵缺，编旗分管，说：“鄂伦春一项牲丁，久居山内，饮血茹毛，二百年来未濡教化，几同野人，向归布特哈管辖。所捕皮张，素为谙达以微物易去，肆意欺凌，不啻奴畜。”⑤过去“山深地阔，尚不为苦，近因江左划归俄界，仅有江右山饬，捕猎愈稀，实属不敷糊口”⑥。五月初六（6月21日），清廷“谕军机大臣等：该署将军等拟请撤去布特哈管辖，另为部落，设官添兵，编旗分管，俾安生业，并收劲旅，所筹甚是。即著文绪、禄彭，体察情形，将一切事宜，详细酌核，奏明办理”⑦。文绪随即派协领穆克德布深入鄂伦春居地，“详细履勘，妥拟办理”⑧。九月初一（10月12日），确定在太平湾（今嫩江县境内）“地方宏敞，又近驿路，堪以建置，名曰兴安城”⑨。之后，文绪将建城事宜上奏皇太后，请“皇上圣鉴，饬部复议

①②《清实录·德宗实录》卷192，717页，北京，中华书局，1987。
③④《清实录·德宗实录》卷198，817～818页，北京，中华书局，1987。
⑤⑧⑨《清代黑龙江历史档案选编》（光绪八年—十五年），哈尔滨，黑龙江人民出版社，1986。
⑥ 万福麟监修、张伯英总纂：《黑龙江志稿》卷43，1801页，哈尔滨，黑龙江人民出版社，1992。
⑦《清实录·德宗实录》卷146，63页，北京，中华书局，1987。

施行”。九月二十四日（11 月 4 日），文绪接到“军机大臣奉旨：概不议奏。钦此”。这年冬天，各衙署成立，在城没有建成前，先迁居喀勒塔尔奇站（即四站）处民房办公。兴安城设副都统衔总管一人，副总管十人，其中满族副总管二人，鄂伦春副总管八人，来管理鄂伦春事务。

光绪九年九月十七日（1883 年 10 月 17 日），署黑龙江城副都统托克托布呈文向将军文绪汇报俄官路新在八月初七、八、九等日，在江东各屯东面，“圈拉犁记两道，将我各屯耕种之地及牧场……以犁记圈绕”①。并在江东各屯东面“改立铁弦木桩”②，于十五、六等日，加派官兵五六十名，均持枪、刀、器械，武装埋立木桩。还绑去 10 名当地居民，“昼夜在屯中十放枪震吓、骚扰”，“划站旗屯熟地二百余垧，并圈占牧猎地方”。③文绪闻报后，随即决定亲赴俄境，与之理论。文绪将城中事务，交给协领萨英护理，起程前往黑龙江城，十九日到达大黑河屯，二十日过江，俄官推却不见。第二天中午，文绪再次过江与俄会晤，俄方派一通事，以清语传述，文绪当即问：“日前曾给贵大人清文照会，如何不接理，该酋答以俄国且能译清，你们何不通识俄字？贵大人若接俄字，我亦收理清文。”文绪说：“本国向与各国照会皆用满汉字样，年已久夷，非我敢从擅改成章，贵大人岂不谬哉！”俄通事无话可说，但还是不肯应承。文绪又说“即立铁弦，且应照案会同埋立，于有碍之处，亦应挪移，以符条约而敦两国和好。该俄酋虽然无词，终不肯将人立时交还”④。文绪说明日再办，俄通事总是以该国办理为托辞，文绪无奈，回到寓所。由于文绪旧病复发，心神恍惚，二十二日（10 月 22 日），起程回齐齐哈尔。文绪回到齐齐哈尔后，分别于十月初一（10 月 31 日）、十月初三（11 月 2 日）、十月二十二日（11 月 21 日），三次咨总理各国事务衙门，说明俄官押我屯人，又不接收照会事，“俄人强划界限，在我屯地内埋立弦桩，并令我屯人与其牵马、引路，因不听其指使，辄被鞭打、强行吓绑、用刀砍倒，并绑去我人”⑤的事实。总理各国事务衙门，于十一月二十二日（12 月 21 日），致俄国照会，谴责沙俄侵略行径，要求“务须照约办事，以安边民而敦睦谊”⑥，却遭到俄方无理拒绝。与此同时，俄方怂恿俄人越界偷挖金沙。自光绪十年（1884 年）

①②③④⑤⑥《清代黑龙江历史档案选编》（光绪八年—十五年），哈尔滨，黑龙江人民出版社，1986。

十月发现俄人越界偷挖金沙后，将军文绪“迭经照会俄酋，速将越界淘金俄人唤回，该酋迭经推诿不办”①。十一年二月二十一日（1885年4月6日），佐领色凳吉尔嘎勒到黑龙江将军府，向将军文绪面陈率领兵阻辑挖金俄人及与俄交涉经过时说：“开导挖金俄人，及早出山散归。据称：我们俱由俄衙门领有执照，自应听候本衙门传谕即行散回。”②俄酋不但不理将军文绪的照会，还说：“俄人淘金系在中国地界，俄国不应干预，不应派兵唤回。边界五十里内既应贸易，而我们国官弁接济挖金俄人口粮亦无不合。今贵将军如果派兵驱逐，不免仍有别人复来挖金。莫若将金厂租给俄人淘金，可保边界无事。”③文绪针对俄酋狡猾无赖的行径，认为“此时遽加兵驱逐，该酋必为暗中主持，抗拒不出。若有波及，不免肇起衅端”④。文绪采取了“设卡先行扼守”⑤，随后照会俄国公使，转催俄酋按约将越界挖金俄人唤回的措施。三月十二日（4月26日），文绪向清廷奏报了为遏制俄人越界挖金，实施“在一千六百余里，踩定建卡地方二十处”⑥的计划，“军机大臣奉旨：户部知道。钦此”⑦。

文绪针对沙俄的种种行径，先后采取积极防范措施。在光绪九年十二月十五日（1884年1月12日），文绪咨兵、工部文时说：“窃照前因筹备边防，奏请演练洋枪、开花炮。”⑧例操神威无敌大将军炮8尊、龙虎炮5尊、字母炮39尊、行营炮3尊、抬枪120杆、鸟枪1 766杆。筹措军饷，利用冬围时机，抓紧操练年轻西丹。文绪还于十一年八月二十四日（1885年10月2日），上奏“江省地居上游，与俄对峙，防务为要，拟请购买克虏伯陆路铜炮四尊、过山钢炮四尊、洋枪一千杆，以资训练，如所请行”⑨。文绪为了保障军需顺畅，加强军事防御能力，对省属站、台额设官兵、丁役、马、牛、车辆等项进行清理整顿，在省城齐齐哈尔及呼兰等地设烟土总局和分局，抽以厘税。

文绪任职黑龙江将军之时，正是黑龙江政治、经济、文化发生变革时期。关内汉族人口大量涌入，文绪根据社会需要，创建了一些新的社会机构，来完善社会职能。文绪针对北团林子协领旗署，只管军事不理地方行政事务的现实，于光绪十一年四月初二（1885年5月15日），奏准在北团林子（今绥

①②③④⑤⑥⑦⑧《清代黑龙江历史档案选编》（光绪八年—十五年），哈尔滨，黑龙江人民出版社，1986。
⑨《清实录·德宗实录》卷214，1015页，北京，中华书局，1987。

化市）设置绥化厅，隶属呼兰府。厅设通判、巡检等职，掌管地方行政、司法、税收等事宜。文绪还根据前任黑龙江将军定安的决定，在“齐齐哈尔创立义学，下设文艺、经义、说约、启蒙4馆，各聘名师1人，共招生100人。无论旗、营、屯、站子弟有愿就读者准其诵读”①。学生不分民族、家庭贫富及社会地位高低，都有上学的机会。光绪九年四月初七（1883年5月13日），文绪上奏，申请“江省捐设官学，教育八旗营屯子弟，以培养人才。下部议”②。文绪的这些办学举措，推动了黑龙江教育事业的发展。

光绪十二年五月十四日（1866年6月15日），文绪因病辞职，前后任职黑龙江将军五年。文绪是较有作为的黑龙江将军，积极操练军队，巩固边防，时刻防止沙俄入侵。在与沙俄交涉中，坚持民族气节，针对社会发展需要，设立民政机构，防止耕地极度开发，这些积极措施，为黑龙江发展作出了贡献。

（陈金凤）

恭　镗

恭镗（1837—1889），字振魁，博尔济吉特氏，满洲正黄旗人。大学士琦善之子。咸丰四年（1854）之前曾任刑部笔帖式，咸丰四年，因其父而授其吏部主事。同治元年（1862年），员外郎。二年（1863年 ），为御史。三年（1864年），兼内务府银库员外郎，吏部文选司掌印，任郎中兼内务府六库郎中。五年（1866年），充总理各国事务衙门章京，旋任理藩院内外馆监督。六年（1867年），兼办步军统领衙门章京，后出为湖北荆宜施道，因捕获江陵教匪而加按察使衔。十年（1871年），擢奉天府府尹。光绪元年（1875年），署盛京将军，后坐事降职。三年（1877年），赏二等侍卫，充为乌鲁木齐领队大臣；迁署乌鲁木齐都统。五年（1879年），乌鲁木齐都统。九年（1883年），任西安将军，后因病免职。十二年（1886年），署黑龙江将军。十四年（1888年），实授黑龙江将军。十五年（1889年），移杭州将军，上京入觐途中卒于天津，朝廷下

① 张向凌：《黑龙江历史编年》，290页，哈尔滨，黑龙江人民出版社，1989。
② 《清实录·德宗实录》卷162，273页，北京，中华书局，1987。

诏优恤。

恭镗在任黑龙江将军期间，能体恤民情，为百姓造福。当其得知呼兰等处厘局扰累商民时，他组织进行了走访调查之后，上奏朝廷事情的缘由，他认为导致这种情况的原因是，当地职官管理方面存在问题，并利用职权对商民进行剥夺，在奏折中对这种现象称道："事权不一、章程紊乱、侵鱼吞食"。① 光绪十二年十二月初二（1886 年 12 月 26 日），他给陈保善的札书中写道：奉上谕，有人奏，吉林所属双城堡、农安城等处，黑龙江所属呼兰中行镇、兴隆堡等处厘捐局征收扰累，黑龙江所派委员创立斗称捐，并有勒罚商人情事。设局、抽厘，必须严杜弊端，方可商、民相安。著希、恭确切查明，如有前项情弊，即行严禁，不得稍滋扰累。从中可以看出恭镗对此事重视，能够如实上奏，革除这种腐败现象，对商民来说是件好事。

19 世纪 80 年代，正值俄国人对黑龙江的矿产盗掠之时，他们偷偷越过国境线，到中国漠河一带盗采金矿，曾被恭镗派兵驱逐。鉴于这种情况，光绪十二年十二月十五日（1887 年 1 月 8 日），黑龙江将军恭镗在"漠河金厂亟应举办"一折中，密呈朝廷："查漠河金厂，上年俄人勾结华匪过江占据，叠经派兵弹压，驱除孽芽未净，若久禁闭不采，恐俄人将来图占。"② 而此时，清驻俄公使刘瑞芬得到情报，被赶回去的沙俄不甘心就此罢手，他们已经大规模组织官绅集股，必欲夺得漠河金矿而后已，恭镗解释说："漠河金矿之举，重在防边，兼筹利国。""防边"不仅仅是防俄人越境偷挖金矿，而且要防止其"骎骎东逼之势"。③ 在他的"自应及时开采，以杜外人觊觎"思想指导下，清政府从巩固防边、充实国库的角度出发作出开采漠河金矿的决定。并命热衷于开发矿业，又有开办开平煤矿和轮船招商局等企业经验的李鸿章全权负责筹办此事。李鸿章则派道员李金镛负责此事。后恭镗上书李鸿章与其商议漠河金矿不宜官办，他认为此时的黑龙江兵员不充足，况且有俄人来盗采金矿，需要有兵来保卫各个卡伦，本地居民多以牧业为生，居所不定，所以他认为官督商办为好。李鸿章与恭镗进行了反复磋商，加之有开平煤矿的办矿经验，李鸿章明白，初办之时，

① 《光绪朝黑龙江将军奏稿》，384 页，北京，全国图书馆文献微缩复制中心，1993。
②③ 《黑龙江省志·黄金志》，231 ～ 232 页，哈尔滨，黑龙江人民出版社，1996。

商人都不敢轻易投资冒险，何况是黑龙江这样偏远的地方。于是他自己先代筹商款10万两，恭镗拨库银3万两，作为金矿最初的筹办资金。同时在上海、天津、吉林设立分局招商集股，预计集资20万两，分为2 000股。恭镗认为可以从其他的地方招募劳动力，并提出了运输的路径。

光绪十三年九月十五日（1887年10月31日），恭镗上书筹办开垦呼兰所属通肯地方原勘封禁荒田，请旨饬予开禁，以裕边储而足民生。窃查黑龙江边漠之区，初无民垦。并且陈述了其前历任将军等对开禁的看法。奏稿中说："奴才等复查：黑龙江省精华，全在呼兰一隅，地气和暖、土脉膏腴，为关外所艳称。然详稽所以禁之故略有五端：论地脉，则恐碍参山、珠河；论牧场，则恐妨旗人生计；而且垦民杂，则盗贼潜入；揽头出，则贩卖架空；更恐奸民易集，不免异族暗勾。奴才等反复推求，知其中情事，万无一可虑者。""通肯地段介居莽鼐、布哈特、墨尔根、呼兰、北团林子之间，纵横核计约有三十余万之垧，较之前吉林将军奏凯伊通围场十余万垧者，广狭大有不同。计将通肯应开地亩之内酌留围场、牧场，宽然有余。"[①]并对可能出现的弊端提供了相应的对策，分析了开垦这一地段的利害，他认为，发展江省重在兴农，开垦之举实为黑龙江第一大利。呼兰一带的土地占全省的三分之一，若再扩充，饷可渐节。此利国帑者一也。齐齐哈尔、墨尔根、黑龙江等城，皆恃呼兰转运接济；收获愈众，积储愈丰。此利民食者二也。盗贼之炽，皆由守助之疏，若于放荒时酌定村户、修筑堡寨、严行保甲缉捕之法，盗贼庶无容足。此利保卫者三也。关内外失业闲民，广聚东省或之他邦，一定土著，富者力田、贫者佣工，各安其业，庶免流移。此利收辑者四也。押租缴价，或仿照旧章，或仿照吉林章程，酌量增加以补公项。此利经费者五也。开垦既广，俟升科后，查照奉天章程，每亩酌定征银额数，以济俸饷。此利征收者六也。呼兰粮食，除接济本省，广行东南将来收成丰盈，转输益众。此利商贾者七也。斗称、烧锅税捐，亦资小补。积谷日多，收捐必有起色。此利税务者八也。通肯地段，与齐齐哈尔、墨尔根、布特哈各城相连，户口渐增、人烟日盛，贫瘠荒漠之区，

---

① 《清代黑龙江历史档案选编》，333页，哈尔滨，黑龙江人民出版社，1987。

可变殷实。此利生聚者九也。人有恒产、地有村寨、内守既固、外患不生。此利边备者十也。遗憾的是，尽管恭镗将开垦的利处说得很明了，但光绪帝还是坚持光绪十年（1884 年）的决定没有开禁！

对俄交涉方面，因中国近接俄疆，会有交涉事件，所以两国时有照会。例如，俄人越界行窃马匹之事曾被抓获，会同对方边界官按约办结。但有时事关重大本地又缺少对俄文通晓之人，为了避免出现差漏，确保文实相符，恭镗请求总理衙门派熟悉俄文的学员来做翻译，并对学员三年期满送回京后给予优保。光绪十二年十二月二十四日（1887 年 1 月 17 日），恭镗将俄方照会所言与条约均不相符一事向总理衙门禀报，其根据条约内容查出与原文不相符之处：俄方照会中第三条称，“遇中国人在俄界滋事者，均以俄例办理”，遍查条约，并无此语。所引伊利巴尔哈台条约，亦与此案无涉。其第五条称，“光绪六年所立封堆字据，系中国微末之员”，第二条所云“满洲人草牧、耕田，系俄国所让”各等语，均系明知与原约、原案不符，曲为立论。总之瑷珲第一条所载“黑龙江左岸，由精奇里河岸迤南至霍尔莫勒津屯，原住之满洲人等，准其照旧在所住屯中永远居住”，仍著满洲大臣、官员管理。俄罗斯人等，和好、不得侵犯，本为我黑龙江副都统职分所应管，暨北京续约第八条“遇有大、小案件，领事馆和地方官务办各国之人，不可彼此妄拿”，及第十条“其审讯两国之人，各按本国法律治罪”各等语，载说甚明，确无疑义。本将军按照来文，逐条讲解，开列于后。该俄官文内，既有“俄国总督所定之言，伏乞知照俄国驻京公使转咨俄国东悉毕尔总督，嘱令固毕尔那托尔，按照条约退毁犁记，以全两国立约之大信，以敦边界和好之友谊”①。从此奏稿中能够看出，恭镗在对外交涉中，认真处理相关事宜，维护了本国的利益。

恭镗在任黑龙江将军期间，能够尽职尽责。首先，从对待上奏的地方捐税问题中可以了解到，他通过核查事情的缘由，对这种现象给予严惩，使商民及地方社会秩序的稳定得到了保证，为地方经济的发展提供了条件。其次，在对俄交涉的过程中，恭镗能够将遇到的问题及时作出反馈，免误国家大事。

① 《清代黑龙江历史档案选编》，277 页，哈尔滨，黑龙江人民出版社，1987。

恭镗要求派去的翻译可以在交涉中减少劣势，其对俄官的照会能够仔细核对，发现了俄人擅自修改条约中的某些规定，这些充分证明了恭镗办事的认真态度，竭力维护本国的利益与尊严。再次，恭镗将军能为时局着想，面对俄国人对金矿的盗采与东侵，提出了开采漠河金矿的建议，金矿的开发一定程度上阻止了俄人的盗采行为，减少了本国资源的流失，并且有利于漠河一带经济的发展，也为一些无业游民找到了维持生计的途径。恭镗能够根据黑龙江的实际情况，提出了开垦通肯一带荒地主张，虽然没有得到光绪帝的允许，就其分析是很客观的，这个主张有利于当时黑龙江农业的发展，虽没能实施，但我们也应给予充分肯定。

（陈金凤）

增　祺

增祺(1851—1919)，字瑞堂，伊拉里氏，满洲镶白旗人。增祺为庆惠第七子。光绪六年（1880 年）七月，为密云防御。十六年（1890 年）七月，以协领交军机处记名副都统；八月，记名副都统补授齐齐哈尔副都统。十七年（1891 年）二月，调任黑龙江副都统。二十年（1894 年）正月，复任齐齐哈尔副都统;六月，护理黑龙江将军；十月，署理黑龙江将军。二十三年（1897 年）十一月，任福州将军。二十四年（1898 年）九月，兼闽浙总督。二十五年（1899 年）三月，改任盛京将军。二十六年（1900 年）八月，调任江宁将军。二十七年（1901 年）三月，复任盛京将军。三十一年（1905 年）四月，丁忧解任。三十三年（1907 年）八月，任宁夏将军；九月，调任正黄旗蒙古都统。三十四年（1908 年）九月，任广州将军。宣统二年（1910 年）九月，兼署两广总督。三年（1911 年）二月，为弼德院顾问大臣；十二月，因病解职。民国八年（1919 年），卒。“谥简悫。”[1]增祺在护理和署理黑龙江将军期间，正是日俄对东北虎视眈眈之际。光绪二十年八月十八日（1894 年 9 月 17 日），吉林将军长顺为防止沙俄入侵，

① 赵尔巽等：《清史稿》卷 240，12601 ～ 12602 页，北京，中华书局，1977。

拟调吉字军步兵前往宁古塔防守，并向清廷奏报：俄方可能暗助日本，8艘军舰驶入摩阔崴进行演习，海参崴增兵4 000多名。不久日军占领朝鲜平壤，接着中日黄海大战，中国北洋舰队遭受严重损失，这时沙俄马、步兵400多人，携炮8尊，到瑷珲对岸进行军事演习。增祺将军电奏清廷：俄人“窥我边境空虚，意在寻衅”①，增祺认为中俄边界应加强防务，而咸丰、同治年间，为镇压太平天国起义军，东北八旗大批南调，伤亡很大。为加强黑龙江军事防御能力，光绪二十年十月十二日（1894年11月9日），增祺向清廷奏报“黑龙江自练军以来，风气日坏，一有调遣，或托人谋脱，或竟自潜逃，齐字营镇边军拔队时，此等事情，不一而足，现又据报有兵丁由营潜逃多名”②，清廷通令严肃军纪，逃跑者一律军法从事，庇护者从重治罪。这天，增祺还奏报了“黑龙江所属呼兰等处，原驻有镇边军步队五营，马队四起，现由将军依克唐阿，抽调马队八营，驰往奉天驻扎，仅剩铁山包步队一营，地面空虚，剿办盗匪甚形束手。现挑选马队一哨，饬委营员赴双庙子一带巡缉，并由省城制兵内挑选马队两哨，以便随时续拔缉捕。如所请行”③。二十一年八月二十五日（1895年10月13日），“又谕，增祺奏，黑龙江边防紧要，拟添购快炮，并将炮位暨子药数目开单呈览一折。著王文韶体察情形。酌量办理”④。九月初四（1895年10月21日），“署黑龙江将军增祺奏请，将齐字营练军改练洋操，以固边防。得旨，督办军务王大臣议奏，寻奏：江省练军积习太深，必先议裁，然后议练，应请缓改洋操。从之”⑤。之后，增祺于黑龙江各城甲兵内，择选精壮及枪法好者二三千名，以供调遣防不测。增祺遵从清廷电令，通知瑷珲地方官随时侦探俄情。为配合依克唐阿对日作战，增祺于光绪二十年（1894年）拨10响快枪子弹50万粒，马队50哨，解赴依克唐阿处备用。并上奏清廷：依克唐阿处需用军火，黑龙江库存不足，除增拨子弹17万粒外，请由天津、山东各机器局筹解应用。清廷命李鸿章、李秉衡等酌情筹拨。

针对黑龙江边境的不平静，军队调动频繁，经费不足，增祺将军于光绪二十一年九月初九（1895年10月26日），向皇帝奏报并得到光绪帝的批准：

① 张向凌：《黑龙江历史编年》，299页，哈尔滨，黑龙江人民出版社，1989。
②④《清实录·光绪实录》卷349，北京，488～489页，北京，中华书局，1987。
③《清实录·光绪实录》卷375，906页，北京，中华书局，1987。
⑤《清实录·光绪实录》卷376，912页，北京，中华书局，1987。

开放通肯河、克音河、汤旺河流域及观音山一带，旗、民人皆可垦种，每年租银充作军饷。同时决定对漠河金矿进行整顿，并准许商民开采各矿。

增祺护理和署理黑龙江将军期间，为加强边防管理，奏请镇边军改练洋操，增加军队编制，购置快炮，这些积极措施，有力地防御了沙俄的入侵。这与后来在盛京将军任上，对俄军当局曲为迎合，“以明其不与俄人私通，盖又变媚俄人之面目以媚日本也”，形成鲜明的对比。

（孙文政）

恩　泽

恩泽（？—1899），字雨三，噶奇特氏，蒙古镶蓝旗人。初由驻防军中笔帖式，升为荆州驻防佐领。光绪元年（1875 年），随荆州驻防军都统金顺出关讨伐阿古柏，以战功卓著升为协领。同年秋天，晋升为副都统。历任巴里坤领队大臣、乌鲁木齐领队大臣、吉林副都统等职。十五年（1889 年），调任珲春副都统，帮办吉林军务。二十年（1894 年），升迁为吉林将军。二十一年（1895 年），调任黑龙江将军。二十五年（1899 年），卒。谥壮敏。①

恩泽是光绪二十年（1894 年）十月署理黑龙江将军的，由于吉林将军长顺率兵参加甲午战争，在奉天没有回省，所以恩泽一直署理吉林将军，到二十一年（1895 年）十月才到黑龙江赴任。

光绪二十二年（1896 年），恩泽到任后，主要处理了军事、吏治、缉拿逃犯、剿匪四方面的问题。就军事而言，恩泽因黑龙江紧接强邻，加上地广兵单就提出拟请免裁防勇三成以壮军的建议，他在奏章中提到今后通筹全省局势，觉内外实在空虚，故请将驻奉天之马步八营调回籍，饬拆归伍，现在除齐字营业已遣拆不计外，仅有镇边军马步十八营数止七千五百，实不见强，况东西北三面邻俄，地域四千余里，彼皆屯重兵，近复借修铁路为名，频来窥探，诡谋实已暴露。若再将防勇从减三成，不唯不足震慑，故江省与他省

① 赵尔巽等：《清史稿》卷 470，12592 页，北京，中华书局，1979。

形势不同，防务紧要，地广兵单，免裁防勇三成，借以稍壮军实，俾守卫用固边防。①除此之外，恩泽还奏请将出征奉辽的镇边八营撤遣到黑龙江并变通为营制，分为中左右三路，择要水陆分防，并将裁改添设各员的薪水银数请饬兵部立案。而奉遣到黑龙江的齐字营官兵也被悉数裁撤以节饷。

就吏治而言，恩泽首先对那些因罪革职而逃脱的官员，请饬严拿。恩泽等奏，革员潜行来京，请饬严拿等语。前署呼兰理事同知刑司委署主事文曜因案被参，前经降旨革职，交延茂提审。该革员于迟禀后即行赴京以致无从传讯，著步军统领衙门、顺天府五城、直隶总督、盛京将军、吉林将军一体严拿，务获解回黑龙江归案审办。②其次是黑龙江北团林子委协领桂凌因办公亏乏讯于所属旗丁任意摊派苛敛，虽然没有中饱私囊但也有监督不力之罪，因而恩泽奏请将桂凌革职。当然，对于那些表现突出的下属官吏，恩泽也请旨嘉奖他们。而缉拿逃犯则是指处理被发遣到黑龙江的太监，导致这一问题的原因是因为“历年发遣太监于何时到配，该管官并不取具收管，按名报部以致在配潜逃无从稽查”，因而朝廷就要求“吉林、黑龙江各将军查明历年所发太监除已故外，现存者若干名，分别造册限一月内报部，嗣后每届年终汇报一次。如有延误即由该部指名严参”，所以在这一年恩泽就奏报“发遣黑龙江太监王得福、聂得平、宣增泰，业经奉、吉两省拿获分别正法送配”③。

光绪二十四年（1898 年）正月二十二日，恩泽上奏为黑龙江省利用银元拟请仍将各省协饷银两解鄂铸造一折；二月，恩泽又奏查明黑龙江墨尔根、布特哈、呼兰等处受灾情形，拟请分别蠲缓救济；三月，恩泽奏请颁布勘放通肯荒段地亩即征收押租数月并定起限起科年份及旗产招民代垦章程，还遵旨裁减营员整顿厘税，这样每年就可以节饷 83 900 余两，增收厘税 9 万余两；四月，恩泽建议在江省创设木植公司，承办铁路需要的木材，并和众商户议定出创设木植公司章程 26 条；九月，恩泽奏开办都鲁河金矿日有起色，原借官商各款实不敷用拟再接济万金；十月，恩泽奏通肯等处放荒将次就绪，请添设通肯副都统及协领、佐领、仓屯、站官、教习等缺以资治理；十二月，

① 邢玉林主编：《光绪朝黑龙江将军奏稿》（下册），502 页，北京，全国图书馆文献缩微复制中心，1993。
② 《清实录·德宗实录》卷 387，3515 页，北京，中华书局，1987。
③ 《清实录·德宗实录》卷 389，3531 页、3535 页，北京，中华书局，1987。

恩泽奏吉林、黑龙江两省现因放荒混乱，界址请仍划江为界并绘图贴说，而这一事件的处理情况则是“据称江省今春招放汤旺河等处开荒，派员先由河西开办乃被吉林三姓咨覆阻止等语。吉、江两省本属一家，现在开放荒地，招集丁民各事为今日实边之急务，朝廷原无歧视，该将军等同膺疆寄于放荒一事自当一气联络和衷商办，庶无此疆彼界之嫌。著恩泽、延茂各按绘图疆界详查情形，斟酌妥协，奏明办理，毋得彼此争执致滋事端”[①]。恩泽又奏铁路将次开工，呼伦贝尔以僻地变为冲要，拟请加添兵队以资镇护并请发给兵费以应急需；又奏江省粮贵银贱，边军困苦，拟赴呼兰自行购粮，恳准照镇边军转运军火章程按路途远近给予运费做正开支以固军心而全大局；又奏续查墨尔根、布特哈两处即墨尔根等10站，本年灾重待哺，其余各城无地开丁，恳将例应接济之户改为赈抚以惠穷丁。

光绪二十五年（1899年），恩泽始在省城开办保甲团练制，即每十家编为一牌设牌首一人，每五牌合为一甲设甲长一人，每两甲设为一团设正副团总二人，每五团合为一路设正副路总二人，并且由保甲局来管理相关事务。每天晚上，每一牌要各派出一人进行巡夜，而每户轮夜支更之人就是各户出操应练之人，练操所需器材由民户自备，而训练时间一般在农闲时，这也在一定程度上带有寓兵于农的色彩。团练与防营之间形成一种相互照应的局面，用团练来弥补防营的遗漏之处，而用防营来增强团练的势力，以达到互补的效果。[②]三月，恩泽奏呼兰所属汤旺河、瑷珲所属观音山两处荒场出放不易，拟划出膏腴仍收押租，所余贫瘠之地每垧仅收经费四五文以纾民力；四月，奏布特哈属讷汉尔河开荒，该佐领等呈请放给本属旗人承领并援照通肯章程招民代佃；五月，恩泽奏瑷珲商号所办煤矿现因疏通销路改为华俄合股，之后无论盈亏国家概不担保；又奏瑷珲所属宽河金矿请交商开办，什一抽税，酌拟商人集股及税官保护章程各十六条；六月，奏请拨款设局，鼓铸银元，得旨该省需要银元仅可就近由吉林搭铸，毋庸另行设局；八月二十日，恩泽遵旨覆陈江省练兵，恩泽查清江省镇边一军旧有马队五起、步队九营、

① 《清实录·德宗实录》卷435，3971页，北京，中华书局，1987。
② 邢玉林主编：《光绪朝黑龙江将军奏稿》（下册），577页，北京，全国图书馆文献缩微复制中心，1993。

炮队一营，以马队五起归一统领，以步队九营分为中左右三路委三路统领。根据这一兵力过单不敷分布的实际情况，上奏奉谕允添募马队两营、步队四营，又以一马二步为一路作为前后两路委两统领先后均系八成队额共马步炮二十四营。[①]十月，奏遵查呼兰等三城佃民弃地避贼，无处追传，请将欠租即承担催处分一律宽免；又奏绥化厅属余荒领户久不归业，请撤佃另招以免荒废。

恩泽积劳成疾，卒于任上。在任职期间，无论是在政治、经济、军事方面都对黑龙江的发展作出了一定的贡献，他的杰出政绩也得到了朝廷的嘉奖，在清代黑龙江将军史上留下了光辉的一页。

（罗　红）

寿　山

寿山（1860—1900），字眉峰，袁氏，汉军正白旗人。明末辽东督师袁崇焕后裔，吉林将军富明阿长子。光绪三年（1877 年），寿山以六品荫生在瑷珲城当差。五年（1879 年），因办理中外交涉之功，保加为五品顶戴。光绪八年（1882 年），父吉林将军富明阿病逝。九年（1883 年）八月，寿山以父荫充员外郎选用，兼袭骑都尉世职，在神机营当差。十一年（1885 年），调入通州防营。十三年（1887 年），由神机营保举，以郎中升用。十四年（1888 年），任颐和园工程处监修。二十年（1894 年）正月，赏加三品衔；八月，赴辽东参加中日甲午战争，任步军统领。二十二年（1897 年）三月，任黑龙江镇边军左路统领。二十四年（1898 年）八月，破格任命为河南开封知府，寻破格改任黑龙江副都统。二十五年（1899 年）十二月，署理黑龙江将军。二十六年（1900 年）八月，以身殉国。光绪帝称：“该将军忠义殉难，实堪痛悼。”[②]

中日甲午战争结束后，寿山回到黑龙江。光绪二十二年（1896 年）三月，黑龙江将军恩泽在“东北边防日棘”[③]的情况下，向朝廷奏明“理值军务吃紧，亟应成就将才，破格奖励，以当干城”[④]，要求重用寿山。三月十三日（4 月

① 邢玉林主编：《光绪朝黑龙江将军奏稿》（下册），604 页，北京，全国图书馆文献缩微复制中心，1993。
②③《寿山家传》，载《齐齐哈尔文史通讯》，1983（2），42 ～ 46 页。
④ 中国史学会：《中日战争》，305 页，上海，新知识出版社，1956。

25 日），清廷依恩泽所奏，调寿山为镇边军左路统领。寿山到任后，恩泽把镇边一切军事事务交给寿山负责，“凡该城军事，一委之公，不为遥制”①。光绪二十四年（1898 年）八月，清廷任命“寿山为开封知府”②，未及动身赴任，沙俄武装挑衅，黑龙江边防吃紧，恰在此时寿山所在之旗副都统出缺，“恩泽奏请朝廷，荐留寿山为黑龙江副都统”③。按清朝惯例，本地人不能在原籍任地方长官，然而由于恩泽力荐，“边事军事非公无可倚任”④。清廷按照恩泽所奏，遂破格改任寿山为黑龙江副都统（知府为从四品，副都统为正二品）。八月二十三日（11 月 6 日），“以河南开封府遗缺知府寿山，为黑龙江副都统”⑤。十月二十六日（12 月 9 日），“又谕：副都统寿山，仍著即行来京陛见”⑥。

光绪二十五年（1899 年）二月，寿山入京觐见光绪帝，光绪帝所询问的黑龙江边防事宜，寿山都对答如流，光绪帝甚是满意。光绪帝遂命寿山负责黑龙江边防军练军事宜，为巩固边防，准其“添募十五营”⑦专归寿山管辖。寿山“亦感殊遇，毅然不避嫌怨，视国事若家事”⑧。六月，寿山回到黑龙江副都统任后，立即与黑龙江将军恩泽商议，整顿军务，针对黑龙江从光绪初年兴办练军与八旗兵并存的军制混乱局面，首先，统一骑、步、炮各营军制，一律采用练军编制。并从京城等地调来长于边事工作的优秀精干人员十余名，为新军参赞，协助负责军务事宜。又抽调军中精锐卫兵分配到各新军之中，使全军上下焕然一新。寿山亲自到上海购买了一批外国先进武器装备，经长崎、海参崴、伯力等地由海路押送回国。在回国的路上，又侦察敌情，查看与俄国毗邻地区的形势，“以修战守之备”⑨。另外寿山还改革军队训练方法，将黑龙江军队原用英操一律改用德操，以德军为标准统一要求，采用当时先进的散兵战术，练队“阵式如一字散队，两翼散队、分排散队、远近撒星等名目”⑩，在使用近代武器的战斗中，这种战术既可以发挥火力，又可以减少伤亡。寿山对马、步、炮各营都提出具体要求，力求收到实效。寿山吸取中日甲午战争失败的惨痛教训，告诫军中将士，激励官兵“忠爱愤发之忱”，并自勉。

①④⑧⑨《寿山家传》，载《齐齐哈尔文史通讯》，1983 年（2），42 ～ 46 页。
②⑦ 王钟翰：《清史列传》，4824 ～ 4825 页，北京，中华书局，1987。
③ 韩来兴：《寿山评传》，载《黑河学刊》，1993（4），109 页。
⑤《清实录·穆宗实录》卷 428，619 页，北京，中华书局，1987。
⑥⑩《东北义和团档案史料》，461 ～ 475 页，沈阳，辽宁人民出版社，1981。

光绪二十五年十二月二十三日（1900 年 1 月 23 日），寿山在恩泽的支持下，刚刚将黑龙江军队建立起来，黑龙江将军恩泽就卒于任，寿山闻知噩耗后，极其悲痛地说："门户未葺梁木遽摧，天殆不欲我成功也。"[①]恩泽病故后，清廷因"黑龙江将军恩泽因病出缺，以黑龙江副都统寿山，暂署黑龙江将军"[②]。寿山面对黑龙江地处东北边陲，幅员辽阔，"北与沙俄接壤，没有御敌的雄兵，没有坚固的塞磊，江防久驰，水路险隘与敌共，如不自行加大整顿，则不足以自存"[③]的现状，积极地采取补救措施。寿山到省城齐齐哈尔任职后，就"剔厘奸弊，处理积案，制定操法，图绘要隘，申明赏罚"[④]。寿山特别重视对人才的培养，对"虽末弁"[⑤]之才，总是亲自接见，细心考查。接见时，"分别籍记，以备擢用"[⑥]，对官员选拔，实行考核制度，"不使有遗逸之才"[⑦]。由于寿山视国政如家事，兢兢业业，孜孜求治，励精图治，使黑龙江的军政风气发生了根本变化。

光绪二十六年（1900 年）二月，山东爆发了反帝爱国的义和团运动，很快由山东、直隶扩展到东北，四月间，黑龙江将军驻地齐齐哈尔已有义和团开始进行活动，"他们将揭帖广贴街衢，或在集市散发"[⑧]。六月，在张拳师等人的带动下，在齐齐哈尔设三座神坛练拳。成年人拳坛设在当时京剧院西胡同；妇女拳坛设在北关三皇庙胡同；少年拳坛设在城隍庙顺福胡同。义和团还在郊区设置宣传亭，张贴标语，以"扶清灭洋"为口号的义和团运动迅速在黑龙江将军驻地齐齐哈尔传播开来。寿山从义和团的发展，看到了人民对帝国主义侵略者的仇恨，也看到了这是一支强大的反侵略力量，所以寿山积极支持义和团的反帝爱国运动，提倡招募拳勇，黑龙江人民纷纷响应。

光绪二十六年（1900 年）五月，英、美、德、法、俄、日、意、奥等 8 个帝国主义国家，为了瓜分中国，借口清政府排外，遂组成"八国联军"大举入侵中国。五月二十五日（6 月 21 日），清政府被迫正式对外宣战。在这种

①⑦《寿山家传》，载《齐齐哈尔文史通讯》，1983（2），42 ～ 46 页。
②《清实录 · 穆宗实录》卷 457，北京，1025 页，北京，中华书局，1987。
③ 谭彦翘：《清代黑龙江将军事略》，载《齐齐哈尔市社科联通讯》，1982（4），30 页。
④ 黑龙江省博物馆历史部：《黑龙江义和团的抗俄斗争》，29 页，哈尔滨，黑龙江人民出版社，1978。
⑤ 赵尔巽等：《清史稿 · 寿山传》卷 467，12771 ～ 12772 页，北京，中华书局，1977。
⑥ 王钟翰：《清史列传》，4824 ～ 4825 页，北京，中华书局，1987。
⑧ 张超：《庚子之役与齐齐哈尔义和团》，见《史志文集》，110 页，齐齐哈尔市地方志办公室，1991。

形势下，寿山为了加强边境防御，要求黑龙江副都统凤翔，调集兵力，加紧训练，以备不虞。寿山说："中外边衅既起，不无开仗之举，应分行各该城旗，一律齐集正兵，不时勤加演练。"在边界布防上，要求"凡有界近俄邻之处，尤当厚集兵力，不时加以严防，以资保卫地方为要"，特别要求呼伦贝尔城"更当速为办理，所有该城西丹，限五日尽数挑齐备练，如缺枪药，即行派员来领"。①当寿山接到朝廷电谕后，立即飞速通令各副都统、总管，积极作好战前准备，委派瑷珲副都统凤翔、呼伦贝尔副都统依兴阿、通肯副都统庆祺，分北、西、东三路翼长防守，委派程德全为行营营务处总理，往来联络各军。寿山在调动兵力、筹措饷款，加紧布防的同时，向朝廷上奏说："三省必须互相联络，不分畛域，"如"京师紧急，应由奉省拨兵入卫，以其速捷，吉省由驿路，江省由草道，以次递进"。②

五月二十九日（6月25日），沙皇政府在阿穆尔军区实行军事动员，于六月十三日（7月9日）开始在伯力与双城子边境集结。在这种情况下，寿山将军照会俄伯力总督及哈尔滨总监工，并我驻俄钦使杨儒转请沙俄政府，"江省既无教堂，毋庸置疑，所有铁路当力任保护，如有损失，照数赔偿"③，寿山将军之所以表示愿意代保铁路，其用心就是避免中俄开战，然而却遭到了俄方的拒绝。寿山将军见战争不可避免，便力主抗战，说："列强贪得无厌，不抵抗，则权利尽为他人所有，而且我愈畏而人愈欺"，因此不能不战。以前长期苟安，导致甲午兵败，今天民心激愤，正是军民团结抗战的时刻，不可不战。④六月十三日（7月9日），沙俄陆军大臣库鲁巴特金下令入侵我国东北。17万多俄军以保护中东铁路为名，分别从伊尔库茨克、海兰泡、伯力、双城子、海参崴、旅顺等处出发，大举进犯。寿山屡次电阻无效，于六月十五日（7月11日）命令瑷珲副都统凤翔，如俄军越过边境即予迎头痛击。六月十六日（7月12日），清廷谕令吉、黑二省对俄人来路，扼守严防，以御要冲，六月十八日（7月14日）晚，俄军分乘"米哈依尔号"及"色楞格号"兵轮，突袭瑷珲防地，进行挑衅。经我驻防瑷珲城北濒江卡伦山之

①④《东北义和团档案史料》，461～475页，沈阳，辽宁人民出版社，1981。
② 戴逸、林言椒：《清代人物传稿》（下编，第一卷）161页，沈阳，辽宁人民出版社，1984。
③ 王钟翰：《清史列传》，北京，4824～4825页，北京，中华书局，1987。

镇边新军后路统领恒玉率兵阻拦，毙敌20余人。六月十九日（7月15日），俄兵马队600人、火炮6尊，进攻瑷珲城北的卡伦山，统领恒玉率官兵据壕抵御，炮击海兰泡俄兵集中地，击毙、击伤俄官兵100余人，重创俄兵轮。沙俄当局遂借为口实，从六月二十一日（7月17日）开始，连续5天在海兰泡将手无寸铁的中国居民赶到黑龙江中，先后杀害六七千人，制造了“海兰泡大屠杀”事件。并大肆抢掠烧杀，在江东六十四屯居住的中国居民7 000余人遇难。寿山对沙俄的野蛮行径，并未采取相应的报复残杀境内非武装的俄国人。寿山在致俄方的电报中，一面对沙俄屠杀中国非武装居民的暴行进行强烈谴责，同时建议迅速将俄国平民撤走，并表示将予以全力保护。并采取有效措施，保证了“俄国数千名铁路员工和妇女儿童分别从陆路和水路撤退回国”[①]，“其有相失在后者，饬由素识商人收养”[②]。寿山的这一举措，使许多正直的俄国人“无不感激叹息”[③]。然而“俄兵顾已分道入扰”[④]。六月二十五日（7月21日），俄军动用17万多人，组成5个军，分兵7路进攻中国东北全境，“不到半月，凡吉之珲春、三姓，江之呼兰、呼伦贝尔、瑷珲，无处不有俄兵闯入”[⑤]。此时的黑龙江省面对海兰泡、满洲里、伯力三路俄军入侵，伯力一线水路原为吉林、黑龙江共同防守，而吉林将军长顺在临战前调走三姓大批防军，把防务的担子全加给了黑龙江将军寿山，“致使黑龙江防务极其艰难”[⑥]。俄军先从吉林防区侵入我国境内，七月初三（7月28日）俄军进攻三姓城，七月初五（7月30日），三姓城陷，俄国兵轮很快冲破呼兰防线，于七月十日（8月4日）进入哈尔滨。西线方面，是日俄军进攻呼伦贝尔，抵富拉尔基。黑龙江北侧瑷珲方面，寿山于七月初四（7月29日）派义胜右军统领金祥部增援瑷珲。七月初七（8月1日）晚，俄军6 000人在苏鲍蒂赫少将指挥下，从五道霍洛（黑河屯以北4公里）偷渡登陆。次日清晨，5艘俄舰向我黑河屯阵地正面冲击，偷渡过江的数千名俄军又从后面杀来。驻守在黑河屯阵地的爱国军民英勇奋战4个

---

① 《东省铁路沿革史》，1923年哈尔滨俄文版，215页；陆军中将戈罗戴科夫致陆军大臣电，第2750号，第3卷，第2册，1页。

②③ 《寿山家传》，载《齐齐哈尔文史通讯》，1983（2），42～46页。

④⑤ 王钟翰：《清史列传》，4824～4825页，北京，中华书局，1987。

⑥ 《义和团史料》，272页，426页，北京，中国社会科学出版社，1982。

小时，终因寡不敌众，伤亡惨重，退至大四家子屯。七月十日（8月4日），沙俄集结1万余人，分3路进攻瑷珲，凤翔率领3 000名清军，在义和团的支援下，顽强抵抗，与敌人展开巷战，城郊的三四百名清军全部壮烈殉国，十一日（5日），瑷珲失守，凤翔率部退至二龙山、小兴安岭一带。十七日（11日），清军主动退守北大岭。二十二日（16日），北大岭失守。俄军越过北大岭，逼近省城齐齐哈尔，二十四日（18日）俄军占领墨尔根城，二十七日（8月21日），俄军进抵讷谟尔河北岸。俄军三路均逼近省城齐齐哈尔，寿山原拟当某路吃紧时，亲自前往策应，但齐齐哈尔首先告急，无力旁顾，寿山进退维谷。二十五日（19日），清廷“议和”令到达，寿山按照李鸿章来电要求，即派程德全到博尔多（今讷河境内）与北线俄军议和，其意在阻止俄军进入齐齐哈尔城。程德全回到齐齐哈尔，向寿山报告说：“已与俄军约定，业已罢战，不杀一人，不烧一房，其他事项待寿山与俄军面谈，并说已将反对议和、誓与俄军拼命的张拳师杀死，并收编了义和团全部。”[①]然而俄军背信弃义，撕毁协议，于八月初四（8月28日）进攻齐齐哈尔城，要求面见寿山。寿山将军耻落敌手，有辱国威，誓死不降。早在瑷珲失守之时，“寿山彷徨一室中，至夜半不就寝。跪其妻前曰：我负国，上无以对皇上，下无以对先将军。愿乞于夫人，先杀诸子，而后夫妇同殉。夫人敬诺之”[②]。后由于寿山夫人携其幼子去看望从黑河避难而来的亲属而被留，未实现寿山与家人同死的想法。寿山抱定“军覆则死”之志后，就分别给萨保和程德全留遗言，说明自己要尽节的决心，把将军印信、王命、旗牌尽行交给萨保，并嘱托程德全、姚申五、张西樵、于振甫等辅佐萨保。还给朝廷写遗折，陈述黑龙江因兵饷紧绌、邻援不至而战败的经过，恳请“事平之后，如江省不能赎回则已，如能赎回，伏求皇太后、皇上简任英毅严断、任劳任怨之大臣来镇斯邦”[③]。寿山在遗折中，建议省城及呼兰、通肯两城要增设民官，并提出开垦旗地、蒙地等治理黑龙江的建议。寿山料理完之后，暗食鸦片，被萨保发现让人灌救，复吞生金，亦未能死。当俄军进攻齐齐哈

① 《义和团史料》，272页、426页，北京，中国社会科学出版社，1982。
② 黄维翰：《黑水先民传》，303～304页，长春，吉林文史出版社，1987。
③ 《寿山家传》，载《齐齐哈尔文史通讯》，1983（2），42～46页。

尔时，寿山从容自卧棺中，命令卫兵以枪击之，由于卫兵手颤，第一枪打在寿山的左肋上，寿山令击心腹，仍不死，寿山力呼，卫兵忍痛再击，始气绝壮烈殉国。寿山在庚子之役中，力主抗战，积极备战，以国家和民族的利益为重，团结义和团，一致对外，为保卫祖国领土作出了贡献，表现出了中华民族反对外族入侵，维护祖国领土完整的爱国主义精神。庚子之役之时，寿山的旧交工部郎中王焕劝寿山说："清朝必定倾覆，不易再为之舍死作战"①，王焕出境后，又写信给寿山说："我幸脱险，公祸终不测。"②寿山见信后，即"使数骑蹑而反之"③，虽有僚属劝解为王焕求情，均未得到寿山的宽容，寿山说："清室倾覆与否，我固不敢知，然杀一王焕即少一王焕。"④于是把王焕"尸诸市"，由此可见寿山具有浓厚的忠君思想和爱国情节。然而，寿山将军的抗俄主张，非但未得到清廷的支持，还遭到同僚的攻击。吉林将军长顺在给清廷的奏报中说：寿山"不能知己知彼，一味鲁莽图功，至一败涂地，不可收拾"⑤。盛京将军增祺为了推卸责任，把东三省惨败归咎于"寿山督战无力"⑥，要求将其治罪。连寿山倚托后事的齐齐哈尔副都统萨保也说："自四月闻警，即纷纷调兵，兵权集于一人，此次兵衅起于他一人，最后盖棺逃走，死尸犹不留为证，诚害人也。"⑦软弱腐败的清廷，听信投降派的谗言，向侵略者献媚，诏旨"责寿山不应妄开边衅，著开缺听候查办，寻照部议革职"⑧。寿山抗击沙俄的爱国壮举，连侵略者出版的书籍都承认"满洲将军中最刚毅的齐齐哈尔将军寿山"⑨，可最后竟落个"饮恨殉职而终"⑩。光绪三十四年四月二十三日（1908 年 5 月 22 日），寿山得以平反昭雪，准予照将军例议恤，生前一切处分，均开复，授予骑都尉兼云骑尉世职，附入其父富明阿专祠。1928 年，人们为了纪念寿山抗俄爱国的英雄事迹，在齐齐哈尔龙沙公园内建起了寿公祠。《清史稿》记载："俄兵之侵龙江也，唯寿山拒之。固之必不能胜，誓以一死报耳……何其壮哉！"⑪寿山将军任职黑龙江将军仅 8 个月，以大无畏的英雄气概，英勇顽强地抗击沙俄侵略者的入侵，

①②③黄维瀚：《黑水先民传》，303 ～ 304 页，长春，吉林文史出版社，1987。
④《寿山家传》，载《齐齐哈尔文史通讯》，1983（2），42 ～ 46 页。
⑤⑥⑦《东北义和团档案史料》，461 ～ 475 页，沈阳，辽宁人民出版社，1981。
⑧ 王钟翰：《清史列传》，4824 ～ 4825 页，北京，中华书局，1987。
⑨（俄）阿·帕·瓦西里耶夫：《外贝加尔的哥萨克》卷 3，324 页，北京，商务印书馆，1978。
⑩ 谭彦翘：《退食说故》，齐齐哈尔市地方志办公室印制。
⑪ 赵尔巽：《清史稿·寿山传》卷 467，12771 ～ 12772 页，北京，中华书局，1977。

用自己的鲜血和生命谱写了中华民族壮丽的爱国诗篇。

（孙文政）

萨 保

萨保（1841—？），卒年不详，北京镶红旗人。同治六年（1867年），任骁骑校，光绪五年（1879年），任公中佐领。十四年（1888年），任副参领。十八年（1892年），任参领兼印务参领，二十三年（1897年）十一月，任齐齐哈尔副都统。二十六年（1900年）八月，署理黑龙江将军。三十年（1904年）九月，病解。以后不详。

光绪二十六年八月十九日（1900年9月12日），“以前吉林将军延茂，为黑龙江将军，未到任前，以齐齐哈尔副都统萨保暂署”①。萨保署理黑龙江将军不久，九月初六（10月28日），清廷因前吉林将军延茂死节，“调成都将军绰哈布，为黑龙江将军”②，未到任前，仍以萨保署理黑龙江将军。从史料上来看萨保署理两次黑龙江将军，实质绰哈布只是在天津等地短暂地办理交涉事务，没有到任，萨保一直在黑龙江将军驻地齐齐哈尔署理黑龙江将军。萨保是在沙俄攻陷黑龙江将军驻地齐齐哈尔，署黑龙江将军寿山以身殉职的情况下署理黑龙江将军的，可谓临危受命。萨保署理黑龙江将军期间，主要是处理庚子俄难的善后事务。二十七年二月初二（1901年3月21日），“萨保奏，省属久罹艰危兵困饷竭，请饬新任将军迅速赴任”③。二十七年五月三十日（1901年7月15日），奏恳请赏拨赈抚银两一折。④二十七年六月十八日（1901年8月2日），萨保奏，“漠河观音山等处金厂，因乱歇闭，请饬派员筹款接办。又，俄商屡请开采满洲金矿，恐其侵占漠河等厂，请饬商阻，以杜觊觎，并需款甚殷，俟绰哈布到任商办各等语”⑤。上述是萨保向朝廷奏报江省官兵、赈银、金厂等事，由于萨保刚到任上还是署理（暂代其职），朝廷要求等新任将军绰哈布来之后，交给其办理。二十七年（1901年），萨保奏，统筹善后要务，请推广屯垦一折，这年十一月初七（1901年

① 《清实录·德宗实录》卷469，155页，北京，中华书局，1987。
② 《清实录·德宗实录》卷472，203页，北京，中华书局，1987。
③ 《清实录·德宗实录》卷480，326页，北京，中华书局，1987。
④ 《清实录·德宗实录》卷484，386页，北京，中华书局，1987。
⑤ 《清实录·德宗实录》卷484，397页，北京，中华书局，1987。

12月17日），光绪帝回复说，“黑龙江所属荒地甚多，近年如通肯等处，经历任将军奏明开办有案。署理将军萨保所请将通省一律开放，审时度势，自属目前急务。现在绰哈布尚未到任，命萨保体察情形，将勘丈分拨一切事宜，先行妥筹试办，以实边地，而裕饷源。仍将办理情形，随时奏闻”①。二十七年十二月初四（1902年1月13日），萨保奏：“俄参将卢边诺夫持宽河金厂委员李席珍执照图占通省矿产，并谋占穷民生计。现商驻江俄员竭力抵拒，应请饬下外务部并盛京将军等分别查照办理。”有关部门议得：“上以该俄员等占地过宽，不无窒碍。唯该将军所给执照，据称业与订明，只准采勘，不为开办之据，应俟将来勘竣，令其绘图贴说，咨部酌核，奏明请旨定夺。”帝曰：“依议行。”②二十八年二月十七日（1902年3月26日），萨保奏，江省开复（指降革官员恢复原官衔）蒙王无案可稽，请仍革任，不准再管旗务一折。光绪皇帝认为，札萨克图郡王乌泰前经参革，并无开复之案。情节种种支离，要求王大臣对此开会商议。不久，商议的结果是，查前任将军依克唐阿查办该郡王之时，并未革其爵职。其开复之案，亦指查销暂撤札萨克处分而言。至称该郡王通匪，查该郡王以各旗匪患蔓延，剿不如抚，曾亲赴图古木地方，开导匪众。所有前后参控各节，实由该郡王措施不善，以致互起疑猜。现经讯明拟结，并酌拟蒙旗开垦章程十条以安蒙众。萨保所奏的这件开复蒙王一事，皇帝根据王大臣会议意见，最后降旨：“乌泰著革去札萨克职，暂行留任三年，以观后效。”③二十九年五月十二日（1903年6月7日），萨保进《奏为黑龙江省城街市铺户不戒于火延烧民房连及将军衙门房间折》。其内容大致为：江省多系结茅为屋，萨保多次告诫居民小心防护。二十九年三月中旬连日大风，十六日（4月13日），城外饭铺失火，遂致附近柴垛被焚；城内民房也着火，将军衙门署内房间多处均被延烧。萨保带同员弁、兵役并马步练军一面弹压地方，一面设法救解其驻省俄员俄兵，亦复帮同照料。后来，火被灭了，萨保重加修葺此次被焚各处。衙门房间着火虽经萨保扑救，但这件事在皇帝看来还是失职行为，所以把“萨保交部照例议处”④。闰五月

① 《清实录·德宗实录》卷489，467页，北京，中华书局，1987。
② 《清实录·德宗实录》卷491，491页，北京，中华书局，1987。
③ 《清实录·德宗实录》卷496，549～550页，北京，中华书局，1987。
④ 邢玉林主编：《光绪朝黑龙江将军奏稿》（下卷），713页，北京，全国图书馆文献缩微复制中心，1993。

二十八日（7 月 22 日），萨保进奏《为驻江俄员办事和平不无裨益兹值俄兵将退之际吁恳奖叙折》，其内容为："查有驻省俄廓米萨尔玻柯大那夫管辖严肃，事理明达。当时江省邪教胡匪乘间思逞，又值饷绌兵单、器械窳竭，幸该廓米萨尔休戚相关，有闻必告，并饬俄队协同剿捕。复经先后申请，俄伯力总督酌还所搜枪弹子药，藉资防剿，其有益于我民也。如此又驻省外部官员博果牙楞办事和平，宅心长厚，每遇交涉词讼案件，均能相机熟商，持平办理，其能有益于我而无损于彼也。又如此至若俄统领安德罗等俄营官阿罗木萳依切夫等或管兵严肃，不扰闾阎，或缉捕勤劳，不分畛域，均于地方不无裨益。"[①] 萨保觉得驻江一些俄员办事有益于地方，应该上奏表功给赏。光绪帝看到他的奏折，也赞同其提议。

萨保临危受命，署理黑龙江将军，其在黑龙江将军任上积极理政，针对黑龙江省战后各种善后处理问题，提出有效的处理办法和应对措施，为黑龙江在很短的时间内，妥善安置难民，恢复生产，发挥了重要作用。

（臧廷秋）

达　桂

达桂（1860—1926），崔氏，字馨山，齐齐哈尔汉军正黄旗人。父亲庆顺，母亲张氏。天聪七年（1633 年），其先随孔有德投奔清军，编入汉军八旗。咸丰十年（1860 年），达桂出生在齐齐哈尔崔门屯，早年从军，在齐齐哈尔驻防。光绪二十年（1894 年）三月，以总管，交军机处存记；寻以协领，随将军依克唐阿参加中日甲午战争。二十二年（1896 年）五月，补用知府；八月，为吉林副都统，寻下部议处。二十六年（1900 年）十二月，送部引见。二十七年（1901 年）五月，以开复协领，为盛京副都统；八月，调任阿勒楚喀副都统。三十年（1904 年）四月，署黑龙江将军。三十一年（1905 年）七月，署吉林将军。三十二年（1906 年）二月，丁忧。三十三年（1907 年）三月，回阿勒

① 邢玉林主编：《光绪朝黑龙江将军奏稿》（下卷），714 ～ 715 页，北京，全国图书馆文献缩微复制中心，1993。

楚喀副都统任；八月，革职，永不叙用。民国十五年（1926 年），卒。

达桂出任黑龙江将军之时，正是黑龙江多事之秋。黑龙江经过庚子劫难之后，可谓千疮百孔。日俄战争爆发后，时任阿勒楚喀副都统达桂，在此危难时刻，临危受命，署理黑龙江将军。光绪三十年四月二十日（1904 年 6 月 3 日），达桂到达黑龙江将军驻地齐齐哈尔，“将军萨保向达桂交卸印信”①。达桂署理黑龙江将军后，面对黑龙江战后的混乱局面，采取积极应对措施。

达桂针对战后难民安置问题，于五月初六（6 月 19 日），与齐齐哈尔副都统程德全联衔向清廷“驰奏办理江省垦务善后各端筹拟大概办法折”②，光绪帝同意了达桂的奏请。达桂于五月二十九日（7 月 12 日），“拟设立善后局”③，七月二十四日（9 月 3 日），善后局开办，七月二十八日（9 月 7 日），正式启用关防，对外办公。善后局置总办一人，宋小濂为总办，善后局的职责是“凡举应兴应革事宜以及财政、清讼、保甲、团练、抚恤难民、采访忠义等事均需悉心筹划，次第推行”④。善后局的设立，使黑龙江战后的混乱局面得到了控制，为恢复人民生产生活提供了有序保障。

黑龙江僻处边荒，天寒土旷，地方开发较晚，特别是在“龙兴重地”长期封禁政策的禁锢下，经济相对落后，政府财力十分贫乏。战后俄币羌帖进一步入侵，造成黑龙江地方金融秩序混乱，银钱短缺，私帖滥行。黑龙江省“各城开出纸币不下数百家，各商不量资本，随意自开凭帖每家以五万计之，统共出纸币四五千万吊。因有射利之徒，以换帖为名，而乘机网利。始虽支持，渐至拥挤，终必荒闭，以致倾家荡产，而羌债仍未付清。以此自累，又以此累人”⑤。当时奉天和吉林两省，针对此种现象，为铲除私帖之弊，已相继成立奉天华丰、吉林永衡官帖局。达桂到黑龙江署理将军的当月十四日（27 日），“卜奎商人公和店刘玉堂、万增店王廷瑞条呈拟设官钱局”⑥，要求“效法道胜银行制度，创设官钱局，借以流通圜法，而济商困”⑦。署黑龙江将军达桂，鉴于吉林将军延茂在光绪二十四年（1898 年），为抵制俄币羌帖、铲除私帖，扭转地方资金短缺局面，筹设永衡官钱局行使纸币的经验，与齐齐哈尔副都统程德全协商后，采纳了刘玉堂、王廷瑞的条陈建议，决定先在省城

①②③④⑥ 黑龙江省档案馆：《黑龙江历史大事记》（1900—1911），47 ～ 55 页，哈尔滨，黑龙江人民出版社，1984。

⑤⑦《广信公司沿革》，《齐齐哈尔市志资料》第 2 辑，53 ～ 61 页，1982。

齐齐哈尔设立官钱局——广信公司。公司由“商家经理，官中筹付股本，并委增盛店执事人杨文新为公司总董，安和店商人刘玉堂、万增店商人王廷瑞为副董，筹办开办”，并派文案处宋小濂为督察员，“不时查察，以杜私弊”。①十月十八日（11 月 24 日），达桂为整顿钱法，确定广信公司“官股二十万两，商股三十一万二千三百两。以放贷、汇兑、买卖货物、贩运粮石、兑换银钱、典当为宗旨”②。十一月十八日（12 月 24 日），因黑龙江省财力不足，只筹集到十万两，于是“官商各半，每股银一百两”③，先试行开市。三十一年正月二十二日（1905 年 2 月 25 日），广信公司董事杨文新、王廷瑞、刘玉堂向达桂禀报：“奉令官商集股创办商务公司业已就绪，拟于三月二十一日开市营业，请将所拟公司章程转咨商部注册。”④三月初四（4 月 8 日），将军达桂等恭折具奏：“江省钱法壅滞，商力疲惫，拟略仿吉林成法，参以商部新章，官商合股设立广信商务公司，印造纸币，行使市面，以资周转，并酌拟试办章程。”⑤四月初七（5 月 10 日），清廷收到达桂的奏折，朱批“该部知道。单并发，钦此。”⑥清廷同意达桂奏请，批准成立广信公司。五月二十一日（6 月 23 日），批复回折手续递到齐齐哈尔。这是在省城齐齐哈尔设立的第一家地方金融机构，它抵制了外资的侵入，杜绝了私帖滥发，对稳定金融秩序，发挥了作用。

清朝起初对黑龙江土地实行封禁政策，中后期为补军粮不足，对黑龙江部分土地实行开禁，达桂署理黑龙江将军前，黑龙江已设有招垦和蒙荒两个局来管理黑龙江土地开发问题。达桂任黑龙江将军后，为解决黑龙江财政困难问题，对黑龙江的土地实行全面开禁。将招垦和蒙荒两个局合并成一个垦务总局，以此加强对黑龙江垦荒事务的统一管理。光绪三十年六月初七（1904 年 7 月 19 日），达桂“派骁骑校那音吉勒会同署站官惠麟，率领各站笔帖式、领催等，踩勘”⑦，在“通肯统计荒地九十垧，恒生站五百零九垧，又在泉源站、双阳站、鼐吉站、巴拜站、养育站、呼雨尔站、东兴站和兴通站各踩留一百八十垧”⑧。六月十五日（7 月 27 日），黑龙江将军衙门发布告示，“出放阿隆河以西奇家店、甘井子一带荒场十二万垧。同时通令所属各衙门，普查管界以内可耕闲荒垧数”⑨，达桂要求各衙门要

①⑥《广信公司沿革》，《齐齐哈尔市志资料》第 2 辑，53 ～ 61 页，1982。
②③④⑦⑧⑨ 黑龙江省档案馆：《黑龙江历史大事记》（1900—1911），47 ～ 55 页，哈尔滨，黑龙江人民出版社，1984。
⑤《清实录・德宗实录》卷 544，226 页，北京，中华书局，1987。

绘图说明，据实呈报。六月二十日（8月1日），“黑龙江省垦务总局成立，启用关防”①。达桂为了扩大招垦，分别在上海、汉口、山东、烟台、天津等处设招待处，招民来黑龙江垦荒。达桂的积极垦荒实边举措，使关内大批汉族人口迁入黑龙江，这些汉族人口，带着先进的农业生产技术，在肥沃的土地上开垦耕种，为黑龙江的经济发展奠定了基础。

黑龙江土地全面开禁，汉族人口大量涌入，这就要求有与之相适应的管理措施和管理手段。光绪三十年九月十六日（1904年10月24日），“署黑龙江将军达桂奏，江省改添各局处”②。要求变通旗制，改革旗署旧章。提出旗署各员专理旗务，地方大小官吏专办地方各事；满汉之间互不侵扰。十月初五（11月11日），达桂奏，“黑龙江营务疲惫，拟酌改营制饷章，以资腾饱而期得力。并如所请行”③。十一月二十一日（12月27日），署黑龙江将军达桂等奏：“江省属境辽阔，非添设地方各官，不足以资治理。拟在齐齐哈尔省城，设黑龙江分巡道一员，兼按察使衔，总司刑名，兼管驿传。”④这是黑龙江地区设置最早的道级行政建置。分巡道为监察区域，道员加按察使衔，一方面对境内民署官吏行监察之权，另一方面兼理旗民词讼事务。同时达桂奏请在黑龙江分巡道下设“黑水厅、大赉厅、呼兰府、绥化府、余庆县、海伦厅、青冈县”⑤。达桂奏请改旗署旧章，设置府、厅、州、县地方民政机构，清廷于十二月二十四日（1月29日），“准黑龙江添改分巡道兼按察使衔，暨府厅州县各缺，从署黑龙江将军达桂请也”⑥。清廷批准了达桂奏请在黑龙江普遍设置府、厅、州、县民政机构，这些机构的设立，一直影响到今天市县体制设立。

光绪三十一年四月十日（1905年5月13日），光绪帝“命署黑龙江将军达桂来京陛见，以齐齐哈尔副都统程德全暂署黑龙江将军”⑦。不久达桂再次署理吉林将军。达桂任黑龙江将军虽不到一年，但对黑龙江所作的贡献很大。改旗署旧章，合并蒙荒，设善后局；整顿钱法，设立广信公司；增设黑龙江分巡道，

① 黑龙江省档案馆：《黑龙江历史大事记》（1900—1911），47～55页，哈尔滨，黑龙江人民出版社，1984。
②《清实录·德宗实录》卷535，125页，北京，中华书局，1987。
③《清实录·德宗实录》卷536，132页，北京，中华书局，1987。
④《清实录·德宗实录》卷538，160页，北京，中华书局，1987。
⑤黑龙江省社会科学院历史研究所：《黑龙江近代历史大事记》，61页，哈尔滨，黑龙江人民出版社，1987。
⑥《清实录·德宗实录》卷540，181页，北京，中华书局，1987。
⑦《清实录·德宗实录》卷544，228页，北京，中华书局，1987。

总理全省刑名、监察事务；在黑龙江普遍设置府、厅、州、县地方民政机构等措施，是黑龙江省变通旗制、增设民官之始，为黑龙江政治经济社会发展作出了贡献。

（孙文政）

程德全

程德全（1860—1930），字纯如，号雪楼，晚号无智，素园居士。四川省云阳县盘石乡人，自幼随父程大观（海云）读书。继入云阳县学，因家境“贫苦不能自给”，故“设塾训蒙”。[①]光绪十年（1884年），经岁试考得廪生。光绪十四年（1888年），出川游历，后至京入国子监肄业。十七年（1891年），入黑龙江副都统幕。二十年（1894年），中日甲午战起，应黑龙江将军伊克唐阿召到九连城军营。二十二年（1896年），以劳绩经保奏得同知衔，候补安徽怀宁知县。二十五年（1899年），入寿山幕。二十九年（1903年），署齐齐哈尔城副都统。三十一年（1905年）四月，署黑龙江将军。三十三年（1907年），改署黑龙江巡抚。宣统元年（1909年）四月，署理奉天巡抚。二年（1910年），调任江苏巡抚。1912年，任南京临时政府内务总长。1917年退出政界，寓居上海。1926年，受戒于常州天宁寺，法名寂照。1930年5月29日，病逝于上海。

光绪二十六年（1900年），寿山署黑龙江将军，程携眷随往齐齐哈尔，供职于行营营务处，任将军文案兼银元局总理。时值义和团运动兴起，八国联军侵华战争爆发，沙俄陈重兵于中国东北边境。七月初七（8月1日），俄军攻占瑷珲后向南进逼，清军败退，各地告急，程德全奉命赴前线督战。二十一日（15日）从齐齐哈尔省城出发，二十三日（17日），抵博尔多站（今讷河长青村），得报俄军已占墨尔根（今嫩江县），时由瑷珲各城逃出的10余万难民与败兵掺杂聚集讷谟尔河畔，“阻水不得渡，哭声震野”，程德全见状一边整理残军，一边对难民施以救济。遂得寿山的照会俄方“请缓五日限，将难民赶紧送出，我军从此亦决不再战”[②]之命，电传清政府驻俄使臣杨儒关

① 周开庆：《民国四川人物传记》，139页，成都，四川文献研究社，1976。
② 《民国云阳县志》卷33，235页，成都，巴蜀书社，1992。

于俄外交、财政两部有意缔造合约之讯。程德全数次入俄营与之会谈，时清军与俄军夹岸对峙。二十七日（21日），俄方允暂停进攻三日。八月初一（8月25日），俄军渡河南犯，程德全无力阻拦，遂欲拔刀自刎，誓死以争。俄官见此，始与定不攻城、不夺财产、不伤生命、俄军在齐齐哈尔省城北十余里处安营、清军向南撤退的协议。此间，寿山以和议成，令城内清军南行，俄军见城内出兵，认为程毁约，遂下令开炮攻省城齐齐哈尔。寿山命程再赴俄营交涉后，自戕身亡。程至俄营，“身挡炮口，责俄将负约，俄兵遂驻北城外”①。寿山临终前曾有遗奏，以程德全对俄交涉有方，不为俄军利禄所动，请求朝廷“破格录用”②。寿山既死，俄军强迫程受将军印，“德全峻拒之，不听，遂投嫩江自沉，俄人救之起，自是极敬佩德全”③。不久，沙皇传旨见程德全，俄军拥其前往，行至呼伦贝尔（今海拉尔市），程德全称将出国境，因病不行，居留数月，始被释归。

程德全在庚子之役中，与俄交涉，奋不顾身的超常胆识，在朝野上下赢得了很高的声誉。黑龙江、吉林将军均建议清廷破格重用。光绪二十七年（1901年）初经署黑龙江将军萨保保奏擢升，以直隶州知州用，并赏顶戴花翎加三品卿衔。翌年，程德全因事路经吉林，被吉林将军长顺咨留，派赴三姓（今依兰县）办理善后交涉筹饷、缉捕事务。二十九年（1903年）由长顺保奏引荐，慈禧皇太后和光绪帝于十一月十日（12月28日）召见。询问黑龙江事甚详，程德全奏对称旨，当日擢升道员，发往吉林即补。次日复得赏加副都统衔，署理齐齐哈尔副都统，并专任垦荒事务。

程德全在黑龙江任职期间，切实推行清廷新政谕旨，并遵寿山遗折所举要务措施办理。“放荒招垦、开埠通商、增设民治、酌改旗制，而行省规模渐具”④。他先后设立垦务总局、垦务公司、善后局，以放荒所入编练军队，开办学校、煤矿、银行等。并整顿吏治，增设地方官，让旗署旗员专管旗务。特别是黑龙江地区开禁后招垦放荒、清丈地亩、升科征租、旗丁生计、移民垦荒、安置灾民、赈济灾荒、荒务收支、地亩毗连、争地词讼、奖励放荒人

①③《民国云阳县志》卷33，235页，成都，巴蜀书社，1992。
②《东北义和团档案史料》，350页，沈阳，辽宁人民出版社，1981。
④《东北边疆档案选辑》，342页，桂林，广西师范大学出版社，2007。

员等方面卓有成效。通肯三年“共放毛荒二十九万五千一百垧，每垧收押租银七钱，计征十四万四千六百多银两，如数收齐抵充饷糈，以及修衙署并发放局起薪工等项之用”[①]。并经调查先后开征盐、车、鱼、木植、山货、皮张、烟、灯、烟膏等捐税，涵养地方财源，与此同时，程德全积极开展对俄交涉，力挽利权，“争取一份便算一份”[②]。至光绪三十四年（1908），将俄人所占伐木地段缩减 9/10，铁路展地减去七万余垧。此外，程德全在省城齐齐哈尔铺设轻便铁路，购置轮船，设立乡贤名宦祠，创办警察，设立专局，考选出洋学习示范生，开办幼女、初等、高等学堂，辟设公园，兴作事功，皆为人所称道。如今，经历百年沧桑的齐齐哈尔“龙沙公园”已成为城市的标志名片，程德全的全身塑像同表彰其庚子国难的功绩的“云阳程公以身御难碑”和“龙沙公园”一样，成为程德全署理黑龙江将军历史的光辉见证。程德全在齐齐哈尔时期的文牍，已经幕僚编成《黑龙江边事纪要丛编》《程将军守江奏稿》和《程中丞奏稿》，从而永载史册。

程德全署理黑龙江将军时，已是清朝末年，尽管程德全付出了极大的努力，也难以奏效。终因诸所实施，处处均需经费，而地方财源，逐渐枯竭，清廷又难及时拨款。更以设行省后职权削弱，凡事受东三省总督节制，终而志不得酬。遂以光绪三十四年（1908 年）年初，称病奏请开缺，离开黑龙江。程德全有《赐福廔笔记》《程中丞庚子函牍钞略》《程雪楼先生书牍》《抚吴文牍》等留存于世。

（多文忠）

---

① 《东北边疆档案选辑》，342 页，桂林，广西师范大学出版社，2007。
② 程德全：《赐福廔启事》卷 3。

第三章
清代黑龙江将军简介

彭　春

彭春（？—1701），亦称朋春，栋鄂氏，满洲正红旗人。何和礼四世孙，哲尔本子。顺治九年（1652 年），袭封一等公。康熙十五年（1676 年）正月，加太子太保，二十年（1681 年）十二月，授正红旗蒙古副都统。二十一年（1682 年）二月，调正红旗满洲副都统。二十二年（1683 年）正月，擢升蒙古都统；三月，调任满洲都统。二十四年（1685 年），统兵反击沙俄侵略者，收复雅克萨城。二十九年（1690 年），从福全征剿噶尔丹，参赞军务。因噶尔丹逃脱，遭贬黜，降级留用。三十一年（1692 年），赴西路军管前队。三十四年（1695 年）十一月，参赞西路军务。三十五年（1696 年），复授正红旗蒙古都统。三十八年（1699 年）四月，因病解职。四十年（1701 年），卒。

康熙二十三年（1684 年），康熙帝确定了攻打雅克萨的作战后，萨布素于七月初二（8 月 12 日），向清廷建议暂停进剿雅克萨，待来年四月出兵。康熙帝览疏后认为萨布素“借端题请，殊属不合”[1]，批评他“坐失机会”并命大臣等严议申饬。九月十一日（10 月 19 日），萨布素上疏请罪，议政王大臣等建议暂缓论处，俟战事告竣，再行议处，康熙帝允准。二十四年（1685 年）正月，康熙帝虽然批准了萨布素制订的四月水陆并进的出兵计划，但是康熙帝认为萨布素“不过刈取田禾”，对攻城缺乏信

① 《康熙起居注》第 2 册，1196 ～ 1197 页，北京，中华书局，1984。

心，不能胜任攻打雅克萨之战军事统帅重任，必须“自京师遣一贤能大臣，总领军事”①。遂任命正红旗满洲都统彭春为攻打雅克萨之战统兵大臣，郎坦、萨布素副之。康熙帝明确规定“彭春等到黑龙江后，移会雅克萨文书，用黑龙江将军印”②。康熙帝起初设立黑龙江将军的目的是为反击沙俄入侵作准备的，其主要职能是军事职能。彭春作为统兵大臣，使用黑龙江将军印，在攻打雅克萨期间，行使黑龙江将军权力，应是实质性的黑龙江将军。

（孙文政）

殷图

殷图（？—1718），生年不详。满洲正红旗人。奉恩将军顾禄固子。康熙十八年（1679 年）十二月，以长史升正红旗蒙古副都统。二十年（1681 年）十二月，改任正红旗满洲副都统。二十一年（1682 年）二月，擢任护军统领。二十二年（1683 年）四月，调任正红旗蒙古都统；八月，改任宁古塔将军。二十八年（1689 年）五月，革职。五十年（1711 年）十月，袭奉恩将军。五十七年（1718 年）四月，卒。以后不详。

第二次雅克萨战争之后，清政府与沙俄政府举行边界谈判。康熙二十八年四月二十四日（1689 年 6 月 11 日），黑龙江将军萨布素参加中俄尼布楚谈判，这期间由吉林将军殷图署理黑龙江将军事务。目前虽然没有明确的史料记载殷图署理黑龙江将军，但从康熙二十八年五月二十七日（1689 年 7 月 13 日），清廷革职吉林将军殷图的原因是黑龙江协领杨代武在收军粮时，“用大斗收，侵余入己，反称米石缺少，勒令车户赔补，应论死。将军殷图以患病未经理事，革去宁古塔将军”职务。③从中可以看出，殷图在黑龙江将军萨布素随谈判代表团谈判期间署理了黑龙江将军事务，否则，殷图是不会因黑龙江协领杨代武一案，而

①②《清实录·圣祖实录》卷 119，246 ～ 247 页，北京，中华书局，1985。
③《清实录·圣祖实录》卷 141，546 ～ 547 页，北京，中华书局，1985。

被革职的。

（孙文政）

沙纳海

沙纳海，生卒年不详，满洲镶黄旗人。伊尔根觉罗氏，其氏族甚繁，伊尔根觉罗为满洲八大姓氏之一。康熙二十三年（1684 年），任镶黄旗汉军副都统。三十一年（1692 年）二月，调工部右侍郎。三十二年（1693 年）五月，调任宁古塔副都统。三十五年（1696 年）七月，擢升宁古塔将军。四十年（1701 年）六月，调任黑龙江将军。四十二年（1703 年）八月，以老病乞休。

康熙三十三年（1694 年），东北正在用兵平定噶尔丹叛乱。黑龙江地理位置尤其重要。沙纳海任宁古塔左翼副都统不久就开始处理当地事务，并把相关事宜上奏。三十四年正月二十八日（1695 年 3 月 12 日），“兵部议覆：伯都讷副都统沙纳海疏言，伯都讷地方应添设协领六员，训练席北、封尔察等。应如所请。从之”[①]。八月十七日（9 月 24 日），“上谕内大臣明珠等曰：闻噶尔丹有顺克鲁伦而来之信，京城预备兵三队，应令作速起行”[②]，可见当时黑龙江战事之紧。十二月，宁古塔将军佟宝上奏朝廷，请率兵 1 500 名从征，皇上给议政大臣下达的诏令以盛京兵 1 000 名、宁古塔兵 1 500 名为额。黑龙江兵酌量派发，没有准奏。并且指出兵马粮饷的具体事宜。此时，沙纳海将军和另一将军有一个人从征，另一个人原地留守，配合作战。三十五年六月十九日（1696 年 7 月 16 日），宁古塔将军佟宝因未及时奏报所属兵丁缺乏粮饷情况而被革职，擢升沙纳海为宁古塔将军，并负责一切军务。不久之后，在三十六年（1697 年）噶尔丹死，战事结束。清廷余兵皆遣回，黑龙江兵路远，亦遣回。席伯也由沙纳海将军分为三旗，送至京师。

康熙三十七年（1698 年）沙纳海奉命进京述职，康熙皇帝赏赐沙纳海

① 《清实录・圣祖实录》卷 166，中华书局，806 页，北京，1985。
② 《清实录・圣祖实录》卷 168，中华书局，822 页，北京，1985。

等人白金、彩缎等。九月二十八日（10 月 31 日），康熙帝巡行东北至吉林城“谕大学士等：自沙纳海为将军，详加劝导，深得官军之心，其以朕亲御蟒袍，缨帽赐萨布素、沙纳海等，尔等可于众前谕之”①。

沙纳海从康熙四十年二月初七（1701 年 3 月 16 日），至四十二年七月十三日（1703 年 8 月 25 日），在黑龙江任职的两年多时间里，没有史料记载他做了些什么事迹，可谓政绩平平。

（冯雪营）

博　定

博定（？—1709），又名薄鼎、白鼎、博顶，清朝满洲正黄旗人。康熙三十三年（1684 年）十二月，由护军参领，升任奉天副都统。三十八年（1689 年）七月，调任宁古塔副都统。四十二年（1703 年）九月，擢授黑龙江将军。四十七年（1708 年）九月，改为领侍卫内大臣。四十八年（1709 年）九月，卒。“祭葬如例。”②

康熙二十四年九月二十四日（1685 年 10 月 21 日），清廷以墨尔根（今嫩江县）地方紧要，决定建城驻兵，时任“奉天副都统博定负责墨尔根筑城事宜”③。康熙二十五年（1686 年）八月，在第二次雅克萨之战中，将军萨布素围雅克萨城，“遏其援师，以博定参军事”④。博定率领墨尔根筑城官兵，前往增援。九月十日（10 月 7 日），因天气逐渐寒冷，从墨尔根到雅克萨，所备蒙古驻军的饲料困难，需要增加运输力量，于是康熙帝指令博定从筑城官兵中选出 200 人，留在墨尔根城以候调用。

博定任黑龙江将军五年来，没有留下任何记载，在黑龙江将军任上没有什么政绩。

（张全智）

---

①《清实录・圣祖实录》卷 190，1015 页，北京，中华书局，1985。
②《清实录・圣祖实录》卷 239，382 页，北京，中华书局，1985。
③④《黑龙江大事记》，206 ～ 207 页，哈尔滨，黑龙江人民出版社，1992。

发 度

发度（1657—1712），亦称法都，清宗室，满洲正黄旗人。祖父巴布泰是努尔哈赤第九子，父亲是镇国公噶布喇，发度是第四子。康熙十年（1671年），封为三等辅国将军。三十四年（1695年），出任二等侍卫。三十五年（1696年），因昭莫多军功，晋封二等辅国将军。四十年（1701年），缘事革去辅国将军并侍卫之职，后再次起用为兴京（今辽宁省新宾县）城守尉。四十五年（1706年），晋升黑龙江右翼副都统。四十七年（1709年）十二月，擢升黑龙江将军，四十八年（1709年）二月，革职。五十一年（1712年），卒。

康熙四十七年十一月二十四日（1709年1月4日），“升黑龙江右翼副都统宗室发度为黑龙江将军”①。发度任黑龙江将军还不到三个月，就于二月初四（3月14日），困“行止悖谬”②而被革职。发度被革职的原因还有另外一种说法，“因较射不娴”③。发度任黑龙江将军期间，对黑龙江没有作出什么贡献。

（沈一民）

三官保

三官保（？—1722），清宗室，满洲正蓝旗人。祖父镇国公托克托慧，父亲黑龙江将军杨福。康熙五十三年（1714年）正月，封奉恩将军。五十四年（1715年）五月，署理黑龙江将军；十月，入京觐见。五十五年（1716年）二月，承袭爵位封镇国公。六十一年（1722年），从征西藏，“殁于军”④。

康熙五十四年五月十一日（1715年6月12日），康熙帝得知黑龙江将军杨福卒于任上的消息后，“上谕诸大臣，闻黑龙江将军杨福已故，朕心轸恻。伊人材壮健，且系为君为国，舍身效力之臣。将军之任，甚属要紧，伊子三官保，为人甚孝，住彼已久，熟悉地方情形。目今雨水之时，家口不可行，著十月内来。此时着三官保署理”⑤。三官保在署

① 《清实录・圣祖实录》卷235，358页，北京，中华书局，1985。
② 《清实录・圣祖实录》卷236，363页，北京，中华书局，1985。
③ 《爱新觉罗宗谱》丙册，北京，学苑出版社，1998。
④ 弘昼、马奇监修：《八旗通志》卷37，3644页，长春，东北师范大学出版社，1985。
⑤ 《清实录・圣祖实录》卷263，752页，北京，中华书局，1985。

理黑龙江将军任上，继承其父杨福治理黑龙江的精髓，妥善处理边境事务，尽力维护中俄边境的和平局面。五十四年（1715 年）十月，三官保以黑龙江将军的身份致函尼布楚城长官伊里亚·尼基福罗维奇·奥泽洛夫，重申俄国人到中国贸易，必须持有俄国西伯利亚省总督玛特维伊·加林致清政府理藩院的执照，否则将予逐回。五十五年（1716 年），俄国谢缅·鲁霍夫斯基等一行 69 人，仅持俄国尼布楚城长官的文书，而无西伯利亚省总督执照，携带货物前来齐齐哈尔贸易。对于这一事件，三官保本着维护两国和平的原则，进行了妥善的处理。有鉴于俄国商人已经载运货物来到齐齐哈尔，三官保允许了他们进行贸易的请求。同时，三官保致函尼布楚城长官伊里亚·尼基福罗维奇·奥泽洛夫，强调嗣后再无西伯利亚省总督的执照，将即行逐回。在处理此问题上，三官保做到了有理有节。

三官保在任黑龙江将军时间并不长，正是中俄边贸较为繁荣的时期，黑龙江将军管下的涉俄事务较多。三官保妥善处理中俄事务，维护了中俄边境地区的安宁，为黑龙江的发展提供了和平的外部空间。

（沈一民）

巴　赛

巴赛（1673—1731），清宗室，满洲镶蓝旗人。郑献亲王济尔哈朗孙，辅国将军巴尔堪长子。圣祖时，封三等奉国将军，三十四年（1695 年）三月，授镶蓝旗汉军副都统。三十六年（1697 年）十月，调正黄旗蒙古副都统。三十八年（1699 年），因事降三等侍卫。五十四年（1715 年）三月，调正红旗蒙古副都统；五月，镶红旗满洲副都统；十一月，擢升正红旗蒙古都统。五十五年（1716 年）十月，改正黄旗满洲都统。五十七年（1718 年）十月，署理黑龙江将军。五十九年（1720 年），署理宁古塔将军。六十一年（1722 年）十二月，实授宁古塔将军。雍正元年（1723 年），袭辅国公爵。二年（1724 年）二月，召回京。四年（1726 年）六月，授振武将军，驻军阿尔台。七年（1729

年）三月，授副将军。八年（1730年）五月，护理靖边大将军印务。九年（1731年），从傅尔丹移师科布多，征讨噶尔丹策零。十年（1732年）六月以后，阵亡；十二月，祭葬，谥“襄愍”①。祀昭忠祠。乾隆十七年（1752年），“追封为简亲王”②。

康熙五十七年十月二十六日（1718年12月17日），谕议政王大臣等，正蓝旗满洲都统延信率兵出征西陲，其满洲、蒙古、汉军，三旗事务，著七阿哥（胤佑）办理，“正黄旗满洲都统巴赛，署理黑龙江将军事务”③。清廷因黑龙江将军托留年老多病，让巴赛署理黑龙江将军事务，五十九年二月十九日（1720年3月27日），托留病故，调黑龙江城副都统陈太为黑龙江将军，同时命巴塞署理宁古塔将军。史料记载巴赛在黑龙江署理将军近两年，目前没有发现有关其在黑龙江做了什么事的记载。但巴赛其后率兵东征西讨，战死沙场，为国捐躯，为平定叛乱、维护祖国统一作出了贡献。

（孙文政）

吴礼布

吴礼布（？—1736），亦作乌里布，满洲镶红旗人。康熙后期，提升为镶红旗蒙古副都统。初，为镶红旗护军统领，后任命山西右卫右翼副都统。二年（1724年）六月，擢任山西右卫将军；十二月，因其进藏有功，著授为“拖沙喇哈番”④。四年（1726年）二月，调任蒙古正黄旗都统。十年（1732年）三月，命管理乌珠穆沁等十旗兵丁。十一年（1733年）五月，召回京。十三年（1735年）十二月，授为黑龙江将军。乾隆二年（1737年）五月，卒。

吴礼布戎马生涯，一心为国，未及到黑龙江赴任，就因积劳成疾而卒。乾隆帝给予吴礼布很高的评价：“鞠躬尽瘁，臣子之芳踪。赐恤报勤，国家之盛典尔。吴礼布赋性忠勇，才能称职，方冀遐龄，忽闻长逝，朕用悼焉。

①② 赵尔巽等：《清史稿》卷215，8955页，北京，中华书局，1977。
③《清实录·圣祖实录》卷281，752页，北京，中华书局，1985。
④《清实录·世宗实录》卷27，416页，北京，中华书局，1985。

特颁祭葬以慰幽魂。呜呼！宠锡重垆庶，沐匪躬之。报名垂信史，聿昭不朽之荣。尔如有之，尚克歆享。”[①]谕旨祭拜黑龙江将军镶红旗满洲吴礼布的灵位，并称赞吴礼布是鞠躬尽瘁的楷模。

（王　亮）

阿思海

阿思海，生卒年不详，满洲镶蓝旗人，也有说是正黄旗人。康熙六十一年（1722年）十二月，以一等侍卫，为黑龙江副都统。雍正三年（1725年）十一月，为齐齐哈尔城副都统；十二月，召回京。十年（1732年）五月，授为前锋统领。十三年（1735年）十一月，以领侍卫内大臣，兼管火器营事务。乾隆元年（1736年）九月，署青州将军。十年（1745年），复任黑龙江城副都统。十二年（1747年）四月，革黑龙江城副都统。十四年（1749年）四月，署黑龙江将军。以后不详。

乾隆十四年三月二十九日（1749年5月15日），“西安将军员缺，著黑龙江将军傅森调补，所遗员缺，著护军统领傅尔丹补授”[②]。由于黑龙江与西安路途遥远，傅森赴任西安将军需要很长时间，于是乾隆帝“谕军机大臣等：昨降旨将傅森调补西安将军，所遗黑龙江将军员缺，即以傅尔丹补用。因思西安将军，职任綦要。若俟傅尔丹抵任，始赴西安，稍稽时日。可寄信傅森，不必俟傅尔丹，即行来京请训，前赴新任，所有将军印务，著副都统阿思海，暂行署理”[③]。阿思海属于临时性署理黑龙江将军，此时已革黑龙江副都统，没见史料记载此时任其他职务，应该是散职。

（孙文政）

清　保

清保，亦名清葆，生卒年不详，纳喇氏，满洲镶红旗人。乾隆七年（1742

① 金毓黻主编：《辽海丛书》（第五册），见《雪屐寻碑录》卷13，3035页，沈阳，辽沈书社，1985。
②《清实录·高宗实录》卷337，646页，北京，中华书局，1986。
③《清实录·高宗实录》卷339，678页，北京，中华书局，1986。

年），任镶红旗满洲协领。九年（1744 年）十一月，调任副都统。十年（1745 年），任镶黄旗护军参领。十一年（1746 年），为墨尔根城副都统。十五年（1750 年），为正黄旗护军统领。十八年（1753 年）任右翼前锋统领。十九年（1754 年），任盛京将军；五月，调任黑龙江将军；八月，署盛京将军。二十一年（1756 年）三月，授为盛京将军。

乾隆十九年五月初五（1754 年 6 月 23 日），清保任黑龙江将军，当时正是西北用兵之际，黑龙江的兵丁在乾隆十九年冬季要派数千名至西北。清保刚一上任，就会同齐齐哈尔副都统达色共同商议西北添兵事宜。乾隆帝令清保等带领索伦、巴尔虎 5 000 兵丁，待明年起程前往京师军营，然后派往西北。可是，清保接到黑龙江将军任命后，仅赴任就延误达半月之久；而后，在赴任途中又耽误些许时间。为此，乾隆帝担忧“似此行为，明岁进兵时，何能奋勇出力？”①

清保的工作态度，让乾隆帝很不满意。乾隆十九年（1754 年）八月，乾隆帝谕军机大臣等“朕前以清保为满洲内勇敢之人，尚可领兵。是以授为黑龙江将军，派令出兵。今观清保诸事耽延，即遣赴军营，亦无裨益。是以降旨将达勒当阿授为黑龙江将军，令其带兵前往。阿兰泰所遗盛京将军事务著清保署理”②。同时，乾隆帝告予清保，在盛京将军任内所得的各项财务，由前将军领取，清保的各种费用自理，既是惩罚，又是以此激励奋发，如若不知悔改、振作自新，将从重治罪，决不宽恕。

清保任黑龙江将军，从任职到调走，前后仅三个月，拖延时间不赴任，没有史料记载其到任，或是做了什么事。清保懈怠政务，不思进取，以致后来被革职。

（孙　萌）

达勒当阿

达勒当阿（？—1758），又名达尔当阿，钮祜禄氏，满洲镶黄旗人。理

① 《清实录·高宗实录》卷 469，1072 页，北京，中华书局，1985。
② 《清实录·高宗实录》卷 470，1083 页，北京，中华书局，1985。

藩院尚书阿灵阿次子。达勒当阿初袭一等子爵，授热河副都统。乾隆九年（1744 年）七月，擢升盛京将军。十三年（1748 年）四月，任镶蓝旗满洲都统；七月，迁吏部尚书。乾隆十九年（1754 年）八月，授黑龙江将军。二十年（1755 年）五月，回任吏部尚书；六月，为参赞大臣。二十一年（1756 年），授为定西将军。二十二年（1757 年）二月，缘事削爵，改为正白旗满洲副都统。二十三年（1758 年），卒。

达勒当阿任黑龙江将军后，根据黑龙江受洪涝灾害等情况，据实奏报朝廷，要求救济灾民。乾隆十九年十一月十六日（1754 年 12 月 29 日），“户部议覆：黑龙江将军达勒当阿等覆奏，齐齐哈尔等处，本年被水，将八旗水师营、驿站、官庄，口粮不足人等，拨粮接济。查齐齐哈尔城，需三万一千一百余石，黑龙江城三万三千一百五十余石，墨尔根城二万一千一百九十余石，均于本处公仓及备存仓粮拨给”①。达勒当阿同时还奏请齐齐哈尔、黑龙江、墨尔根、呼兰等四处官庄所交粮食，“不能满交额粮，请照定例免交等语”②。清廷派人查实，认为“黑龙江、墨尔根两处，所给粮数，与例不符，应照例办理，余均如所请行。从之”③。二十年正月初二（1755 年 2 月 12 日），乾隆帝让达勒当阿带领索伦、巴尔虎兵到西路军营，达勒当阿“带领索伦兵三百名，于三月三日至军营，初六日起程，继大兵前进”④。达勒当阿没有回到齐齐哈尔，就改任回京。

达勒当阿从乾隆十九年八月初六（1754 年 9 月 22 日），任黑龙江将军，到二十年五月二十日（1755 年 6 月 19 日）离任回京，在黑龙江任职很短，没有什么政绩。

（孙文政）

舒　泰

舒泰，生卒年不详，亦称舒春、书泰，舒穆禄氏，京都正黄旗人。曾

①②③《清实录·高宗实录》卷 477，1157 页，北京，中华书局，1986。
④《清实录·高宗实录》卷 485，69 页，北京，中华书局，1986。

祖父都统伊尔德，父亲都统伊尔哈岱，黑龙江将军绰尔多族弟。雍正八年（1730 年），为笔帖式。乾隆七年（1742 年）五月，以副都统衔派为驻藏大臣，二十年（1755 年）十二月，诏回京。二十二年（1757 年）十一月，任黑龙江副都统，后改任齐齐哈尔副都统；十二月，改任墨尔根副都统。二十五年（1760 年）正月，署黑龙江将军；二月，调任镶黄旗蒙古副都统。二十九年（1764 年）十月，命往雅尔，换讷苏肯回京。四十年（1775 年）十月，任乌什领队大臣。四十四年（1779 年）十月，为叶尔羌办事大臣。以后不详。

舒泰署理黑龙江将军的具体时间，从《清实录》可知，乾隆二十五年正月二十日（1760 年 3 月 7 日），因乌里雅苏台军营需要派兵防守，清廷“著噶尔布舒诺们察，驰驿前往，选派呼伦贝尔之索伦达呼尔兵五百名，黑龙江、墨尔根、齐齐哈尔三处之索伦兵五百名”①。乾隆帝让当时署理黑龙江将军的墨尔根副都统舒泰负责起程前的军需物资筹备事宜，上谕：“交署将军副都统舒泰办理马匹、牲只、军器、口粮。”②乾隆帝说：“索伦、达呼尔兵，向无俸饷，年来效力军营，甚属黾勉，著加恩，照呼伦贝尔官兵例，赏给一半俸饷。”③让舒泰“晓谕官兵等知之”④。舒泰署理黑龙江将军的时间很短，二月二十九日（4 月 14 日），清廷“以镶黄旗蒙古副都统鄂搏什、墨尔根副都统舒泰对调”⑤，舒泰也就结束了其署理黑龙江将军职务。

（孙文政）

由屯

由屯（？—1766），亦称有屯、犹屯、猷吞，打虎里（达斡尔）孟尔的音（登）氏，布特哈正黄旗人。乾隆二十年（1755 年），以佐领从军平定伊犁。二十二年（1757 年）六月，随剿阿睦尔撒纳；七月，因军功得副

①②③④《清实录·高宗实录》卷 605，790 页，北京，中华书局，1986。
⑤《清实录·高宗实录》卷 607，820 页，北京，中华书局，1986。

都统衔，后授军中副都统。二十三年（1758 年）四月，从兆惠移师南疆，平定大小和卓叛乱；九月，授正白旗蒙古副都统；十一月，由屯与温布解黑水围。二十四年（1759 年）元月，赏克特尔特巴图鲁，给云骑尉，图像紫光阁。四月，赏给骑都尉世职。二十五年（1760 年）三月，为额外总管遇缺即补；五月，擢任齐齐哈尔副都统。二十七年（1762 年）八月，护理黑龙江将军印务。二十九年（1764 年）正月，调任呼伦贝尔左翼总管。三十一年（1766 年）七月，卒。

由屯从二十五年五月到二十九年正月，“任齐齐哈尔城副都统”①。期间二十七年八月二十六日（1762 年 10 月 13 日），上谕“由屯奏，将军绰勒多因染痰疾身故等语，所移黑龙江将军员缺，著国多欢补授”②。时国多欢为拉林副都统，在国多欢没到任前，“黑龙江将军印务，著由屯暂行护理”③。国多欢是十月抵任的，由屯护理两个月黑龙江将军印务。二十九年正月二十六日（1764 年 2 月 27 日），清廷以呼伦贝尔地方，毗连俄罗斯。认为“甚有关系。必得汉仗好。谙悉事务之人。方于地方有益”，“因瑚尔起不及由屯。始将伊调补”④。并说明“非因由屯不胜副都统之任，调补总管也。况齐齐哈尔副都统，不过随将军办事。呼伦贝尔总管，一切事务，俱系一人专办，较比副都统更为紧要。著传谕由屯，加意奋勉。俄罗斯现在安静。若伊等有越境滋事等情，由屯即认真办理，毋事姑息”⑤。由屯是达斡尔族能征惯战的将领，为收复新疆，平定叛乱作出了贡献。《黑龙江外记》和《龙城旧闻》两书关于由屯的记载，大致相同，说由屯“生有胆力，善用强弓大箭，尝射鹿洞胸，矢横双树间，鹿奔而矢不折”⑥。由屯以佐领随乾隆帝到木兰围场打猎，遇见一只老虎，乾隆帝目睹由屯用箭将老虎射死，乾隆帝赞叹说：“箭与铦耳！吕布善射，未必能尔。”⑦这是乾隆帝对由屯胆识过人、作战勇

① 万福麟监修、张伯英总纂：《黑龙江志稿》卷 44，1823 页，哈尔滨，黑龙江人民出版社，1992。
②③《清实录·高宗实录》卷 669，479 页，北京，中华书局，1986。
④⑤《清实录·高宗实录》卷 703，858 页，北京，中华书局，1986。
⑥ 魏毓兰：《龙城旧闻》卷 2，42 页，哈尔滨，黑龙江人民出版社，1986。
⑦ 西清：《黑龙江外记》卷 7，74 页，哈尔滨，黑龙江人民出版社，1984。

敢的高度评价。

（孙文政）

庆　桂

庆桂（1735—1816），字树斋，章佳氏，满洲镶黄旗人。祖父东阁大学士伊泰，父文华殿大学士尹继善。乾隆二十年（1755年），由荫生授户部员外郎，旋充军机章京。三十年（1765年）五月，调颜料库员外郎，十月，超擢内阁学士，兼礼部侍郎衔。三十二年（1767年），充库伦办事大臣，寻迁理藩院右侍郎。三十五年（1770年），授正白旗满洲副都统。三十六年（1771年），在军机大臣上学习行走。三十八年（1773年）闰三月，为四库全书副总裁；四月，授伊犁参赞大臣；七月，调塔尔巴哈台参赞大臣。四十年（1775年）九月，调镶红旗满洲副都统。四十二年（1777年），授吏部右侍郎。四十三年（1778年），因事遭部议，降调留用。四十四年（1779年），转左侍郎。四十五年（1780年）十一月，迁乌里雅苏台将军。授正黄旗汉军都统。四十六年（1781年），因病回京调养。四十七年（1782年）四月，授盛京将军；闰九月，调吉林将军。四十九年（1784年）闰三月。调福州将军，入京觐见；五月，擢工部尚书，旋调任兵部尚书、正蓝旗满洲都统。五十年（1785年）二月，署黑龙江将军；①九月署甘肃总督；十二月，复授塔尔巴哈台参赞大臣。五十一年（1786年），授兵部尚书。五十二年（1787年）十二月，署盛京将军。五十三年（1788年），署吉林将军。五十四年（1789年）四月，署乌里雅苏台将军。五十六年（1791年），丁母忧。五十七年（1792年）九月，廓尔喀平，“予议叙，图像紫光阁，列前十五名功臣”②。五十八年（1793年），授荆州将军。五十九年（1794年）二月，调正红旗蒙古都统；四月，兼镶蓝旗满洲

① 《清国史》（嘉业堂钞本）第七册，卷30，766页，北京，中华书局，1993；赵尔巽等：《清史稿》卷341，11096页，北京，中华书局，1977。
② 《清国史》（嘉业堂钞本）第七册，卷30，767～768页，北京，中华书局，1993。

都统。六十年（1795年）二月，管宗人府银库，九月；调镶黄旗汉军都统。嘉庆二年（1797年）三月，调镶红旗满洲都统；十一月，复调正蓝旗满洲都统。四年（1799年）正月，调刑部尚书协办大学士，仍直军机，授内大臣，充国史馆正总裁；二月，充高宗纯皇帝实录监修总裁，加太子太保衔；三月，授文渊阁大学士，总理刑部事务；四月，充殿试读卷官。六年（1801年）正月，调正黄旗满洲都统；二月管理户部三库事务；十一月，充会典馆正总裁。七年（1802年）十二月，赏给骑都尉世职。八年（1803年）七月，赏戴双眼花翎。十一年（1806年），授领侍卫内大臣。十四年（1809年）正月，晋太子太师；七月，充崇文门正监督。十七年（1812年）正月，加太保衔。十八年，因病原品休致，给予全俸。二十一年（1816年），卒。“谥文恪。”①

庆桂从乾隆五十年(1785年)二月署理黑龙江将军,具体任职时间不详,在黑龙江属临时署理将军。没有史料记载庆桂在黑龙江做过什么事。

（孙文政）

秀　林

秀林（？—1810),满洲镶白旗人。曾任吏部司员。乾隆五十八年(1793年）正月,调任吉林副都统。五十九年（1794年）八月,署吉林将军;九月,实授吉林将军。六十年（1795年）九月,兼署黑龙江将军。嘉庆八年（1803年）五月，调江宁将军;八月，复任吉林将军。十四年（1809年）十二月，调任工部尚书，兼正白旗蒙古都统。十五年（1810年）二月，调任吏部尚书；六月，革退尚书，降补正红旗汉军副都统，革职留任；十一月，因私派商帮银两案，“赐令自尽”②。

乾隆六十年九月十七日（1795年10月29日），布特哈总管舍尔图，派副总管奇三，携带写好的控告黑龙江将军舒亮等官员鱼肉旗民的八大罪状的奏

① 赵尔巽等:《清史稿》卷341,11097页,北京,中华书局,1977。
②《清实录·仁宗实录》卷236,181页,北京,中华书局,1986。

折，潜入木兰围场乾隆帝行宫附近，越级上告黑龙江将军舒亮任意勒索貂皮，乾隆帝派钦差大臣户部尚书福长安前来黑龙江查办此案。经查舍尔图所控之案，大半俱实。[1]于是将舒亮革职问罪，调乌里雅苏台将军永琨，任黑龙江将军。由于舒亮革职即行押解回京，且齐齐哈尔副都统庆安等一些官员也都牵连到此案之中，而永琨路途遥远，又一时不能到任。这时清廷令吉林将军秀林兼署黑龙江将军。虽然没有明确的史料记载秀林署理黑龙江将军，但《清实录》中还是有秀林兼署黑龙江将军线索的。九月二十一日(11 月 2 日)，乾隆帝上谕：“现在舍尔图所遗打牲总管员缺，应于齐齐哈尔城协领内拣选人，明白、能办事者一员，交秀林、永琨二人商同拣选，照例保题引见补放。”[2]从这则史料可以看出，秀林在永琨没有到任前，署理黑龙江将军。否则舍尔图所遗打牲总管员缺的人选问题，清廷不会让秀林与永琨二人共同拣选。

（孙文政）

额勒伯克

额勒伯克（？—1798），亦称额尔博，卓特氏，准噶尔部人。乾隆八年（1743 年）九月，额勒伯克夫妇来降。三十三年（1765 年），授为前锋校。三十五年（1767 年），署鸟枪护军参领。三十七年（1769 年），授鸟枪副护军参领。三十八年（1770 年），迁鸟枪护军参领，随征金川，因功赐“巴图鲁”勇号。四十五年（1780 年），授掌关防营总。四十六年（1781 年），任直隶独石口协副将。四十七年（1782 年），丁母忧回旗，百日孝满引见，命在头等侍卫上行走。五十年（1785 年）二月，授阿勒楚喀副都统。五十四年（1789 年）五月，调任三姓副都统。嘉庆二年（1797 年）五月，擢升黑龙江将军。三年（1798 年）二月，因病解任，寻卒。

嘉庆二年五月十二日（1797 年 6 月 6 日），“以三姓副都统额勒伯克，为黑龙江将军”[3]，额勒伯克到黑龙江任职之时，正值川陕地区爆发白莲教

①②《清实录·高宗实录》卷 1487，886 页、890 页，北京，中华书局，1986。
③《清实录·仁宗实录》卷 17，229 页，北京，中华书局，1986。

起义。额勒伯克到任不久，清廷就于七月，命额勒伯克征调索伦兵入关，到川楚助剿白莲教起义。十月二十一日（1797 年 12 月 8 日），额勒伯克奉嘉庆帝之谕，“派乌尔图纳逊等率领黑龙江官兵，前往川陕军营助剿白莲教起义”[①]。不见史料记载额勒伯克在黑龙江做过其他什么事情，三年二月初三（1798 年 3 月 19 日），“黑龙江将军额勒伯克，以病解任”[②]，之后不久，就在当年去世。

额勒伯克一生，参加过许多大小战役，在平定金川大兵凯旋后，图像紫光阁，被列为后五十名功臣，“词臣为之赞曰：甲布图，是云百胜”[③]。额勒伯克在平定各方叛军中，战功显著，可以说为清朝的稳定与统一作出了重要贡献。

（孙文政）

德英阿

德英阿（？—1829），亦名德宁阿、德莫阿，叶赫那拉氏，黑龙江镶蓝旗人。乾隆五十八年（1793 年），由委署笔帖式袭世管佐领。嘉庆元年（1796 年），随军镇压川、楚、陕白莲教起义。二年（1797 年），从明亮败义军于草甸，有功赏戴花翎。五年（1800 年），随参赞大臣德楞泰战白莲教张子聪部于嘉陵江，赏“巴图鲁”勇号。六年（1801 年）五月，升黑龙江协领。七年（1802 年），入楚追击蒲天宝，攻破桂林坪等地。八年（1803 年），累功军机处记名。十五年（1810 年）六月，授阿勒楚喀副都统；八月，调任吉林副都统，旋调宁古塔副都统。十八年（1813 年）十一月，加都统衔，给云骑尉世职。十九年（1814 年）二月，擢任宁夏将军。二十二年（1817 年）六月，调成都将军；十月，兼署四川总督。二十五年（1820 年）十月，任乌鲁木齐都统。道光二年（1821 年）六月，调任黑龙江将军；十二月，调任绥远城将军。四年（1825 年）闰七月，复任成都将军。五年（1825 年）七月，任乌里雅

① 张向凌：《黑龙江历史编年》，241 页，哈尔滨，黑龙江人民出版社，1989。
②《清实录·仁宗实录》卷 27，324 页，北京，中华书局，1986。
③《清国史》（嘉业堂钞本）第七册，588 页，北京，中华书局，1993。

苏台将军；九月，暂署伊犁将军；十月，回乌里雅苏台将军任。六年（1826年）七月，署伊犁将军。七年（1827年）九月，实授伊犁将军。九年（1829年）三月，兼正白旗蒙古都统；六月，卒。“加太子太保衔。谥刚果。”①

道光二年六月二十七日（1822年8月13日），“以乌鲁木齐都统德莫阿，为黑龙江将军……”②十二月二十日（1823年1月31日），“调黑龙江将军德莫阿，为绥远城将军”③，从史料记载来看，德英阿任职黑龙江将军近六个月，但从新疆乌鲁木齐到达齐齐哈尔路程遥远，六个月不可能到达齐齐哈尔，当德英阿走到绥远城时，清廷就改任德英阿为绥远城将军。

（孙文政）

果齐斯欢

果齐斯欢（1768—1828），清宗室，满洲镶黄旗人。嘉庆五年（1800年），由闲散挑补为十五善射处。十年（1805年）四月，授翰林院检讨；五月，充日讲起居注官。十一年（1806年）六月，迁翰林院侍讲。十二年（1807年）十一月，升翰林院侍讲学士，在上书房行走。十七年（1812年）二月，授侍讲学士。十八年（1813年）二月，擢内阁学士，兼礼部侍郎衔；三月，兼镶黄旗汉军副都统；九月，授兵部右侍郎，寻调镶黄旗满洲副都统；十二月，充经筵讲官。十九年（1814年）正月，转任兵部左侍郎；二月，调任户部左侍郎；六月，癸酉科阅卷大臣；十月，署翰林院掌院学士。二十二年（1817年）二月，署吏部左侍郎；三月，降内阁学士；七月，授工部左侍郎。二十三年（1818年），赏副都统衔，为巴里坤领队大臣。二十四年（1819年）十月，授镶黄旗汉军副都统。二十五年（1820年）七月，召回京。道光元年（1821年）五月，署兵部左侍郎，寻调镶白旗满洲副都统，署吏部右侍郎；七月，授工部右侍郎 ；十月，转工部左侍郎。二年（1822年）正月，转任兵

① 《清国史》（嘉业堂钞本）第八册，533页，北京，中华书局，1993。
② 《清实录·宣宗实录》卷37，699页，北京，中华书局，1986。
③ 《清实录·宣宗实录》卷47，832页，北京，中华书局，1986。

部左侍郎；三月，署镶黄旗护军统领；闰三月，调任户部左侍郎；五月，兼管国子监事务；六月，为国史馆清文总校官；七月，署正白旗护军统领；十月，署兵部左侍郎；十二月，授泰宁镇总兵。四年（1824年）六月，擢升广州将军。六年（1826年）九月，调福州将军。八年（1828年）正月，调绥远将军；四月，调黑龙江将军；九月，卒。“祭葬。谥文僖。”①

道光八年四月十五日（1828年5月28日），清廷“调绥远城将军果齐斯欢，为黑龙江将军”②，九月二十八日（11月5日），就因病去世。从任命到去世，前后五个月零几天，在这么短的时间内，按例还要到京觐见皇帝，是否从绥远城到黑龙江赴任不得而知。没有史料记载果齐斯欢到职做了什么事，当时黑龙江将军，由盛京副都统苏冲阿署理，已是60岁的果齐斯欢，很有可能未及赴任就因病去世。

（孙文政）

玉　英

玉英，生卒年不详，嘉庆二十五年（1820年）七月，为坐粮厅司员。道光七年（1827年）十二月，为户部郎中。八年（1828）四月，擢任齐齐哈尔副都统；十二月，暂署黑龙江将军。十年（1830年）九月，再次署理黑龙江将军；十月，降为四品顶戴留任。二十六年（1846年）二月，太常寺赞礼郎。以后不详。

玉英在任齐齐哈尔副都统期间，两次署理黑龙江将军。第一次是道光八年十二月十八日（1829年1月20日），“谕内阁：苏冲阿奏，患病恳请赏假。并据玉英奏，接管将军印信各一折”③。道光帝赏给署黑龙江将军苏冲阿一个月假，调养身体，等到病好后，回到本任。并说黑龙江将军特依顺保，已自京起程，“将次到任，其未到任以前，著玉英暂行署理”④。第二次署理黑龙江将军是道光十年九月十六日（1830年11月1日），“命署黑龙江将军英惠，毋庸前往，以齐齐哈尔副都统玉英，署黑

①《清实录·宣宗实录》卷143，66页，北京，中华书局，1986。
②《清实录·宣宗实录》卷135，201页，北京，中华书局，1986。
③④《清实录·宣宗实录》卷149，280页，北京，中华书局，1986。

龙江将军。”[1]玉英在第二次署理黑龙江将军期间，发生了呼伦贝尔办税官佐领乌尔棍保，“私将九年征收税银截留六百余两，以少呈报。”[2]这种侵吞国家税银的行为，被到任不久的黑龙江将军富僧德查获，并上奏弹劾，要求对此案相关人员进行惩处。十月初六（11 月 20 日），清廷接到富僧德奏请“将呼伦贝尔税务长征短报之佐领革职鞭责，并将不行据实呈报官员分别议处，定拟请旨一折。”[3]清廷对“前任将军特依顺保、副都统玉英，亦俱失察，均著交部分别议处。”[4]最后将玉英降为四品顶戴留任。玉英两次署理黑龙江将军时间都很短，任内没有发现玉英做过什么事情。

（孙文政）

伊勒通额

伊勒通额（？—1853），亦称伊勒东阿，伊尔根觉罗氏，满洲镶蓝旗人。吉林驻防。嘉庆十一年（1806 年），以马甲随征台湾。十八年（1813 年），征河南义军李文成有功，以骁骑校升用。十九年（1814 年），补骁骑校。二十一年（1816 年），迁防御。二十五年（1820 年），擢佐领。道光四年（1824 年），升任阿勒楚喀左翼协领。六年（1826 年），随长龄进兵喀什噶尔，讨张格尔。七年（1827 年）二月，赏“沙罕巴图鲁”勇号。八年（1828 年）二月，叙功赏副都统衔；七月，擢升宁夏副都统。十年（1830 年）三月，护理黑龙江将军。十一年（1831 年）十一月，调任宁古塔副都统，十八年（1838 年）七月，署正蓝旗蒙古副都统；八月，改任三姓副都统，后因滥扣兵饷，革职留任。咸丰二年（1852 年）十月，率领吉林军，在信阳防堵太平军。三年（1853 年）五月，卒。“命照副都统军营病故赐恤、祭葬。”[5]

有关伊勒通额护理黑龙江将军一职，《清史稿》记载：“道光十年三月，黑龙江将军伊勒通额护。”[6]不见其他史料记载，也没有发现其在护理黑龙

① 《清实录·宣宗实录》卷 174，714 页，北京，中华书局，1986。
②③④ 《清实录·宣宗实录》卷 176，751 页，北京，中华书局，1986。
⑤ 《清国史》（嘉业堂钞本）第九册，935 页，北京，中华书局，1993。
⑥ 赵尔巽等：《清史稿》卷 207，8168 页，北京，中华书局，1977。

江将军期间做过什么事情。伊勒通额在多次平叛中，屡立战功，得到清廷嘉奖，绘像紫光阁，有御制赞曰："踊跃用兵河南滑县，兹统三军独当一面。出阵先驱披坚督战，卡外山前临机应变。"①从中可以看出伊勒通额是一位能征惯战、智勇双全的将领。

（孙文政）

英　惠

英惠（？—1832），费莫氏，满洲镶红旗人。其父为大学士勒保。嘉庆元年（1796 年），以荫生由都察院笔帖式，捐升员外郎。十二年（1807 年），京察一等。十四年（1809 年），调银库员外郎。十八年（1813 年），升郎中。十九年（1814 年），记名副都统。二十三年（1818 年）五月，授正黄旗汉军副都统；六月，授内阁学士，兼礼部侍郎衔；十月，调镶黄旗满洲副都统；十一月，迁兵部右侍郎。二十四年（1819 年）二月，署左翼监督；三月，充国史馆清文总校；四月，革去副都统职，暂留任兵部侍郎；六月，兼正黄旗蒙古副都统；七月，降三等侍卫；八月，父亲勒保去世；十二月，袭三等威勤侯，授头等侍卫。二十五年（1820 年）正月，授镶蓝旗汉军副都统，兼镶黄旗护军统领；七月，署镶白旗满洲副都统；十月，授命管理圆明园事务。道光元年（1821 年）三月，署左翼前锋统领；七月，授左翼总兵，署镶黄旗护军统领；十月，调正红旗汉军副都统。二年（1822 年）闰三月，护理步军统领；五年（1825 年），暂署喀什噶尔军营参赞大臣。六年（1826 年）七月，署乌鲁木齐都统。七年（1827 年）七月，赏戴花翎；十二月，丁母忧。十年（1830 年）九月，署黑龙江将军。十一年（1831 年）三月，为科布多参赞大臣。十二年（1832 年）七月，因病解职；十二月，卒。

道光十年九月十日（1830 年 10 月 26 日），"命黑龙江将军富僧德，驰驿来京陛见，以前任乌鲁木齐都统英惠，署黑龙江将军"②。英惠署理黑龙

① 《清国史》（嘉业堂钞本）第九册，935 页，北京，中华书局，1993。
② 《清实录·宣宗实录》卷 173，701 页，北京，中华书局，1986。

江将军还没到任，道光帝就于九月十六日（11 月 1 日），“命署黑龙江将。军英惠，毋庸前往，以齐齐哈尔副都统玉英，署黑龙江将军”[①]。

（孙文政）

奕　经

奕经（1791—1853），字润峰，清宗室，满洲镶红旗人。乾隆帝的曾孙，成亲王永瑆之孙，贝勒绵懿之子，道光皇帝的堂侄。嘉庆二十一年（1816 年）十二月，为二等辅国将军。二十三年（1818 年）二月，为内阁学士，兼礼部侍郎衔；四月，兼镶蓝旗汉军副都统。二十四年（1819 年）八月，调镶蓝旗满洲副都统。道光元年（1821 年）八月，调任正蓝旗护军统领。道光三年（1823 年）正月，革去护军统领职，留内阁学士任。四年（1824 年）六月，兼正黄旗护军统领、兼正白旗蒙古副都统。五年（1825 年）四月，任兵部右侍郎；九月，转兵部左侍郎；十月，任正白旗满洲副都统。六年（1826 年）十二月，为正黄旗护军统领。七年（1827 年）三月，署京营左翼总兵；五月，兼京营左翼总兵，旋调任工部左侍郎；七月，镶黄旗护军统领；十二月，为对引大臣。八年（1828 年）六月，为右翼先锋统领；七月，署步军统领。九年（1829 年）正月，在乾清门侍卫上行走；二月，为左翼先锋统领。十年（1930 年）十月，调任镶黄旗满洲副都统；十一月，为吏部右侍郎；十二月，从钦差大臣长龄赴新疆喀什噶尔等地剿匪。十一年（1831 年）三月，回京；十月，为吏部左侍郎；十一月，署户部右侍郎，兼管钱法堂事务。十二年（1832 年）九月，署户部左侍郎，仍管钱法堂事务；十二月，充经筵讲官。十四年（1834 年）七月，为户部左侍郎；十二月，擢任黑龙江将军。十五年（1835 年）正月，调盛京将军。十六年（1836 年）九月，为吏部尚书，兼步军统领、正红旗汉军都统。十七年（1837 年）三月，署镶黄旗满洲都统，

① 《清实录·宣宗实录》卷 174，714 页，北京，中华书局，1986。

兼署管理户部三库事务。十八年（1838年）闰四月，为正黄旗满洲都统。二十一年（1841年）二月，兼署理藩院尚书；九月，授扬威将军。二十四年（1844年）五月，为叶尔羌参赞大臣；十一月，为伊犁领队大臣。二十六年（1846年）七月，革职发往黑龙江当苦差。咸丰元年（1851年）三月，复为伊犁领队大臣；四月，为英吉沙尔领队大臣。二年（1852年）正月，为工部左侍郎，旋为刑部右侍郎；七月，兼镶黄旗汉军副都统；八月，暂行署理步军统领。三年（1853年）九月，为镶蓝旗满洲副都统。十月，卒。“祭葬恤荫。”①

道光十四年十二月十四日（1835年1月12日），“以户部左侍郎奕经为黑龙江将军”②。十五年正月二十六日（2月23日），清廷就调“黑龙江将军奕经为盛京将军”③。从任职到调离，仅仅一个多月时间，没有发现奕经在黑龙江将军任上做过什么事。且当时正值新春佳节，年后奕经可能没到任，就改任盛京将军。

（陈金凤）

保　昌

保昌（？—1850），费莫氏，满洲正蓝旗人。由官学生考取笔帖式。嘉庆三年（1798年），补礼部笔帖式。十二年（1807年）十月，升任吏部主事。十六年（1811年），升吏部员外郎。十九年（1814年），充山海关监督。二十四年（1819年）四月，授通政使司参议；十二月，升内阁侍读学士。道光元年（1821年），赏头等侍卫，充驻藏帮办大臣。六年（1826年）十月，署大礼寺卿；十二月，授光禄寺卿。七年（1827年）三月，署都察院左副都御史；九月，迁盛京工部侍郎；十二月，调兵部右侍郎。八年（1828年）九月，署工部右侍郎，兼管钱法堂事务；十月，补正黄旗汉军副都统。九年（1829年）八月，署健锐营操防事务；九月，传左侍郎；十一月，调吏部右侍郎；十二月，充国史馆清

① 《清实录·文宗实录》卷109，689页，北京，中华书局，1986。
② 《清实录·宣宗实录》卷261，984页，北京，中华书局，1986。
③ 《清实录·宣宗实录》卷262，50页，北京，中华书局，1986。

文总校。十一年（1831年），擢升热河都统。十三年（1833）四月，授吉林将军。十五年（1835）正月，调任黑龙江将军；三月，署吉林将军；闰六月，调任乌里雅苏台将军。十九年（1839年）九月，授福州将军。二十四年（1844年），署镶红旗蒙古都统。二十五年（1845年）二月，授正蓝旗汉军都统；六月，充右翼监督，署工部尚书；八月，授礼部尚书。二十七年（1847年）四月，充满洲翻译会试正考官；八月，兼署兵部尚书。二十八年（1848年）二月，署经筵讲官；三月，授兵部尚书。三十年（1850）卒。“谥敬僖。”[①]

道光十五年正月二十六日（1835年2月23日），“调……吉林将军保昌为黑龙江将军”[②]，至二月二十九日（3月27日），“调黑龙江将军保昌为吉林将军”[③]，前后任职虽一个月的时间，但没有发现到任的记载。保昌去世后，道光帝谕：“保昌外任将军，内任正卿，勤慎办公，克尽厥职。”[④]赠太子太傅衔，照尚书例赐恤。这也算是对保昌一生公正的评价。

（陈金凤）

舒伦保

舒伦保（？—1854），裕瑚鲁氏，满洲镶黄旗人。嘉庆十年（1805年），授銮仪卫整仪尉。十五年（1810年），升治仪正。十八年（1813年）九月，擢云麾使；十月，兼乾清门二等侍卫。二十年（1815年）八月，管理右翼蒙古围场事务。二十五年（1820年）九月，赏头等侍卫。道光二年（1822年）六月，任伊犁领队大臣。五年（1825年）九月，为英吉沙尔领队大臣。八年（1828年）六月，任喀什噶尔总兵。九年（1829年）正月，授和阗帮办领队大臣。十年（1830年）六月，擢正红旗汉军副都统。十一年（1831年）十二月，署叶尔羌领队大臣。十二年（1832年）九月，任镶白旗蒙古副都统。十三年（1833年）十月，署正蓝旗蒙古副都统。十四年（1834年）三月，任正红旗护军统领。十五年（1835年）四月，任齐齐哈尔副都统。十八年（1838年）十一月，署

①④《清国史》（嘉业堂钞本）第九册，104页，北京，中华书局，1993。
②《清实录·宣宗实录》卷262，19页，北京，中华书局，1986。
③《清实录·宣宗实录》卷263，33页，北京，中华书局，1986。

黑龙江将军。二十一年（1841 年）五月，擢升为宁夏将军。咸丰元年（1851）五月，改任西安将军。四年（1854 年）七月，卒。祭葬。“谥果慎。”[①]

道光十八年十一月二十八日（1839 年 1 月 13 日），清廷调黑龙江将军哈丰阿，到京陛见，“以齐齐哈尔副都统舒伦保，署黑龙江将军”[②]。哈丰阿回任后，舒伦保即解署理将军职。

（孙文政）

托克湍

托克湍（？—1893），亦称托克屯，巴通阿子，黑龙江达斡尔人。咸丰八年（1858 年），协领衔。九年（1859 年），额外骁骑校。十年（1860 年），先为骁骑校，后升协领。[③]同治三年（1864 年），以副都统衔协领隶都兴阿宁夏军。五年（1866 年）冬，收复宁夏。六年（1867 年），任包头总粮台。七年（1868 年）五月，记名副都统。八年（1869 年）十二月，任齐齐哈尔城副都统。十年（1871 年）五月，署理黑龙江将军。[④]光绪五年（1879 年）十一月，调任成都副都统。七年（1881 年）二月，署理成都将军。[⑤]十三年（1887 年）八月，复任齐齐哈尔城副都统。十五年（1889 年）四月，任乌里雅苏台将军。[⑥]十六年（1890 年）十一月，因骚扰站台、勒索银两，交部议罪。十七年（1891 年）三月，因病开缺；六月，革职。十九年（1893 年）十二月，卒。

（孙文政）

希　元

希元（1843—1894），字赞臣，伍弥忒氏，蒙古正黄旗人。曾祖父德

①《清国史》（嘉业堂钞本）第九册，909 页，北京，中华书局，1993。
②《清实录·宣宗实录》卷 316，940 页，北京，中华书局，1986。
③ 秦经国：《清代官员履历档案全编 》（第 3 册 ），651 页，上海，华东师范大学出版社，1997。
④《清史稿校注》（第 9 册 ），7174 页，台北，中华台北国史馆，1980。
⑤《清实录·德宗实录》卷 127，829 页，北京，中华书局，1987。
⑥ 钱实甫：《清代职官年表》（第 3 册），2405 页，北京，中华书局，1980。

楞泰西安将军，祖父苏冲阿署黑龙江将军，父倭什讷杭州将军。咸丰元年（1851年），为六品荫生。二年（1852年），承袭一等继勇侯爵。十年（1860年），赏委散秩大臣。同治五年（1866年）七月，充册封朝鲜国王妃副使；十二月，授正红旗汉军副都统。七年（1868年）九月，署镶蓝旗汉军副都统。八年（1869年）二月，署右翼前锋统领。九年（1870年）三月，署镶白旗满洲副都统；七月，署正红旗蒙古副都统；八月，调荆州左翼副都统。 十三年（1874年）七月，任杭州将军。光绪二年（1876年）十月，调任荆州将军。三年（1877年），赐紫禁城骑马。五年（1879年）十一月，调任黑龙江将军。六年（1880年）三月，任江宁将军。九年（1883年）二月，调吉林将军；九月，兼署吉林副都统。十年（1884年）五月，奉上谕督办宁古塔等处边防。十一年（1885年）十一月，奉旨查办黑龙江事件；十二月，遵旨密查黑龙江边防情形。十四年（1888年）四月，调为福州将军。十七年（1891年）十二月，署闽浙总督，兼理船政大臣。二十年（1894年）七月，卒。“著加恩，照将军例赐恤，祭葬如例。”①

希元虽于光绪五年十一月十八日（1879年12月30日），“调荆州将军希元为黑龙江将军”②，但到六年二月二十五日（1880年4月4日），还没有到任，清廷下令在“希元未到任前，以前绥远将军定安署理”③。希元任职黑龙江将军还没到任，就于三月十九日（4月27日），改任江宁将军。

（周　彦）

禄　彭

禄彭（？—1890），额哲忒氏，蒙古正黄旗人。文生出身。咸丰三年（1853年），赏七品顶戴。八年（1858年），赴河南，安徽亳州，山东曹、单等县征剿捻军，叙功以骁骑校遇缺候补，并且赏戴蓝翎。九年（1859年），因功赏五品顶戴，并换花翎。同治二年（1863年），奉调宁夏办理回民事务。

① 《清国史》（嘉业堂钞本）第十一册，221页，北京，中华书局，1993。
② 《清实录·德宗实录》卷104，542页，北京，中华书局，1987。
③ 《清实录·德宗实录》卷110，617页，北京，中华书局，1987。

三年（1864年），承办茶马厘银，赏给四品顶戴。五年（1866年），总办新疆后路军务，西安将军库克吉泰等疏保以防御补用，随即补为佐领。七年（1868年），以征剿陕西、湖北、四川捻军有功，诏以协领遇缺即补。九年（1870年），陕西捻军剿灭，以副都统，交军机处记名遇缺题奏。十年（1871年），以在神机营当差出力，赏二品顶戴。光绪五年（1879年），授齐齐哈尔城副都统。十一年（1885年）八月，护理黑龙江将军印务。十三年（1887年）调补黑龙江副都统。十五年（1889年），入觐光绪帝。十六年（1890年），复任齐齐哈尔城副都统；八月，卒。

（孙文政）

延　茂

延茂（？—1900），字松岩，杜氏，汉军正白旗人。同治二年（1863年），中进士，任礼部主事。同治四年（1865年），升为礼部尚书，后任吏部左侍郎。五年（1866年）八月，补吏部主事，随后提升为员外郎。六年（1867年）七月，补郎中。七年（1868年）九月，任五品京堂候补。八年（1869年）二月，迁鸿胪寺少卿。九年（1870年），调任光禄寺少卿。光绪十三年（1887年），任奉天府丞。十七年（1891年），提升为大理寺少卿。二十一年（1895年）七月，为黑龙江垦务大臣。二十四年（1898年），由驻藏办事大臣提升为吉林将军。二十六年（1900年）八月，任命为黑龙江将军，未及赴任，举家自焚。谥“忠恪”[①]。

二十六年（1900年）七月，沙俄侵略军兵分五路侵占我国东北，八月初四（8月28日），署黑龙江将军寿山坚守不能“改隶俄籍，反颜事辱”的誓言，以身殉国。[②]八月十九日（9月12日），清廷“任命前吉林将军延茂为黑龙江将军。未赴任前，由齐齐哈尔副都统萨保暂署”[③]。时延茂在京，值八国联军攻入北京，延茂与胞弟延芝等守安定门。京城失守后，与弟弟

① 赵尔巽等：《清史稿》卷468，12777页，北京，中华书局，1977。
② 张向凌：《黑龙江历史编年》，304页，哈尔滨，黑龙江人民出版社，1989。
③ 王钟翰：《清史列传》卷60，57页，北京，中华书局，1987。

延芝一起阖门自焚殉节。

延茂殉节后，留京的办事大臣大学士宗室昆冈向皇帝上奏说“延茂与妻李氏和其弟延芝的妻子唐氏、董氏、李氏、李氏、陈氏并同侄女等人同时自焚殉节，情况尤其惨烈”①。上谕：“将军延茂持躬恪谨，秉性笃诚，由部曹补授京卿。历任驻藏帮办大臣、吉林将军均称厥职。今年刚放黑龙江将军，尚未赴任，七月间临难捐躯，从容就义，洵属大节凛然。”②

光绪帝为了表彰延茂为国捐躯的事迹，追赠延茂为太子少保，事迹入祀昭忠祠。按照将军例，赐恤。

（王春艳）

绰哈布

绰哈布（1852—1908），字胜亭，张姓，瑷珲汉军镶红旗人。勤敏公善庆之子。先以大员子侄，授六品荫生，充镇边军营官。光绪五年（1879年），随军进新疆，调伊犁军营，记名协领。十年（1884年），补齐齐哈尔火器营协领，率黑龙江兵赴通州练兵。十六年（1890年）七月，记名副都统。十八年（1892年）十一月，授福州副都统。二十五年（1899年）二月，调任锦州副都统；五月，擢升宁夏将军；六月，改成都将军。二十六年（1900年）闰八月，兼署四川提督；九月，调任黑龙江将军。二十七年（1901年）十一月，在紫禁城内骑马。二十八年（1902年）六月，任镶黄旗蒙古都统。二十九年（1903年）二月，调任荆州将军。三十年（1905年）四月，署成都将军；十月，复任成都将军。三十一年（1906年），偕同提督马维骐、道员赵尔丰督兵前往西藏平叛。三十四年（1908年）九月，卒。追赠太子少保衔，祭葬。“谥武勤。”③

光绪十六年（1890年），漠河矿局总办李金镛病逝，黑龙江将军依克唐阿认为漠河边务矿务均属重要，所以在李金镛病逝当时，立即派在齐齐

①②《清实录·穆宗实录》卷473，224页，北京，中华书局，1987。
③ 黄维翰：《黑水先民传》，308页，长春，吉林文史出版社，1987。

哈尔火器营当参佐的绰哈布，率人前来漠河帮助“办理后事”，其意在清理账目。绰哈布等人到达漠河金矿后，与袁大化“和衷共济，事无大小，无不熟商妥筹，以期善后。接办金矿，力挽危局，规画井然”。绰哈布在漠河逗留了两月有余，了解到开拓北陲金矿的艰辛与磨难，也深知经营和管理的不易。绰哈布和袁大化一起妥善处理了李金镛的后事，查清所属各金矿的账目。得到了黑龙江将军的赏识，为以后升迁奠定了基础。

光绪二十六年（1900 年），八国联军入侵中国，沙俄独占东北，战后和谈，议和大臣李鸿章“举绰哈布接收黑龙江……上命航海赴旅顺与俄提督协商，”[1]绰哈布任黑龙江将军，只在旅顺与沙俄提督协商交涉接收事宜，后来没等到齐齐哈尔赴任，就改任他职。绰哈布在谈判中，坚持民族气节，为维护领土主权作出了贡献。

（李　迪）

① 闵尔昌：《碑传集补》卷 31，见《三十三种清代人物传记资料汇编》（第三十册），416 页，济南，齐鲁书社，2009。

参考文献

[1] 清实录 [M]．北京：中华书局，1985.

[2] 清实录 [M]．北京：中华书局，1986.

[3] 清实录 [M]．北京：中华书局，1987.

[4] 故宫博物院明清档案部．义和团档案史料 [M]．北京：中华书局，1959.

[5] 中国第一历史档案馆．锡伯族档案史料 [M]．沈阳：辽宁人民出版社，1989.

[6] 中国史学会．中日战争 [M]．上海：新知识出版社，1956.

[7] 黑龙江省档案馆，黑龙江省社会科学院历史研究所．清代黑龙江档案选编（光绪朝二十一年—二十六年）[M]．哈尔滨：黑龙江人民出版社，1987.

[8] 王钟翰．清史列传 [M]．北京：中华书局，1987.

[9] 清国史（嘉业堂钞本）[M]．北京：中华书局，1993.

[10] 贾桢．咸丰朝筹办夷务始末 [M]．北京：中华书局，1989.

[11] 康熙起居注 [M]．北京：中华书局，1984.

[12] 清朝文献通考 [M]．杭州：浙江古籍出版社，1988.

[13] 康熙满文朱批奏折全译 [M]．北京：中国社会科学出版社，1996.

[14] 清代中俄关系档案史料选编 [M]．北京：中华书局，1981.

[15] 三十三种清代人物传记资料汇编 [M]．济南：齐鲁书社，2009.

[16] 钱仪吉．碑传集 [M]．北京：中华书局，1993.

[17] 缪荃孙．续碑传集 [M]．上海：上海古籍出版社，1987.

[18] 金毓黻．辽海丛书 [M]．沈阳：辽沈书社，1984.
[19] 北京大学历史系．义和团运动史料丛编 [M]．北京：中华书局，1964.
[20] 中国史学会．义和团 [M]．上海：神州国光社，1951.
[21] 中国社会科学院近代史研究所．义和团史料 [M]．北京：中国社会科学出版社，1982.
[22] 中国边疆史地研究中心．东北边疆档案选辑 [M]．桂林：广西师范大学出版社，1982.
[23] 秦经国．清代官员履历档案全编 [M]．上海：华东师范大学出版社，1997.
[24] 钱实甫．清代职官年表 [M]．北京：中华书局，1980.
[25] 杨松，邓力群．中国近代史资料选编 [M]．北京：生活·读书·新知三联书店，1954.
[26] 中国社会科学院近代史研究所．杨儒庚辛存稿 [M]．北京：中国社会科学出版社，1980.
[27] 辽宁省档案馆等．东北义和团档案史料 [M]．沈阳：辽宁人民出版社，1981.
[28] [日] 左原笃介．拳匪纪事 [M]．杭州：杭州古籍书店，1981.
[29] [俄]A.H. 瓦西里耶夫．外贝加尔哥萨克 [M]．北京：商务印书馆，1978.
[30] [俄]B. 阿瓦林．帝国主义在满洲 [M]．北京：商务印书馆，1980.
[31] 徐曦．东三省纪略 [M]．长春：吉林文史出版社，1986.
[32] 鄂尔泰．八旗通志 [M]．长春：东北师范大学出版社，1985.
[33] 西清．黑龙江外记 [M]．哈尔滨：黑龙江人民出版社，1984.
[34] 孙蓉图．瑷珲县志 [M]．哈尔滨：黑龙江人民出版社，2006.
[35] 杨步墀．依兰县志 [M]．印本．1921.
[36] 黄维翰．呼兰府志 [M]．刊本．1915.
[37] 云阳县志编纂委员会．民国云阳县志 [M]．成都：巴蜀书社，1992.
[38] 程廷恒．呼伦贝尔志略 [M]．哈尔滨：黑龙江人民出版社，2006.

[39] 万福麟，张伯英．黑龙江志稿 [M]．哈尔滨：黑龙江人民出版社，1992.
[40] 长顺．吉林通志 [M]．长春：吉林文史出版社，1986.
[41] 阿桂．盛京通志 [M]．沈阳：辽海出版社，1997.
[42] 魏毓兰．龙城旧闻 [M]．哈尔滨：黑龙江人民出版社，1986.
[43] 徐宗亮．黑龙江述略 [M]．哈尔滨：黑龙江人民出版社，1985.
[44] 魏源．圣武记 [M]．北京：中华书局，1984.
[45] 杨宾．柳边纪略 [M]．哈尔滨：黑龙江人民出版社，1995.
[46] 任国绪．宦海伏波大事记 [M]．哈尔滨：黑龙江人民出版社，1994.
[47] 戈里岑．中东铁路护路军参加 1900 年满洲事变概要 [M]．北京：商务印书馆，1983.
[48] 李兴盛．黑水郭氏世系录 [M]．哈尔滨：黑龙江人民出版社，2003.
[49] 程德全．程德全守江奏稿 [M]．哈尔滨：黑龙江人民出版社，1999.
[50] 黄维翰．黑水先民传 [M]．长春：吉林文史出版社，1987.
[51] 蔡冠洛．清代七百名人传 [M]．北京：中国书店，1984.
[52] 罗惇曧．庚子国变记 [M]．上海：上海书店，1951.
[53] 李治亭．清史 [M]．上海：上海人民出版社，2002.
[54] 戴逸，李文海．清通鉴 [M]．太原：山西人民出版社，2000.
[55] 中国人民大学清史研究所．清史编年 [M]．北京：中国人民大学出版社，2000.
[56] 章伯锋．清代各地将军都统大臣等年表（1796—1911）[M]．北京：中华书局，1965.
[57] 张羽新．清代前期西部边政史论 [M]．哈尔滨：黑龙江教育出版社，1995.
[58] 阿拉腾奥其尔等．清代新疆军府制职官传略 [M]．哈尔滨：黑龙江教育出版社，2011.
[59] 准噶尔史略编写组．准噶尔史略 [M]．北京：人民出版社，1985.
[60] 王培乐．黑龙江建置述略 [M]．北京：海洋出版社，1993.
[61] 周开庆．民国四川人物传 [M]．成都：巴蜀书社，1976.

[62] 蒋秀松．抗俄名将萨布素 [M]．沈阳：辽宁人民出版社，1984.
[63] 孙文良．满族大辞典 [M]．沈阳：辽宁大学出版社，1990.
[64] 张向凌．黑龙江历史编年 [M]．哈尔滨：黑龙江人民出版社，1989.
[65] 戴逸，林言椒．清代人物传稿（下编第一卷）[M]．沈阳：辽宁人民出版社 1984.
[66] 刘邦厚．不屈的瑷珲城 [M]．哈尔滨：黑龙江人民出版社，1981.
[67] 黑龙江省博物馆历史部，中国人民解放军 81673 部队政治处．黑龙江和团的抗俄斗争 [M]．哈尔滨：黑龙江人民出版社，1978.
[68] 黑龙江省档案馆．黑龙江历史记忆 [M]．哈尔滨：黑龙江人民出版社，2007.
[69] 张向凌．黑龙江省志·黄金志 [M]．哈尔滨：黑龙江人民出版社，1996.
[70] 贾逸君．甲午中日战争 [M]．上海：新知识出版社，1955.
[71] 黑龙江省档案馆．黑龙江历史大事记（1900—1911）[M]．哈尔滨：龙江人民出版社，1984.
[72] 步平，郭蕴深，张宗海，黄定天．东北国际条约汇释（1689—1919）[M]．哈尔滨：黑龙江人民出版社，1987.
[73] 邢玉林．光绪朝黑龙江将军奏稿 [M]．北京：全国图书馆文献缩微复制中心，1993.
[74] 顾同恒．齐齐哈尔地方政权 [M]．齐齐哈尔：齐齐哈尔市人民政府办公厅，1991.
[75] 齐锡朋．齐齐哈尔历史述略 [M]．哈尔滨：黑龙江人民出版社，1986.
[76] 黑龙江省博物馆历史部．黑龙江义和团的抗俄斗争 [M]．哈尔滨：黑龙江人民出版社，1978.
[77] 方观承．术本堂诗集 [M]．刊本．1755（乾隆二十年）.
[78] 赵尔巽等．清史稿 [M]．北京：中华书局，1977.
[79] 王钟翰．清史列传 [M]．北京：中华书局，1987.
[80] [俄] 谢·阿·多勃隆拉沃夫．中东铁路沿革史 [G] // 吉林省社会科学院．一个俄国军官的满洲札记．济南：齐鲁书社．1982：1-73.

[81] 吴江，吴振臣，南荣．宁古塔纪略 [G] // 杨滨等．龙江三记．哈尔滨：黑龙江人民出版社．1985：227-260.

[82] 张超．庚子之役与齐齐哈尔义和团 [G] // 齐齐哈尔市地方志办公室．史志文集．齐齐哈尔．1991：110-116.

[83] 夏家俊．黑龙江将军衙门南迁原因辨析 [G] // 黑河市社会科学联合会．瑷珲历史文集，黑河：黑河学刊编辑部，29-30.

[84] 谭延翘．清季黑龙江将军事略 [J]．齐齐哈尔文史通讯，1982，4：30.

[85] 韩来兴．寿山评传 [J]．黑河学刊，1993，4：110-130.

[86] 薛衔天．名将筹边继祖风 [J]．黑河学刊，1986，4：35-38.

[87] 付杰，徐静．甲午战争话寿山 [J]．黑龙江档案，2006，5：39-40.

[88] 吴雪娟，杨静华．寿山家族世系研究 [J]．北方文物，2002，2：91-95.

[89] 吴雪娟．黑龙江将军驻地迁移新探 [J]．北方文物，2006，3：87-90.

[90] 顾丽华．清代黑龙江将军衙门的迁移及其政治功能的变化 [J]．东北史地，2007，3：58-61.

[91] 刘淑杰，于东生．清代黑龙江将军驻地 [J]．黑河学刊，1994，(3)，129-133.

[92] 佚名．寿将军家传 [J]．齐齐哈尔文史通讯，1983，2：42-50.

[93] 程德全．开复寿山奏折 [J]．齐齐哈尔文史通讯，1983，2：41-42.

后 记

清康熙二十二年（1683 年），清政府为了防止沙俄的入侵，加强对黑龙江地区的有效统治，设置黑龙江将军，实行军府制度。至清光绪三十三年（1907 年），清政府在东北推行“新政”，裁撤黑龙江将军，改设黑龙江巡抚。在这 225 年的时间里，黑龙江将军驻地先后从额苏哩、旧瑷珲城、新瑷珲城、墨尔根，最后迁置齐齐哈尔城。清政府先后实授、署理、护理 107 任、90 位黑龙江将军。黑龙江将军对黑龙江地区产生了重要影响，为巩固祖国边疆，维护祖国统一作出了重要贡献。

清康熙三十八年（1699 年），黑龙江将军移驻齐齐哈尔城后，齐齐哈尔成为黑龙江将军驻地。先后有 80 余位黑龙江将军，住在齐齐哈尔城。历任黑龙江将军在其任上，行使将军职权，职掌黑龙江军事、政治、经济、财政、教育、文化、外交等各项事务。具体在 8 个方面发挥了重要的历史作用：驻军戍边，抗击外侵；设驿建卡，巡边守土；垦荒实边，发展经济；兴办学堂，繁荣文化；考察官吏，入觐王公；管理商贾，征收赋税；建立外交，筹办夷务；统治旗民，维护治安。由此可见，清代黑龙江将军蕴含着丰富的齐齐哈尔历史文化乃至中华历史文化。这是齐齐哈尔得天独厚的历史文化资源，从某种意义来说，集中体现了齐齐哈尔城历史文化的特点和精髓。

我对清代黑龙江将军的研究，始于 1985 年。当时我的业师陈国良教授所讲授的《黑龙江地方历史》课，就有“清代黑龙江将军”一章。1994 年，在陈国良教授主编的《清代八十八任黑龙江将军（巡抚）任职始末》一书中，我承担了其中的《松宁传》的编写工作。1995年元旦，陈国良教授嘱咐我说："你年轻，一定要把清代黑龙江将军这一课题研究好，为祖国北疆的文化发展作出贡献。"此后，我一有机会，就按照他的要求，搜寻与清代黑龙江将军有关的历史文献资料。2007年，我调到齐齐哈尔市社会科学院工作后，开始集中力量研究清代黑龙江将军的历史与文化。中共齐齐哈尔市委第十一次党代会，把建设国家级历史文化名城，作为齐齐哈尔城市发展定位之一。齐齐哈尔市政府在申报国家级历史文化名城工作方案上，确定由市社科联和市党史研究室负责整理齐齐哈尔历史人物方面的资料。在时任市社科联党组书记、主席陶岩同志的主持下，召开了市社科联挖掘整理申报历史文化名城工作会议，决定以整理清代黑龙江将军资料为突破口，集中人力、物力，编写一本能反映齐齐哈尔历史文化特色和内涵的《清代戍边将军》。2009年12月，市社科联按照市委、市政府《齐齐哈尔市申报国家历史文化名城工作方案》的要求，向市委、市政府呈报《市社科联推进历史文化名城申报工作实施方案》，正式提出编辑出版《清代戍边将军》一书的意见。这一意见得到了市委、市政府的首肯和支持。时任市委常委、宣传部部长王铁静就做好"清代黑龙江将军"一书的编撰工作做出具体指示。时任市委副书记、市长刘刚批示："编写《清代戍边将军》一书甚好。既要编，就要编好，要在国内业界占有较高地位，而绝不是地级市水准，因为这是祖国边疆史地学科中的一件大事、要事。"2010年1月，市委宣传部、市社科联组成工作小组，专程赴京拜访、联系国家清史编撰委员会、中国社科院等单位的知名专家学者，就编撰此书展开了前期咨询论证。此行收效颇丰。中国人民大学教授、国家清史编撰委员会主任戴逸、中国社会科学院边疆史地研究中心主任厉声、《中国边疆史地研究》主编李大龙、国家清史编委会传记组组长李治亭、黑龙江省社会科学院研究员魏国忠，均对此书的编撰给予高度认可和大力支持并应邀做本书的学术顾问。戴逸先生还应邀为本书撰写序言。2010 年 5 月，时任市长韩冬炎亲自批示并拨给专款，使《清代戍边将军》的编写工作落到实处。2010 年 10 月，《清代戍边将军》编纂工作正式启动。市社科联副主席金风平专门负责此项工作。组织省内外 20 多位研究清史的专家学者、组成编写组。市社科联先后派专人到北京、哈尔滨购买资料和查阅历史档案。现任社科联主席张连庆，特别关心《清代戍边将军》的编辑出版工作，多次主持召开会议，研究编写工作的具体事项。仰赖各级领导的高度重视和大力支持，经过编写组成员的共同努力，历经二年的时间，使本书得以顺利出版。在此，对各级领导的大力支持和编写组成员所付出的努力表示衷心的感谢。

清史专家李治亭先生特别重视《清代戍边将军》的编写工作，在他非常繁忙的情况下，利用春节假日，来齐齐哈尔给编写人员讲解编写要求。这使我们很受感动。按照李治亭研究员的编写要求，在写作过程中，重点写传主在黑龙江期间的言行，其他地方任上的事不写，统一行文风格，在文法上属于文白相间的记叙文。

本书所选用的资料，多是历史档案资料和前人研究的成果。在资料的选用过程中，我们以档案资料为主，如《清实录》《清国史》《清代官员履历档案全编》《三十三种清代人物传记资料汇编》《钦定八旗通志》《筹办夷务始末》《大清一统志》《清代黑龙江将军衙门档案选编》《清史稿》等。如《清实录》与《清史稿》记载不一致时，我们以《清实录》为主选史料。可以说，没有前人收集、整理、翻译这些宝贵的资料，我们是不可能在短短的时间里编写成本书的。在此书将要出版之际，请允许我对先人们说声谢谢！请放心，我们一定会把你们保留下来的珍贵历史文献资料保护好，充分挖掘其内涵，并让其延续下去。

本书的出版得到了各方面的大力支持。建华区区委书记姚卿，区长姜铁楠、市公安局副局长曾宪萍及市警察学会、市人防办主任董树友及市人防学会、城投公司总经理周伟及市城投学会，都为本书的出版提供了大力的资助。市直机关工委王龙、市统计局郭永奇为本书所需照片做了大量工作。黑龙江省档案馆、黑河市社科联也为本书提供了大量史料。88岁高龄的谭彦翘老先生审阅书稿。齐齐哈尔大学研究生贾博韬校对了全部书稿，同事程学君、李泽帮助整理资料。在此，对他们的支持深表敬意，感谢他们的无私援助。

由于本书是多人之作，在写作风格上还不尽统一，以及经验不足、时间仓促，加之对历史文献资料的涉猎尚浅，一定存在种种不足，我们诚挚地希望听到来自各方面的批评、指正，这对我们将是最大的裨益。

在本丛书编辑出版过程中，结合书稿的具体情况和内容需要，以合理使用为目的，适当引用了少量图片，对此，出版社严格依据《著作权法》的有关规定，要求注明图片作者和出处。对于个别无法找到图片作者和原始出处的图片，谨在此对相关人员一并表示谢意。

孙文政

2012年12月20日

图书在版编目（CIP）数据

黑龙江将军 / 孙文政主编. -- 哈尔滨 : 黑龙江教育出版社，2013.1
（清代戍边将军. 黑龙江卷）
ISBN 978-7-5316-6784-1

Ⅰ. ①黑… Ⅱ. ①孙… Ⅲ. ①将军—列传—黑龙江省—清代 Ⅳ. ①K825.2

中国版本图书馆CIP数据核字(2012)第280352号

黑龙江将军
Hei Long Jiang Jiang Jun
孙文政 主编

选题策划 徐永进
责任编辑 徐永进 常 醉
装帧设计 周 磊
责任校对 王 力
出版发行 黑龙江教育出版社
地 址 哈尔滨市南岗区花园街158号（邮编 150001）
印 刷 黑龙江远东联达教育文化传媒有限公司
开 本 787毫米×1092毫米 1/16
印 张 16.75
字 数 250千
版 次 2013年1月第1版
印 次 2013年1月第1次印刷

书 号 ISBN 978-7-5316-6784-1 定 价 50.00元

黑龙江教育出版社网址：www.hljep.com.cn
如需订购图书，请与我社发行中心联系。联系电话：0451-82529593 82534665
如有印装质量问题，影响阅读，请与我社联系调换。联系电话：0451-82529347
如发现盗版图书，请向我社举报。举报电话：0451-82560814